曹操

曹操

从洛阳小吏到魏武大帝

沧海满月 ◎ 著

华文出版社
SINO-CULTURE PRESS

图书在版编目（CIP）数据

曹操：从洛阳小吏到魏武大帝 / 沧海满月著. --北京：华文出版社, 2016.11
ISBN 978-7-5075-4616-3

Ⅰ.①曹… Ⅱ.①沧… Ⅲ.①曹操（155-220）-生平事迹 Ⅳ.①K827=342

中国版本图书馆CIP数据核字（2016）第262722号

曹操：从洛阳小吏到魏武大帝

著　　者：沧海满月
出版策划：李金水　蔡荣建
责任编辑：刘新颖　胡慧华
出版发行：华文出版社
社　　址：北京市西城区广外大街305号8区2号楼
邮政编码：100055
网　　址：http://www.hwcbs.com.cn
电　　话：总 编 室 010-58336239　　发 行 部 010-58336267　58336238
　　　　　责任编辑 010-58336197
经　　销：新华书店
印　　刷：北京楠萍印刷有限公司
开　　本：710×960　1/16
印　　张：18
字　　数：264千字
版　　次：2017年5月第1版
印　　次：2017年5月第1次印刷
书　　号：ISBN 978-7-5075-4616-3
定　　价：38.00元

版权所有　侵权必究

前 言

在五千年中国历史上，集枭雄与奸雄、君子与小人、正面与反面、褒议与毁议于一身的"帝王"，除了曹操，或许再找不到第二个人了。千百年来，曹操一直以"白脸奸相"的形象留在民众的记忆中，历史在曹操这里开了一个大大的玩笑。

曹操生于乱世之中，群雄并起，战乱频仍，他目睹生灵涂炭、社会凋败景象，内心忧愤，时常发出"忧世不治"的感慨，心中立下了匡扶天下、结束战乱局势的理想和抱负。

早在青年为官期间，曹操就显露了他过人的理政才能和为天下苍生着想的心迹。他抑制豪强势力，棒杀洛阳权贵，罢免贪官污吏，整饬社会风俗，境内秩序肃然，百姓安居乐业。他为官一方，造福当地，留下了好名声。

董卓进"京"独揽军政大权，为所欲为，引起天下诸侯的不满。曹操见势回到家乡，招兵买马，首擎倡讨伐董卓的大旗，开始了他实现政治抱负的第一步。从建安二年起，曹操利用他"挟天子以令诸侯"的政治优势，开始了翦灭群雄、统一北方的战争。他先后攻打陶谦，收服张绣，擒杀吕布，征讨刘表，大败袁绍，平定辽东，离间马超，收降张鲁，追逐刘备，南征孙权，在短短三十年的时间里，曹操率领军队马不停蹄地东讨西伐、南征北战，指挥大小战斗五十余次，虽然期间遭遇了赤壁惨败，但最终还是统一了北方，实现了三分天下的霸业。

曹操之所以能够在短时间内扫荡群雄，统一北方，与他杰出的政治才能、治军谋略、用人之道等是分不开的。

曹操自小"博览群书，好兵法"，对军事理论可谓烂熟于胸。加上他一生戎马，南征北战，为他的军事理论提供了很好的实践机会，使他对战争规律、战略战术的精要有了更独到的见解，丰富了古代的军事思想。曹操深谙"得人心者得天下"的道理，他行军打仗身先士卒，以身作则，而且他求贤若渴，"唯才是举"，在用人上不拘一格。正因为如此，曹操身边才聚集了一大批武将谋士，因此如虎添翼，纵横中原，才有了宏图大业之成功。曹操不仅有高超的政治和军事才能，而且在文学方面也颇有建树。他的诗一扫过去空乏、沉闷的诗风，以全新的角度看待世间的一草一木、四时变换，开创了一代文风并形成了独具风格的"建安文学"。

曹操所处的时代，是一个"人人想封侯，家家欲为王"的时代，而他的最高理想就是国家的统一。然而，纷乱的局势和崇高的理想相去甚远，这就促使他通过各种政治手段去实现自己的理想，在政治上采取看似矛盾的行动。他既坦诚相交、宽以待人，同时也具有奸诈、多疑的一面；既有"挟天子以令诸侯"的不义之举，也有"周公吐哺、天下归心"的衷心表白。正是他的坦诚与奸诈互用，才对他的霸业起到了颇为有力的推动作用。

对于曹操，时人和后人对他的评价多是负面性的，在《三国演义》中，就有明显的尊刘贬曹痕迹。不是英雄，不懂寂寞，一些历史人物对他还是作出了客观的评价。陈寿说他是"非常之人，超世之杰"，李世民说他"匡正之功，异乎往代"，鲁迅说他"是一个很有本事的人，至少是一个英雄"，毛泽东则评价他"是了不起的政治家、军事家，也是个了不起的诗人"。

> 神龟虽寿，犹有竟时；
> 腾蛇乘雾，终为土灰。
> 老骥伏枥，志在千里；
> 烈士暮年，壮心不已。

曹操去世离我们已近两千年了，而千百年来人们对曹操始终褒贬不一，曹操的一生功过也终难盖棺定论，但我们从他的这首《龟虽寿》中，或许可以见识一个一心为统一大业努力奋斗的功臣，一个积极进取的大政治家，一位浪花淘不去的历史英雄人物。

目 录

第一章
任侠少年，桀骜不驯才智超群

亳州寻踪，人杰地灵涡河岸 / 003
宦官世家，沾祖光身价不凡 / 005
任侠放荡，从小机智多计谋 / 007
心忧天下，小阿瞒发奋读书 / 010
广交名士，搭人脉跻身士林 / 011

第二章
崭露头角，初入仕途施展抱负

初露峥嵘，棒杀洛阳大权贵 / 017
维护公权，政治明星新起步 / 019
大刀阔斧，罢免贪官禁淫祀 / 021
体恤民情，曹相国计解水患 / 022
维护治安，铲除盗贼小团伙 / 024
以退为进，打入皇室核心中 / 026

第三章
风云际会，趁势而起构建班底

临危受命，讨黄巾首战告捷 / 031
明修栈道，暗度陈仓破任城 / 033
挥军颍川，以假乱真破黄巾 / 035
操练兵马，静观局势待时机 / 037
虚张声势，黄河大破黑山军 / 039
坐领兖州，收服黄巾建班底 / 040

第四章
首倡义旗，征讨董卓匡扶天下

宫廷内乱，董卓拥军进京师 / 045
逃出洛阳，打出讨董大旗号 / 046
讨董受挫，闪转腾挪谋发展 / 048
站稳脚跟，拥有第一块地盘 / 050

第五章
高瞻远瞩，挟天子令天下诸侯

权衡利弊，进军徐州打陶谦 / 055
大败吕布，定兖州打下根基 / 057
议迎献帝，先下手名利双收 / 059
迎帝许都，挟天子以令诸侯 / 062
许田射鹿，图霸业试探人心 / 065
审时度势，不失时机败吕布 / 067

南征张绣，擒杀吕布定内宫 / 070

试探刘备，青梅煮酒论英雄 / 072

震慑朝野，平定阴谋败刘备 / 073

第六章
会战官渡，大败袁绍平定中原

头脑冷静，慎重分析大局势 / 077

曹袁会战，隔水对峙陷僵局 / 079

焚烧粮草，官渡大战败袁绍 / 081

北渡黄河，平定邺城占冀州 / 084

平袁残余，得四州统一北方 / 087

扫荡乌桓，东临碣石诗抒志 / 088

第七章
赤壁鏖兵，三分天下雄踞北方

南征荆州，扬子江风云初起 / 093

陈兵江北，百万雄军震东吴 / 096

大军压境，孙刘联手抗曹操 / 097

火烧赤壁，退北方天下三分 / 100

抗击孙刘，为达目的手段多 / 102

挥师关中，设计败马超韩遂 / 104

适可而止，收复关陇不望蜀 / 106

周公吐哺，大权在握仍俯身 / 108

第八章
亦正亦邪，成就霸业双重性格

奸雄本色，起疑心错杀伯奢 / 113
平定济南，曹操用计杀刘康 / 115
逼人代罪，借人头平息众怒 / 117
权威至上，为树权威好杀人 / 119
利益为重，亦敌亦友对刘备 / 121

第九章
革新弊政，大刀阔斧谋发展

励精图治，抑制豪强兴经济 / 127
推广屯田，修水利恢复农业 / 128
改革赋税，稳定社会秩序 / 131
整饬风俗，发展教育树立风尚 / 133

第十章
铁腕治军，严明军纪逐鹿中原

以身作则，严于律己作表率 / 139
割发代首，遵守军纪无例外 / 141
有功必赏，厚待部下收人心 / 143
树威立信，身若正则令必行 / 145
严格执法，赏罚分明明法纪 / 147

第十一章
唯才是举，求贤若渴广揽人才

　　求贤若渴，广纳天下之良士 / 153
　　唯才是举，重才能而轻出身 / 155
　　礼贤下士，诚心求访天下才 / 158
　　多样手段，千方百计挖人才 / 160
　　宽宏大量，宰相肚里能撑船 / 163
　　言出必行，盛待陈宫和辛毗 / 165
　　言而有信，率众义送关云长 / 170
　　驾驭群士，得智者以取天下 / 172
　　用谋治人，最高境界无规矩 / 173

第十二章
知人善任，各尽其能用人所长

　　拿捏得当，适当放权赢主动 / 179
　　用人不疑，对人才委以重任 / 181
　　知人善任，各尽其用显大智 / 183
　　抓大放小，用人才不拘小节 / 185
　　群策群力，靠智囊团打天下 / 188

第十三章
用兵有方，亦智亦勇出奇制胜

　　浑水摸鱼，曹操妙计方出逃 / 193
　　出奇制胜，暗藏奇兵败张绣 / 194

关门抓贼，步步紧逼捉吕布 / 196
假痴不癫，掩人耳目夺邺城 / 198
以静制动，顺水推舟败刘备 / 200
背水一战，十面埋伏胜袁绍 / 203
巧借时机，浇水成冰筑土城 / 205
欲取先谋，兵马未动计先出 / 207
围魏救赵，借力解樊城之危 / 209

第十四章
坚忍不拔，能屈能伸英雄本色

正确定位，胸怀大志奋斗终生 / 215
有进有退，在家闲居有远谋 / 216
高瞻远瞩，谋长远收拾群雄 / 219
避开锋芒，静养羽翼待高飞 / 221
坚持不懈，静观其变控局势 / 223
以屈求伸，风云三国真英雄 / 225
深藏不露，避树敌坚不称帝 / 227
保持信念，人生低谷不消沉 / 229
不信天命，实事求是成大事 / 232

第十五章
倡导文学，兴学重文教化天下

多才多艺，好文尚武善治土木 / 237
文坛盟主，建安文学倡导者 / 240
诗人风骚，绝世诗篇传后人 / 244
文姬归汉，历代文坛传佳话 / 247

第十六章
英雄寂寞,千古功过谁人评说

以身垂范,事必躬亲倡节俭 / 253

议立太子,为避萧墙立曹丕 / 255

智余身后,遍布疑冢七十二 / 260

谁是正统,千秋功过后人评 / 262

附录 曹操生平大事年表 / 265

第一章

曹操

任侠少年，桀骜不驯才智超群

亳州寻踪，人杰地灵涡河岸

曹操字孟德，一名吉利，小字阿瞒。桓帝永寿元年（公元155年）出生于沛国谯县，即今安徽北部的亳州市。

谯是一块古老的土地。《史记·殷本纪》载："汤始居亳。"即商汤最初曾经在此建都。谯县扼东西、控南北，地理位置十分重要，历史上为兵家必争之地。史称："危时为群雄角逐之所，升平为人物辐辏之地。水陆所至，为淮西一大都会。境界四达，英豪间出。"陈胜、吴广起义，谯是最先被攻占的地方之一。两汉、魏、晋、南北朝时期，谯一直被视为军事重地。唐末黄巢起义，曾一度攻占亳州。金、元时期皆为节镇重地。元末刘福通起义，立韩林儿为帝，曾建都于此。明末李自成起义军、清末捻军及太平天国军都曾在这一带纵横驰骋，成为无数叱咤风云的历史人物的用武之地。

谯县境内有一条涡河，自西北流向东南，最后在今安徽怀远流入淮河。曹操的家，就坐落在谯县城东的涡河岸边。郦道元《水经注》卷二三《阴沟水注》说："城东有曹太祖旧宅，所在负郭对廛，侧隍临水。"这个地方就在今离亳州市区二三公里的涡河岸边的甘家湾附近，建筑物早已荡然无存，但遗址处还留有高原，当地群众称为庙台子，不时可从土中发掘出汉瓦碎片。现在遗址处立有一块"魏武故里"的标志，以供游人怀古凭吊。据郦道元记载，遗址的背后是城郭，旁边是城壕，前面是人来人往的商店和川流不息的涡河，也称得上是一个交通便利、视野开阔、风光秀丽之地。

曹操的童年和少年时代是在家乡度过的。踏上仕途和南北转战的征途后，又多次回到谯县居住。可以说，谯县与曹操一生的活动紧密相关，至今在亳州仍保留着不少当年的遗迹，主要有以下一些。

观稼台。城东北约500米处和城西北约500米处各有一座，分别称东台和西台，至今还留有高大的土台子。为曹操在郡国推行屯田时所筑，曹操曾在这里亲自督耕观种。曹操所推行的屯田，分军屯和民屯两种，谯县同时有军屯和民屯，从县城向西到武平（现离城三十里的安溜集以西）一带为军屯，从县城向东到谯令寺一带为民屯。当时，这里积蓄颇富，为曹操转战南北的后方基地之一。曹操除在这里督耕观种外，合肥之战前还曾在这里训练水军，合肥之战后又曾回到这里整训军队。

谯令寺。在亳州城东15公里的沙土一带。中平二年（公元185年），曹操在朝中受到排挤，从洛阳回到谯县，在城东15公里处筑精舍，秋夏读书，冬春射猎，传说就在这谯令寺。据《亳州志》，寺前原树有石碑，称"谯陵"。

南曹寺、北曹寺。南曹寺在城北16公里处，北曹寺在南曹寺以北1公里处。明天启四年（公元1624年）曾重修，碑记称这里曾为当年曹操的屯兵之处。有楼阁花木，又曾为游览胜地。

拦马墙、饮马坑。在市区马场北头。拦马墙为一矮墙，长数丈，传说曹操当年在这里训练军马时用以拦马。附近有饮马坑，传为当年曹操饮马的所在。

地下引兵道。在亳州市区内，南北纵横，现已陆续发掘出2000多米。为砖砌的地下通道，高约2米，宽1米有余。曹操用兵强调出奇制胜，或有意暴露兵力以向敌人显示强大，或有意隐匿兵力以向敌人显示弱小，虚虚实实，迷惑敌军。这个地下引兵道传说就是当年曹操用来演练灵活机动的战略战术的。

八角台。在城南郊。据《亳州志》，这是当年曹操擒杀吕布、打败袁绍后回到谯县为奖赏将士、检阅军队而修筑的，至今还有隆起的土台。

此外，还有后人修筑的魏武帝庙和花戏楼等建筑。《亳州志》载："魏武帝庙在城东七里，宋真宗敕修，乾兴元年（公元1022年）复修，今废，有帐殿记。"《亳州志》载有帐殿记文，文中称曹操有"雄伟不世之量"，在"皇纲紊绝，海内震扰，群雄并称"的时代"趁机奋策，啸咤驰惊乎其间"，是一位"挟持汉室，抗力三方""卒灭袁而阻权、备之强"的英雄。曹操建安七年（公元202年）正月曾驻军谯县，下了一道《军谯令》，要求当地"为存者立庙，使祀其先人"。曹操死后，家乡人又为他立庙，也算是对其遗志的一种继承吧。花戏楼则是一座清代初期的建筑，原为山陕会馆。在门楼和庙内的一座舞台上，分布有砖雕和彩绘的花草、禽兽等透雕。

曹操家族的墓群也在亳州南郊，《水经注·阴沟水注》对此有详细记载，如说曹嵩冢"冢北有碑，碑北有庙堂，余基尚存，柱础仍在。庙北有二石阙双峙，高一丈六尺，榱栌及柱，皆雕镂云矩，上罘罳已碎"。此外，还对曹腾等人的墓作了著录。这一带至今还留有曹四孤堆等周围十余里的墓葬遗址。1970年后，陆续对这些墓葬进行了发掘，其中的董园二号墓全系石结构，墓内长15.3米，宽10.2米，高3米，由甬道、前室、中室、后室、南北耳室、东西偏室组成，具有相当的规模。从墓葬中出土了大量字砖，字砖上刻有"为曹侯作壁""比美诗之比""曹腾字季兴"等字样。此外，还出土有银缕玉衣、铜刀、铁戟、铁币、珍珠、金饰、玉饰等物。

曹操在亳州及其他地方留下的遗迹，为无数后人缅怀曹操业绩、研究曹操的生平和思想留下了极为宝贵的第一手资料。亳州人民对这些遗迹极为珍视，细心加以维护和修整。相信这些遗迹将与曹操的声名和业绩一起，在传播历史知识、弘扬民族文化方面发挥历久不衰的作用。

宦官世家，沾祖光身价不凡

曹操的祖父曹腾，早年就进宫当了宦官，历事安帝、顺帝、冲帝、质帝和桓帝五个帝王，时间长达30余年。安帝时为黄门从官。其时顺帝在东宫，邓太后下诏让从中黄门从宫中挑选年纪幼小而又温和顺从、办事谨慎的人陪侍太子，曹腾被选上，深得太子喜爱，饮食赏赐都与众不同。顺帝即位后，为小黄门，迁中常侍。质帝死后，太尉李固欲立"年长有德"的清河王刘蒜为帝，大将军梁冀则欲立蠡吾侯刘志。正相持不下时，曹腾等人连夜去见梁冀，说："将军总摄朝政，手下宾客众多，过失不小。清河王严明，如果当了皇帝，将军很快就会大祸临头的。不如立蠡吾侯，可以长保富贵。"这话正合梁冀心意，梁冀当即表示同意。第二天，梁冀上朝，气势汹汹，言辞激切，用高压手段慑服了众人，并罢免了李固，终于将蠡吾侯推上了皇帝的宝座，这就是桓帝。桓帝即位后，曹腾因参与定策有功，被封为费亭侯，迁大长秋，加位特进。

李固是硬直派官僚的代表，他是反对宦官专权的，在朝中对黄门宦者一概斥遣。曹腾反对李固的主张，显然是为了维护宦官集团的利益。不过，曹腾同一般宦官相比还是有所不同，他对官僚士人并不采取一概排斥的态度，相反还比较注意推荐其中的贤能之士，如陈留虞放、边韶，南阳延固、张温，弘农张奂，颍川堂谿典等人，都是经他推荐而位至公卿的。他帮了别人的忙，却并不以此自诩，对有些事情的处理，也显得颇有度量。如蜀郡太守想同他拉关系，利用本郡官吏进京的机会，给他送去了一封表示推崇之意的信。益州刺史种暠得知这一消息，派人在函谷关将这封信搜出，上书奏了太守一本，并连及曹腾，说曹腾内臣外交，很不应当，请求皇帝免官治罪。皇帝以"书自外来，非腾之过"为由，保了曹腾。种暠将了曹腾的军，曹腾却并不记仇，相反常常称赞种暠，说他是一位"能吏"，颇得"事上之节"。曹腾这样做，也为自己赢得了声誉。后来，种暠做了司徒，不忘曹腾的好处，曾对人说："我今天能够做到三公，全靠了曹常侍的恩惠啊！"

东汉是一个宦官可以娶妻收养子并且养子可以袭爵传封的时代，因此曹腾也收养了一个养子，名曹嵩，字巨高，这就是曹操的父亲。

由于有曹腾这么一个大宦官做养父，曹嵩的仕途一帆风顺，很容易就做到了司隶校尉的官职。灵帝时，又转为大司农、大鸿胪。适逢灵帝开西园卖官，曹嵩又通过贿赂当权的宦官，并出钱一亿，在中平四年（公元187年）十一月买到了太尉的官职（次年四月被罢免）。曹腾死后，又袭费亭侯。曹操起兵后，曹嵩不肯相随，放弃京官回谯县闲居。初平四年（公元193年），为避董卓之乱，在琅琊被徐州刺史陶谦的部属杀死。

曹嵩能够出钱一亿来买官做，足见其家财的殷富。这一时期，曹氏家族在中央和地方做大官的不止一个，如曹腾弟曹褒（曹仁祖父）官至颍川太守；褒子炽（曹仁父）官至侍中、长水校尉；曹腾侄儿曹鼎（曹洪伯父）官至尚书令；另一个堂侄儿（曹休祖父）官吴郡太守。家财殷富的也不止一人，如曹炽之子曹纯（曹仁弟）"富于财"，家中的僮仆有上百人；曹洪的家财甚至超过曹操，所豢养的家兵达到千余人之多，可见当时曹氏在政治和经济上都是颇有势力的。20世纪70年代，考古工作者从亳州曹氏宗族墓葬中发掘出大批文物，其中元宝坑一号墓中有字砖145块，第十号字砖上刻有"曹腾字季兴"的字样，十二、十三号字砖上刻有"曹炽"的字样，十六号字砖上刻有"曹鼎"的字样，二十号字砖上刻有"曹鸾"的字样，可见这些人在当时的确都是曹氏家族中显赫一时的人物。在童园一号墓出土的银缕玉衣，也说明墓主在当时是跻身于封建统治阶级上层的人物。

曹操出身于这样一个家庭，对他一生所走的道路，对他执政后所采取的方针政策产生了复杂而微妙的影响。祖父是个大宦官，为此父亲沾了光，他也跟着沾了光，不然他是不大可能顺利踏上仕途，在二十岁时即出任京城洛阳北部尉的要职的。但宦官不过是供帝王役使的家奴，大都出身微贱，与名门世族不同，往往被人瞧不起，曹操也不免有些自卑之感，这恐怕也是曹操以后为挣脱出身的标签而努力奋斗的重要原因吧。

任侠放荡，从小机智多计谋

曹操是曹嵩的长子，从小就很机灵，善于随机应变，不太理会封建礼教那一套清规戒律，生活放荡不羁。他一天到晚东游西逛，喜欢游猎、歌舞，有时玩玩飞鹰猎犬，耍枪棒，尤其精通骑术和剑法，经常玩到很晚才回家。不仅如此，他还常常凭着一身武艺到处乱闯，因此口碑一直不太好。

他甚至还触犯过刑律，被县官追究，准备以重罪判处。但县官还不知道祸是曹操闯的，曹操的伙伴夏侯渊便钻了这个空子，出面替曹操承担了罪责。事后，曹操又设法将夏侯渊营救了出来，双双逃脱了惩罚。

寝殿侍奉长官常侍张让，是当时皇帝宠信的宦官，他专权用事，极为跋扈，大小官员都怕他，民愤极大。曹操的父亲曹嵩在京城洛阳做官时，曹操也跟着去了洛阳。有一次，张让正在床上闭目养神，曹操竟然闯进了他的卧室，张让发现有生人闯进来，大叫："有刺客！"刹那间，卫士们蜂拥而至。可曹操一点也不慌张，他拿着一支手戟，从卧室打到厅堂，从厅堂杀到院墙，卫士们没有一个敢近前，只好眼睁睁地看着他翻墙而去。

且不说曹操的这种行为是不是表达了他对张让的憎恶，但他的这种放荡不羁，引起了许多风言风语。

曹操的叔父对曹操的这些事情一清二楚，担心他将来不成材，就向曹嵩告了一状，让他对曹操严加管教。曹嵩听后，便把曹操叫来，严厉地训斥了一顿。从此曹嵩加强了对曹操的约束和管教。

其实，他叔父告状的目的，也是希望自己的侄儿能够行为端庄，遵纪守法，有些恨铁不成钢的意味，是为了曹操的前途考虑。可是这样一来，曹操就不再像以前那样自由了，因而他对叔父很是反感，一心一意想要报复。

一天，曹操像往常一样在街上游逛，又遇到了叔父，他突然计上心来，心想："老东西，看我怎么收拾你！"于是"哎哟"一声大叫，顺势扑倒在地。

他叔父哪里知道有诈，以为侄儿出了意外，慌忙上前去看。只见曹操张大嘴巴，歪着脖子，脸上肌肉不停地抽搐，直翻白眼。叔父大吃一惊！

"你，你怎么啦？"叔父急忙问。

"唷，唷……"曹操痛苦地哼哼。

叔父见情况不好，急忙跑去告诉曹嵩，说："快！你儿子中风了！"

曹嵩闻讯匆匆赶去。

曹操躺在地上，老远看到父亲从街角跑来，一个鲤鱼打挺站起来。曹嵩一看，曹操好端端地站在那里，脖子也不歪，眼也不翻白，神态和往常一样，好像什么事也没有发生，觉得很奇怪。

"你不是中风了吗？怎么什么事也没有？"

"谁说我中风了？咒我啊！"

"你叔父跟我说你中风了。"

"我哪里中风？他的话你也信？"曹操委屈地说，"叔父一向讨厌我，老在背后说我的坏话，现在又说我中风，这不是存心咒骂我吗？"

"噢，原来是这样……"

曹操一计得逞！

从此，曹嵩对兄弟诉说儿子的话，不再句句信以为真，曹操也就更加放任自流，无所顾忌，他甚至还伙同袁绍，一起干过"抽刃劫新妇"的勾当。

《世说新语》记载：

曹操小时候，经常和袁绍做一些游侠之事。一次观看新婚典礼，曹操偷偷藏到主人的花园中。夜里大喊："有小偷！"房里的人都出来看，曹操则趁机钻进新房，拔刀劫持新娘，和袁绍一块儿逃走……

做贼未免心虚，曹操和袁绍只顾逃跑，没想到迷失了方向，竟陷进了荆棘丛，袁绍被荆棘绊住无法动弹，眼看就要被追赶的人发现，曹操急中生智，又大喊一声："小偷在这里！"袁绍由于害怕，一下就从荆棘里蹿了出来，于是两个人都逃离了险境。

关于曹操的胆量，有这样一个传说。曹操十岁的时候，到谯水洗澡，一条鳄鱼突然向他冲了过来，曹操不但没有躲避，反而与鳄鱼在水中展开激战。在曹操的奋力搏击下，向来以凶狠著称、令人毛骨悚然的鳄鱼，竟灰溜溜地败下阵来，慌慌张张地逃走了。虽然这只是一个无法考证真伪的故事，但曹操无所畏惧的性格也由此可见一斑。

与袁绍相比，曹操除了胆大，还能在危急关头镇定自若，想出脱险的办法，而且是常人绝对想不到的办法，即故意暴露自己的位置，引起袁绍的高度紧张，从而使他不用拉就跳了起来。如果曹操陷到荆棘里动不了，袁绍可能会抓住曹操使劲拉，也可能屏住呼吸一动不动地趴在地上，决不敢大声喊叫。

另外，曹操当时的情急智生是不是为了摆脱追捕，贼喊捉贼，趁机嫁祸袁绍，好借机会脱身呢？我们不得而知。但既然袁绍能被吓得跳出来，从而两人一起逃脱，结果是好的，我们自然也就不好妄自揣测，只能说曹操深知袁绍的心理，用智巧妙，能随机应变。

总的说来，从曹操少年时代的种种行为，倒也可以管窥一斑。那时的曹操，就已经显示出诡谲奸诈的性格，同时也显示出了果断不怕死的精神。

心忧天下，小阿瞒发奋读书

阿瞒虽然任侠放荡，但颇留心世事，从所接触到的种种事物中，目睹统治集团的腐败，心里感到不平，时常发出"忧世不治"的感慨。

曹操目睹统治集团内部日益腐败混乱，心里感到非常担忧。在他对东汉的腐败政治有了进一步的认识之后，感到自己所处的时代正是大有用武之地的时代。他深知治乱征伐一定要用武力，只有学好兵书战策才能担负起这种拯救乱世的大事业。所以，他在熟读经典、博学广识的基础上开始潜心于对军事著作的研读。在诸家军事著作中，他尤其崇拜革新派人物，如帮助秦孝公革新秦制的商鞅、统一中国的秦始皇、雄才大略的汉武帝、演阵斩姬的孙武和智擒庞涓的孙膑等。

厚重的传统文化给了曹操深刻的影响，也使他懂得不少治国爱民的道理。举凡诗书经典、史籍法学（法家著作）、楚辞乐府、书法绘画，无不广泛摄取。他博览群书，以致经典、书法、绘画及围棋诸方面无不通晓，且多达精妙之处。辛勤的耕耘，带来了惊人的丰硕收获，青年时代的曹操很快成为一个博学广识、多才多艺、智慧超群的人。

曹操之所以一生俭朴，不轻视体力劳动，与他幼年以及青少年时期的生活经历有很大关系。他虽出身于权势显赫的富贵宦门，但从不以富贵骄人，却不断地和一些底层人民接触，并学到了一些打铁、盖房之类的生产知识，既丰富了人生阅历，也使他更深刻地了解了一些民间的疾苦。后来，曹操为了讨伐董卓，在组织军队、制造武器时，曾亲自和铁匠一起打铁造枪刀。曹操作为一个封建社会的知识分子，能够这样身体力行，不以体力劳动为耻，主动和人民群众接触，亲自参加体力劳动，这不仅在一向轻视体力劳动的封建时代是极为可贵的，即使在今天也是极其受人称赞的。

正是由于曹操青少年时代勤奋好学，知识渊博，不甘于命运的安排，敢于挑战世俗的眼光，又能刻苦钻研兵法，熟练武艺，加上能大能小，接触人民，不辞辛苦，亲身实践，这一切都为他日后逐鹿群雄，艰苦创业，成就霸王事业奠定了丰厚的理论基础和扎实的实践功夫。

广交名士，搭人脉跻身士林

东汉末年，品评人物的风气很盛，有些人就成了清议权威、鉴定人才的专家，被人们当做天下名士。他们对人物的褒贬，很大程度上能左右地方上的舆论，因而影响到士人的仕途进退。士子们为了取得清议的赞誉，不得不进行广泛的社交活动，寻师访友，并趁机展示和提高自己的才学声名，博取人们的注意和好感，特别是博取清议权威的赞誉。这样一来，一些清议权威终日宾客盈门，甚至还出现了求名者不远千里而至的情况。

曹操无疑是一个有远见的人，他对于这种形势，有着极为清醒的认识。曹操除了广交朋友，在他们面前尽可能地展示才华外，还特别注意结交名士，竭力争取他们的支持，从他们那里获取赞誉，积极地参议政事。

汝南有个叫王俊的名士，他很赏识曹操。有一次，汝南大豪族袁绍兄弟为他们的母亲办丧事，仪式极为隆重，有三万人送葬，曹操和王俊也在场。曹操看到这么奢侈阔气的场面，十分愤慨。他私下跟王俊说："国家就要大乱，为首作乱的必定是这两个家伙。要安定天下，替百姓解除疾苦，不先杀掉这两个祸首，会后患无穷。"王俊表示赞同，并对曹操耳语："你说得很对，能安定天下的人，除了你还有谁？"说完，两人心领神会地大笑起来。王俊和曹操，两人是不是玩了互相吹捧的游戏，我们不得而知。但王俊当时就能看出曹操非同凡响，倒确实是一个有识人眼光的伯乐。曹操得到这样的褒扬，自信心愈加坚定，抱负也愈加远大。

南阳何颙，字伯求，年轻时游学洛阳。他因为受陈蕃、李膺等人的牵连，隐姓埋名逃到了汝南。因为他与袁绍关系不错，曹操也认识了他，常常跟他谈论天文地理、社会变革，曹操在何颙面前充分展示了自己的才华，发表了不少独到见解，令何颙刮目相看。何颙不禁感叹："汉家就要灭亡，能够安定天下的，必定是这个人了。"曹操听了非常高兴，从此他也算是小有名气。

桥玄，字公祖，梁国睢阳人。历任县功曹、国相、太守、司徒长史、将作大匠、少府、大鸿胪、司空、司徒、尚书令等职。光和元年（公元178年），升任太尉。桥玄很善于观察和品评人物，以有政治远见和善识人才闻名四方，在清议界也享有很高的声望。他为人刚毅果断、正直勇敢，虽然身居要职，但却廉洁自守，去世后，穷得连殡葬的钱都没有，被当时的人所尊崇，是汉末名臣。桥玄位至三公的时候，曹操慕名前往。他见了曹操就说："现在天下就要大乱，不是经邦济世的人才不可能使天下安定下来。能够安定天下的，大概就是你了。"他甚至还以妻子儿女相托："我见过的天下名士多了，没有一个是像你这样的。你要好好努力。我已经老了，愿意把妻子儿女托付给你。"曹操听了，非常感激，把这位老前辈引为知己，并深铭谢意。建安七年（公元202年），曹操驻军谯县，他派人四处打听桥玄的消息，而桥玄已去世多年。于是

第一章　任侠少年，桀骜不驯才智超群

派人带了祭文和祭品，到谯阳桥玄墓前隆重地祭祀了一番。为了怀念桥玄，感谢他对自己的赏识和荐举，使他从一个无名之辈很快出名，曹操写下一篇著名的祭文，祭文为：

> 故太尉桥公，诞敷明德，泛爱博容。国念明训，士思令谟。灵幽体翳，邈哉晞矣！操以幼年，逮升堂室，特以顽鄙之资，为大君子所纳。增荣益观，皆由奖助……士死知己，怀此无忘。又承从容约誓之言："殂逝之后，路有经由，不以斗酒只鸡过相沃酹，车过三步，腹痛勿怪。"虽临时戏笑之言，非至亲之笃好，胡肯为此辞哉……怀旧惟顾，念之凄怆。奉命东征，屯次乡里，北望贵土，乃心陵墓。裁致薄奠，公其尚飨！

考虑到曹操年轻还没有什么名气，因此桥玄曾劝他去结交许劭，曹操也对许劭慕名已久，因此带着厚礼，长途跋涉上门去拜见。许劭是汝南平舆人，字子将，是司空、太尉许训的侄儿，也算得上是名门之后。因为善于待人接物，能鉴别人物好坏善恶，跟堂兄许靖两人知名度极高，当时人们把他和太原郭泰作为推举清议的权威，谁要是能得到他的赞誉，就能身价倍增。但许劭这个人自命清高，不肯应召出来做官。他只喜欢和堂兄许靖共同评估当世人物。每月的初一，他都会邀请当时的评议人士会聚一堂，把本乡的人物重新评议一番，作一次总结，排列出高下顺序，汝南人称之为"月旦评"。每月凡是得到他们好评的无名之辈很快就被人器重；已有了名气的，也会声誉猛增。据说许劭做过功曹，官兵们很敬重他，一旦听了他的话，无不奋发改过，可见其影响力。曹操见到许劭，谈不多时，就恳切地问："许先生，你看我是怎样一个人？"许劭没有桥玄那样的气度和干脆，他有些看不起曹操，认为自己这样的人跟曹操这个出自宦官之家的人物结交有失身份，就闭口不答。不过曹操比较执著，为了捞取政治资本，他不在乎许劭那种轻视的眼光，多次带着厚礼，赔着笑脸去拜访许劭，请求许劭帮助自己。许劭一方面感到曹操与众不同，另一方面大概对曹操那些不好的行径有所了解，不大欣赏他的这些行为，因此拒不作答。曹操也不放松，坚持着自己的要求，最后甚至找了个机会对许劭进行胁迫。许劭遇上了曹操这种难缠的人，也确实大伤脑筋，再加上拿人手短，吃人嘴软，经不住曹操再三追问，他终于开了尊口，对曹操说："你是治世的能臣，乱世的奸雄。"曹操得了许劭这样一句话，大喜过望，哈哈大笑着告辞而归。因为有了许劭的这句评论，曹操更是名声大振。他从此因许劭的品评而闻名当世，许劭也因评论曹操而名留千古。尽管许劭谓其"奸雄"仍旧带有对曹操品行否定的意味，但既然是"雄"，那么"雄则雄耳"，自然另当别论！许劭的评论果然有事半功倍的奇效，没多久，曹操就被家乡一些有地位的人推举为"孝廉"（汉代选拔官吏的科目之一）。不久，又被朝廷任命为洛阳北部尉。曹操从此踏上仕途，开始了他叱咤风云的一生。

　　在一个君主昏庸、政治混乱的社会里，人人都是势利眼，一个浪荡少年要想出人头地，可以说是难上加难。而曹操却凭着自己顽强的斗志，不断地抓住各种机会，为自己赢得了一个"治世之能臣，乱世之奸雄"的美名，捞到了一笔政治资本。

　　由于自己出众的才能，又争取到了众多名士替自己激扬名誉，曹操引起了士大夫集团越来越广泛的注意，这对他跻身士林、步入政坛，起到了重要的作用。"乱世奸雄"的美梦，一直让他陶醉，并催促着他辛勤奋斗了一生！

第二章

崭露头角,初入仕途施展抱负

曹操

第二章　崭露头角，初入仕途施展抱负

初露峥嵘，棒杀洛阳大权贵

灵帝熹平三年（公元174年），二十岁的曹操被地方推举为孝廉。有了孝廉的资格，就可以做官了。曹操开始时被任命为郎（帝王侍从官的总称），接着由尚书右丞、京兆尹（相当于郡太守）司马防（字建公，司马懿父亲）推荐，出任洛阳北部尉，正式踏上仕途。

尉的官职不高，是县令的副手，主管军事，负责查禁盗贼，维护辖区的社会治安。曹操既然出任洛阳北部尉，就要负责洛阳北部地区的治安工作。但洛阳是京城，四方会集，五方杂处，社会治安很乱。又因为是在天子脚下，权贵不少，经常有权贵的子弟、亲丁仗势欺人，为所欲为，一般人和职位比较低的官吏都不敢招惹他们。一些豪强子弟和地痞流氓又常在夜里走街串巷，敲诈勒索，无恶不作，把洛阳城搞得乌烟瘴气。

曹操担任洛阳北部尉后，年轻气锐，很想有所作为，为百姓除害，干出一番事业，树立自己的名声，加上家中又有后台，便放手干起来。

新官上任三把火，曹操到任的第一天，就命令工匠把年久失修的都尉衙门粉饰一新，又下令连夜赶造五色棒，涂上青、赤、黄、白、黑五种颜色，在衙门左右悬挂。同时张贴告示，申明禁令：禁止夜行。如有违反禁令，不管是平民百姓还是豪强权贵，一律用五色棒打死。

夜禁令一出，街头巷尾议论纷纷。有的说，这下夜里可以睡个安稳觉了；也有的说，这只不过是新官上任，做给人看的。至于那帮作恶多端的豪门贵威，根本不理会什么夜禁不夜禁，小小部尉在他们眼里根本就不算是个官，夜里他们照样明目张胆地在街上胡作非为。曹操手下的衙役也不敢得罪豪强，遇到豪强子弟为非作歹，也是见怪不怪，大事化小，小事化了，瞒着曹操不敢禀告。因此禁令颁布了好几天，治安仍不见好转。

宦官蹇硕是"十常侍"之一，十分受皇帝宠信，统领禁军，权倾朝野。因而，蹇硕的叔父常常仗势为所欲为，京城里谁也不敢得罪他。曹操下令夜禁，他当然也不把曹操放在眼里，故意违禁夜行。

一天，曹操决定亲自夜巡。他带着几名巡官和兵丁绕过白马寺，来到豪门贵族居住最集中的街上。走着走着忽见一个头戴乌纱帽的干瘪老头匆匆走过大街，后面还跟着两名家丁，老头在一家民房前站住了。家丁上前敲门："开门，开门！"屋里没有动静，家丁大声喊叫："快开门，老爷驾到，还不快出来迎接！"屋里仍没有反应，只见家丁猛地一脚，"咔嚓"一声，大门被踢开了。老头和家丁一拥而进，屋里传来妇女的哭喊声。

这一切，曹操看得真真切切，他愤愤地下令："把那人抓来！"

不一会儿，一位巡官回来悄声禀告："大人，那位老爷我们惹不起……"

曹操一问，才知道那老头是宦官蹇硕的叔父。

曹操正要找一个可以杀鸡儆猴的机会，杀杀权贵们的威风，他心想："今日放过这种人，日后怎能做到令出必行？"

决心一下，曹操斩钉截铁地下令："带走！"

第二天清晨，北部尉衙门前人头攒动。当人们得知蹇硕的叔父被抓了起来，一片哗然，都想看看这位年轻的北部尉如何处置这位老爷。兵丁把蹇硕的叔父押到衙门前，曹操站在台阶上，指着门旁悬挂的五色棒喝道："你看清楚，这是什么？"

老头虽然被抓，料定这个芝麻小官不敢把他怎么样，又见曹操如此年轻，欺他不懂人情厉害，不由得冷笑一声："这是小孩子耍的玩意儿。"

曹操向四周扫视了一眼，毫不客气地吩咐左右："开打！"话音刚落，几根五色棒向着蹇硕的叔父劈头盖脸地打去。不一会儿，他就像条死狗似的瘫在地上，一动也不动。

五色棒结果了蹇硕叔父的性命。小小的洛阳北部尉棒杀了皇帝身边大红人的叔父，这消息一传十、十传百，很快传遍了全城。

维护公权，政治明星新起步

曹操在洛阳北部尉任上兢兢业业，最大的成就是棒杀了大宦官蹇硕的叔父，狠狠打击了皇亲国戚、豪强的嚣张气焰。而且事情办得滴水不漏，使得那些憎恨他的人无法开口，只好找个理由将他赶出京城，去做了顿丘令。但他的雷厉风行、不畏权贵的整治作为为他积累了一定的声望。

熹平六年（公元177年），曹操离开京城洛阳，去顿丘做县令。后来曹操带兵南征孙权，临行前勉励他儿子曹植说："我过去任顿丘令时，才二十三岁。回想当时的所作所为，无悔于今天。"说明曹操在任顿丘令期间，对自己的表现与作为还是很满意的。

曹操出任顿丘令不久，就被朝廷召回任为议郎。议郎的职务是顾问应对，可参与时政的议论。议郎属于闲职官，没有具体工作，没有实权。次年，即光和元年（公元178年），汉灵帝听信宦官的诬陷，废掉宋皇后，宋皇后的父亲宋酆及其几个兄弟被杀死。曹操的堂妹夫宋奇因是宋皇后的同宗也被杀。曹操平时刚直不阿，得罪了不少朝中大臣，他们恨不得一脚把他踹出京城。再加上有了这档子事，宦官们捕风捉影，把曹操也牵连上了，因而将其免官。

曹操被免官后，不愿在洛阳闲居，便回到家乡谯县居住。光和三年（公元180年）又被征召，拜为议郎。

议郎虽然是个闲职，但曹操却忠于职守，不甘寂寞，想为朝廷多提些建议，使政治清明。他首先想起灵帝初年大将军窦武与太傅陈蕃被宦官杀害的事件，想为窦武、陈蕃申冤鸣不平。他经过详细调查了解后，认为窦武、陈蕃等死得冤枉，应该给予平反，以求得公正，有利于改善政治。

于是，他不顾个人安危，上书皇帝请求为窦武、陈蕃平反。上书中有这样的话：窦武等人正直为公，却被无故陷害。奸邪之人充满朝廷，而真正贤臣的晋升之路被阻塞了。

从这寥寥数语可以看出，曹操不仅把矛头指向害人的官僚，翻历史的案，而且还针砭时弊，对灵帝也旁敲侧击。对曹操的建议，灵帝表面上非常赞赏，实际却无动于衷。

曹操虽然没有成功为窦武、陈蕃平反，却更加清楚地认识到了吏治的腐败。

光和五年（公元182年）正月，灵帝诏令公卿检举害民的地方官，予以罢免。太尉许有彧、司空张济趁机大肆收受贿赂，对那些民愤很大的宦官亲属、宾客，一律不予查处，反而打击了一批有政绩却没有门路的官吏，惹得民怨沸腾。那些被冤枉的官吏，纷纷向朝廷申诉。司徒陈耽也上书灵帝说明事实，结果却被宦官诬陷，反而被灵帝罢了官，押入大牢，最后冤死狱中。

曹操对许有彧、张济的所作所为非常不满，却苦于没有机会只好隐忍不发。就在这一年的二月，发生大瘟疫，四月全国又发生大旱，五月太后住的永乐宫发生大火。因此，一时间出现了不少政治谣言。灵帝相信天人感应之说，因"灾异"下诏征询政事得失。曹操借机上书，谴责公卿举奏不实，专门打击清明小吏而回避贵戚及宦官子弟，他们用不符合事实的话，蒙蔽"圣听"，丝毫起不到改变时弊的作用。灵帝由于灾祸连连，似乎有所"感悟"，不得不重视此事，将曹操的奏章发给三府（三公府衙），责备许有彧、张济的失职行为，许有彧还在稍后的十月被罢官。这次曹操抓住时机，一举成功。通过这件事也使他在政治上更加成熟起来。

曹操反对权臣胡作非为的做法，表明他同硬直派官僚的立场是一致的。一个出身于宦官家庭的青年，能够走上反宦官集团的政治道路，颇得人们的称赞。

此后，朝政越来越黑暗混乱，豪强不法之徒越来越猖狂。曹操知道用上书的办法是改变不了现状的，汉帝国就像一座快要倒塌的大厦"不可匡正"了。他只有更加坚定自己的信心，依靠自己的力量匡扶天下。

大刀阔斧，罢免贪官禁淫祀

曹操在政治上虽然采取了一些抑制豪强的措施，算是封建统治者中比较开明的一员，但他毕竟是地主阶级的政治代表。他的所作所为，是从地主阶级的利益出发的，其目的在于恢复封建统治秩序，巩固地主阶级的统治。由于这种阶级本质，决定了他对农民起义也必然要采取镇压的手段。他在中平元年（公元184年）席卷全国的黄巾农民起义中的表现，就是突出的一例。

曹操在镇压黄巾军之后，因功升迁，被任为济南相（治所在东平陵，今济南历城区东）。济南是侯王的封国，"相"是朝廷派到王国去代理朝廷处理政事的官吏，相当于郡太守的地位。这在曹操的仕途上揭开了新的一页，日显王霸之气。他决心运用手中掌握的实权，按照自己的理想，大干一番，筹划自己的政治人生。

济南国管辖的县有十多个。曹操上任后，得知这些县令大多数是上依附权贵宦官，下勾结地方豪强，贪赃枉法、鱼肉乡里的能手。而前几任国相，明知这些地方官为非作歹，也不敢加以干涉和处置。曹操经过详细调查了解情况后，上书朝廷，一举将县令罢免了八成。顿时，济南国大小官吏无不震恐，一些犯有恶行的人为了逃避法律，纷纷逃往外郡。于是，济南地区的社会治安大为好转。

当时，修祠庙祭祖成了风气。祠庙修建得越来越多，笃信鬼神之风越来越盛，济南地区尤为厉害，当曹操上任时，祠庙竟达到六百多处。

祭祀功臣、怀念祖先，本来是件好事，曹操也是个开明的国相。他认为，按照国家典章规定建的祠庙，按照礼制的内容进行祭祀活动，这是允许的。但济南的大多数祠庙并不是按典章而建，属于滥设的祠庙，更不是按礼制的规定进行祭祀，而是大行奸邪鬼神之事。更有甚者，一些有钱的商人地主，大肆铺张，他们坐着只有朝廷官员才能坐的车子，穿着官服，招摇过市，丝毫不把朝廷放在眼里。还请些艺人唱唱跳跳、吹吹打打，以标榜祖宗的所谓功德，借以抬高自己的身价。

有些心怀鬼胎的人还把这些祠堂变成迎神赛会、诈骗钱财的场所。进行祭祀活动时，大搞摊派，使老百姓叫苦不迭。至于老百姓因迷信而自愿或被迫到祠庙进香、上供，更是经常性的负担。就这样，"淫祀"之风越刮越厉害，老百姓也就变得越来越穷苦。历任国相深知此事与权臣有着千丝万缕的联系，明知这些是违法活动，也不敢去禁绝。

曹操了解到这种情况后，就大刀阔斧地将这些"淫祠"全部摧毁，并严禁官民再搞"淫祀"活动。禁令一出，震动很大。此后，再也没人敢提"奸邪鬼神"之事了。

体恤民情，曹相国计解水患

济南国相曹操上任后，每日忙于政务，体恤民情，时常沿街巡视。

这几日因连阴雨不断，城中洪水泛滥成灾，数日不退。曹操于是问郭嘉，为何洪水迟迟退不下去。郭嘉早就明白其中的原因，便引着曹操来到济南王府的后门，指着泺水河道说："要退城中积水，关键就在这里，请国相细看。"

曹操随着郭嘉手指的方向望去，只见泺水河两岸大大小小建了数不清的花园亭榭。这些园子，一半落在岸上，一半悬在水中；水中柱石、堤坝密密麻麻,支撑着楼台画阁。中间最大的一处,紧靠涌泉,正是济南王刘康的后花园,整个建筑几乎全在水中。原来,城中的这段泺水,河床宽阔,地势平坦,水流舒缓,清澈见底,两岸绿柳成荫,鸟语花香,像个天然花园。刘康就把王府建到此处,并建成了这座水上花园。

城中的豪门大户见王爷带头,于是竞相仿效。水上花园越建越多,好端端的泺水河,竟变成一道弯弯曲曲、水流不畅的小溪。一到夏季,阴雨连绵,山上的流水都汇聚到泺水河,洪水到得城中,就被这众多的亭台阻住了,只闹得河水四溢,城中泛滥成灾。济南王府与大户人家,都是高宅深基,山石砌成,自然不怕水淹,只苦了那些普通百姓。

曹操看罢,心中明白。第二天便径直进入王府,开门见山要求刘康拆掉花园。刘康仗着自己是皇亲宗族,不肯点头。为此,两人闹得很不愉快。

曹操回到府中,前思后想,认为既然不能硬顶,只好发挥自己的强项——用计。他找来几个精通水性的手下,如此这般,交代了一番,务必今夜完成。

却说济南王刘康被曹操顶撞,心中怒气不息。第二天,就来到水上花园散心,不想刚刚在亭中坐下,身后的逍遥亭竟齐刷刷倒塌下来,连同两个妃子都跌落在水中。

刘康惊魂未定回到寝宫,只见那些宫娥彩女一个个交头接耳,神色仓皇,似将有大祸临头。刘康脸色一沉,急忙喝道:"你们在谈什么事,快告诉我。"一个宫女哆哆嗦嗦从衣袖中拿出一幅约巴掌大小,上面写满字的白绫。刘康接过一看,却是四句偈语:

河兮流水,
园兮招灾。
风过兮我至,
子孙兮水埋。

这几句话,似通非通,半文半白,正好触及刘康的心病。他心中也揣摩花园中亭子倒塌的事情，难道真因为水上筑园，淹了城中百姓，上天显灵要惩罚我吗？他这一惊一怕，登时一口鲜血上涌，便昏了过去，一连几天卧床不起。

曹操闻听此事，心中暗笑，脸上装出一副关心的样子，以探病为名来到王府。病榻前的刘康说起生病的缘由来，自然提到水上花园一事。他有气无力地说："悔不听国相之言，遭此一劫，几乎丧我性命！"曹操听了，正中下怀，赶忙顺水推舟说："此乃不祥之物，还是早拆为好，上为王爷玉体安康，下为黎民苦水日久。"

刘康点点头，要曹操自去办理。王府的花园一拆，靠山一倒，哪个还敢怠慢？时间不长，那些水上花园已拆得无影无踪。不久，城中积水完全泄尽。

原来，这是曹操使的借尸还魂之计，欲借神祇显灵的假象来刺激刘康。那天夜里挑选出会水的几个人，各带刀锯，悄悄潜入王府后园，潜入水底，把那四根支撑亭子的圆木统统锯断。郭嘉又胡诌了那四句偈语，书写了数十份，半夜里沿街张贴，定会满城皆知，再加上逍遥亭一倒，刘康岂能不惊？曹操此计，收到了意外的效果。

维护治安，铲除盗贼小团伙

齐鲁之地，自古盗贼就多，百姓为此非常痛恨。曹操就任济南国相后，看到前任国相遗留的案牍之中，仅盗案一项，就有数十起至今未破。曹操上任后，把它作为一件大事来抓，常常带着心腹之人，于大街小巷微服私访。通过详细地调查，终于查清了几帮盗贼团伙的头头。

他们之中，有的住在城里，有的住在乡村，全都是高宅大院，鲜衣美食，平日里小恩小惠，济弱扶贫。众百姓不知道他们是盗首，反而认为是忠厚长者、乡里楷模。

第二章　崭露头角，初入仕途施展抱负

曹操将情况查明后，把证据握在手中，却不动声色，以免打草惊蛇。过了几天，他派府衙手持请柬，把这几个盗首召至府内，饮酒谈天。正在杯盏交错之际，曹操突然板起面孔，扳着手指把他们所犯各案一一指出。众盗首大惊失色，不知所措。曹操微微一笑，说道："你们不必惊慌，若能改过自新，协助本府把你们手下人等捉拿归案，便可赎罪，本府既往不咎。"

众盗首见证据已被掌握，自忖如不答应，难免陷牢狱之苦，便跪在地下，口中说道："愿遵相府指教，弃旧图新，弃暗投明。只是今日蒙召来到相府，必然会被手下人所怀疑。如果他们得知了消息，远走他乡，无处捉拿，如何是好？"

曹操笑着说："这事无妨，本府教你们一个办法，管保一个也漏不掉。"

众盗首不知何法，只得站起身来，附耳到曹操嘴边，曹操如此这般叮嘱一番。众盗首拍手叫好，暗暗佩服曹国相处事多谋，然后各自回家。曹操给他们每人发了一张相府明文，上面称，曹国相已知你们的善德素行，将其召为郡吏。手下各盗听了此消息，都来登门贺喜，盗首摆酒相待。盗贼们真以为此后官府中有了耳目，更容易作案，个个好不喜欢，直喝得酩酊大醉，方才辞去。哪知刚出门外，即被差役捉拿，好似顺手牵羊一般，无一个漏网。

众盗贼全被拿下，带到相府，曹操亲自升堂问案。起初，盗贼还要抵赖。曹操拍案大怒道："你们都相互看看背后，各有记号，难道还敢抵赖吗？"

群盗闻言，互看背后，才知被自己的头领所卖，这才哑然无语，俯首认罪。自此，曹操威名远振，一时间枉法者收敛了劣迹，盗窃者绝了踪迹，济南境内肃然，百姓乐业，虽说不上是"夜不闭户，路不拾遗"，像那先朝圣人的治绩，可也算得上是清平世界。今人一提到曹操，皆说他暴虐百姓、奸诈毒辣，实在是天大的冤枉。

以退为进，打入皇室核心中

曹操一连串的雷霆行动赢得了荣誉和喝彩，却得罪了朝中当权的宦官，地方豪强也对他恨之入骨。曹操一方面不愿意违背自己的志向去迎合权贵，一方面又考虑到已经多次触犯权贵，再这样下去，担心会使全家受到连累。为了避免发生不测之祸，曹操辞去了济南相的职务，请求回到宫中值宿，担任警卫，实际是要求赋闲。朝廷再次任命他为议郎。曹操表面上虽然接受了，但却常常装病，不去上朝。第二年，即中平二年（公元185年），朝廷让曹操去做东郡太守。为了避开权贵们对自己刚露出的锋芒进行打击，也为了等待时机再显身手，曹操决定采取以退为进的策略。他以健康状况不佳为由，上书辞掉了对他的任命，回到故乡谯县去了。

曹操这一大胆反常的举动，使朝中人士大为不解。一个三十三岁的青年，风华正茂，仕途也算顺利，正是大展雄才之时，居然辞官不做，实在是不可思议。其实，曹操的举动都是经过深思熟虑的。

曹操想过一段远离政治风云的清静生活。回到家乡后，他没在少年时候的地方居住，而是在谯县城东二十五公里的僻静处，盖了一座幽雅的书屋，春夏习读书传，秋冬射猎健身，文武并进，积蓄力量，希望他日东山再起。

他不问政治并不是不关心政治，他随时都在关注政局的发展变化。曹操并未能在谯县赋闲多久，就因形势的需要而被征召出山了。中平元年（公元184年），黄巾主力被镇压后不久，金城人边章、韩遂起兵反叛。第二年春天，率军数万进攻长安附近地区，侵逼刘氏皇陵。朝廷派车骑将军皇甫嵩征讨，无功而还。复以司空张温为车骑将军，董卓为破虏将军，与荡寇将军周慎等率步骑十余万进讨，先败后胜，边章、韩遂败回金城。中平三年（公元186年）冬，韩遂杀边章等人，拥兵十余万，进围陇西。太守李相如反，与韩遂联合，共杀凉州刺史耿鄙。耿鄙帐下的司马、扶风人马腾也拥兵反叛，起兵响应韩遂。一时间天下骚动，朝廷震恐，于是赶忙网罗人才，企图加固根基。曹操便在这时被召为都尉，被任命为八校尉之一的典军校尉，成为带兵的武官。

曹操自己也说他原来的理想是为列侯、当将军。进西园新军当将领，是他实现这一志向的极好机会。典军校尉这一任命，对曹操的诱惑力太大了。他不得不结束"隐居"生活，怀着激动的心情，进京上任了。

曹操手中有了兵权，成为一些人瞩目、拉拢的对象。中平五年（公元188年）五月，术士襄楷对冀州刺史王芬说："天象的变化不利于宦官，黄门、常侍真是到了灭族的时候了。"王芬信以为真，于是勾结南阳许攸、沛国周旌等人，同时联络了一些地方豪强，以黄巾余部黑山义军攻掠郡县需要起兵镇压为借口，给灵帝上书，请求灵帝北巡河间，企图利用灵帝北巡的机会发动政变，废除灵帝，诛杀宦官，另立合肥侯为帝。他们也来约见曹操，曹操冷静地分析了形势和条件，认为这个计划必然失败而加以拒绝。其辞云：

> 夫废立之事，天下之至不祥也。古人有权成败、计轻重而行之者，伊尹、霍光是也。伊尹怀至忠之诚，据宰臣之势，处官司之上，故进退废置，计从事立。及至霍光受托国之任，藉宗臣之位，内因太后秉政之重，外有群卿同欲之势；昌邑王即位日浅，未有贵宠，朝乏谠臣，议出密近：故计行如转圜，事成如摧朽。今诸君徒见曩者之易，未睹当今之难。诸君自度：结众连党，何若七国？合肥之贵，孰若吴、楚？而造作非常，欲望必克，不亦危乎？

从语意上看，曹操似乎并不反对废掉灵帝，只是觉得时机还不成熟。文章从古今形势和欲行废立者的主客观条件两方面条分缕析，言之凿凿、头脑清醒、谋虑深远。不久，王芬等的阴谋果然败露。王芬畏罪，弃官逃走，在途中自杀。

黄巾起义之后，灵帝认识到军队的重要，日益留心军事。在起义四起、天下扰攘的情况下，决定组织西园新军，来加强拱卫首都的力量。中平五年（公元188年）八月，在西园成立统帅部，即所谓"西园八校尉"。宦官蹇硕最得灵帝宠信，被任命为上军校尉，连大将军何进也得听他指挥，成为实际的全国最高统帅。虎贲中郎将袁绍因是"四世三公"之后，加之他家又曾和宦官袁赦攀过本家，被任命为中军校尉，也就是副统帅。此外，鲍鸿为下军校尉，曹操为典军校尉，赵融为助军左校尉，冯芳为助军右校尉，夏牟为左校尉，淳于琼为右校尉。曹操能够打进新军并任要职，弄得蹇硕也不得不与这位十四年前曾经棒杀自己叔父的仇人共事，除了曹操本人的才干和已经建立起的名声外，其父、祖父的余荫显然也在这里发挥了一定的作用。

　　曹操成为东汉皇室核心武装的将领，使他在仕途上又迈出了重要的一步，在一定程度上也可以说是以退为进策略的胜利。曾经的志向突然变为现实，使得他的志向发生了跳跃式的升级。他开始有了匡扶天下的野心，这也预示着曹操在政治舞台上将会有更大的作为。

第三章

风云际会,趁势而起构建班底

曹操

临危受命，讨黄巾首战告捷

东汉末年，政治腐败，宦官专权，社会危机日益加深，阶级矛盾愈发尖锐，社会动荡不安……这是一个动乱的年代，也是一个时势造英雄的年代。

东汉政权基本上是西汉地主政权的继续和发展，豪强地主在政治、经济上仍享有特权。到了东汉后期，豪强地主势力又有了进一步发展，土地兼并更加剧烈。在地主阶级、豪强贵族的残酷压迫和剥削之下，广大农民群众过着牛马不如的生活。同时，统治阶级内部的外戚、宦官集团之间的斗争非常激烈。特别是在汉和帝（公元89年）和汉安帝（公元107年）以后，政治更加黑暗。外戚和宦官这两个集团为了争夺控制中央的权力，互相排挤、残杀，把朝廷上下搞得乌烟瘴气。无论是外戚还是宦官，一旦得势，便都狠命地剥削和压榨人民，使人民遭受更为深重的灾难。

中平元年（公元184年），层层重压下的农民终于爆发了。首领张角利用"太平道"这一宗教组织形式，在传道治病的掩护下，联络群众，组织群众，进行了十多年的准备工作，信徒多达几十万人。他们打着"苍天已死，黄天当立，岁在甲子，天下大吉"的口号，举行起义。

黄巾起义之后，受到广大人民群众的拥护，"旬日之间，天下响应"。他们焚烧官府，镇压贪官污吏，给统治者以沉重打击。起义军分别从冀州、颍川和南阳形成对首都洛阳的威胁。为了全力对付起义军，汉灵帝选派将帅，调动全国精兵去镇压。三十岁的议郎曹操被任命为骑都尉跟随左中郎将皇甫嵩和右中郎将朱俊在黄河以南镇压黄巾军,以解除对京师洛阳的威胁。

黄巾军领袖张燕闻听曹操兵临城下,心中惊慌,急召唐周前来共商迎敌大策。唐周很不以为然地对来人说:"告诉张大帅,只需坚守州城,我自有破敌之策,不必烦恼。"

为何唐周如此镇定自若?他到底有何良策破曹操?原来,自黄巾南征以来,屡战屡胜,全仗唐周出谋划策。唐周居功自傲,自以为智谋深广,天下无人可敌。如今进攻兖州,正好一展宏图,成就王霸之业。曹操的作为,他已有所耳闻,知道他是不世出之俊杰。如今听说曹操引兵前来,忽然生出一种奇想:如能说服曹操,与自己合兵一处,共反汉室,当今天下哪个能敌?于是,他瞒着张燕私下修书一封给曹操,以探曹操真情。

曹操接到书信后,还没有读完就狠狠地把书信扔到地上,怒骂道:"唐周异想天开,竟然要我投降于他。来人,把这个送信的拉出去砍了!"

一向稳重的郭嘉急忙上前阻挡道:"主公,不必动怒。唐军师也是一片好心,还望主公从长计议。"说完向曹操使了个眼色,曹操立刻就明白郭嘉这是要用这封信做一番文章。他急忙转怒为喜,吩咐侍卫要好好款待来使,以待回书。

来使出去后,郭嘉对曹操又如此这般,说出一番计策。曹操听罢大喜,取过笔砚,亲书一封。

唐周接得曹操书信,翻来覆去看了数遍,面显犹豫之色,便将使者唤来,细加盘问。使者说:"初时见曹操面露怒容,还差一点把我斩首,后又转怒为喜,用酒菜款待我。"

唐周听后,忽然嘿嘿冷笑两声道:"曹贼果然可恨,竟想骗我出城!此乃三岁顽童之技,怎能骗我?"于是,亲自到张燕营内相商,要将计就计,活捉曹操。

张燕正苦于无法退兵,听了唐周的安排,立即转忧为喜。不等唐周话音落地,便要领兵出城,扬言亲手捉拿曹操,以报津义渡口之仇。唐周不慌不忙道:"我料曹操必以为我无备前往,伏兵定然不多,何必大帅亲自出马?只令赵莽带上八千精兵，必获全胜。"

于是，他便把神头将军赵莽唤来，如此这般交代了一番。次日一早，赵莽带八千精兵，直奔樊地而去。十几里路途，眨眼就到。晨光之中，远远望见一座土台，高约一丈，上竖"曹"字大旗。一员大将，身披红袍，腰悬佩剑，威风凛凛，立于台上，似有所待。数百兵卒，稀稀落落，散在周围，赵莽暗喜道："果然不出军师所料！这数百军卒，算得什么？此番该我赵莽成此大功！"

渐至台前，红袍将军仍是岿然不动。赵莽断定此人就是曹操，便把大锤一抡，八千精兵一边呐喊着"活捉曹操"，一边轮番猛冲。曹操立马高台，哈哈大笑，高声叫道："唐军师，你已中我计了，还不下马受缚。"

话音未落，即把手中令旗一挥，将台后面"通"的一声炮响，无数官军，突然像从地下冒出，一拥而上，潮水般地向赵莽人马冲去，口中呐喊："活捉唐周！"

曹操用计岂是一般人能看出来的？他既要诱唐周出城，又岂能露出那许多破绽让唐周一眼看穿？原来，那日郭嘉献计，计分两策：如果唐周见了曹操手书信以为真，肯定会轻装简从，前来赴会，五百军卒足够擒他；若唐周怀疑，必带大队人马来捉曹操，所以派曹仁率二万精兵，昨夜趁夜深人静悄悄开至樊地，偃旗息鼓，埋伏下来。等将台一声炮响，即刻杀出，全歼黄巾人马，活捉军师唐周。此乃计中有计，算中有算。只可惜张燕、唐周并未亲出，只杀了一个神头将军赵莽。

明修栈道，暗度陈仓破任城

曹操征剿黄巾军的时候，有一次，他的人马把张燕、唐周的黄巾军围困在任城城内，准备调集强兵悍将，将对手一举歼灭。没想到这块骨头，咬得住，可惜咽不下，卡在喉咙里，反倒让曹操骑虎难下了。

黄巾军的军师唐周对张燕说："任城城高壕深，易守难攻，再加上我方粮草储备丰富，兵多将广，九万大军，丝毫未损。曹操虽有十万大军，势力与我们不相上下，就算把我们团团围住，也奈何我们不得。只要我们坚守不出，就能拖垮对方。等到数月之后，他们的给养难以为继，到那时，他们就会士气低落，毫无斗志。我们趁机再杀将出去，定能大获全胜。"

张燕非常赞同这一建议。于是，他传令将士，严守城池，不得擅自出战，违令者军法处置。曹操兴师动众，大兵远道而来，苦战十几天，不仅没有攻破城池，反而损兵折将，死伤无数。张燕、唐周看在眼里，心中暗暗得意，不由得暗自佩服自己的妙计。一天，唐周正在品茶读书，忽然有人来报，说："曹操的大队人马正在运土填河，不知曹操这奸贼又在搞什么诡计。"

唐周听后大为吃惊，顾不得多想，急忙邀了张燕亲自到北城墙上查看，果然见那曹兵三五成群，挑担提筐，把黄土填进护城河里。只是护城河水流很急，一筐土倒进去，马上便被冲得无影无踪。曹兵虽然众多，却是毫无成效。

唐周笑着说："精卫填海，无济于事。"然后，附在张燕耳边言语一番。张燕闻听后大喜，连称"妙计，妙计"。到了深夜，张燕挑选数十名善水的兵卒，悄悄从城墙顺绳而下，手持挠钩，潜入河中，把刚刚填进去的新土，用挠钩一搭，纷纷坠下，顺水流走。霎时，曹兵白日所费心力全部付之东流了。次日一早，二人再登城观看，果见河床如旧，那曹兵又如昨日，往来担土。唐周冷冷一笑道："曹操就是把泰山搬来，又有何用？我们只管养精蓄锐，准备出城破敌便是了！"如此一连数日，曹兵白天填上，黄巾军晚上就把它扒开。这样一来，曹兵只是白费了许多力气，对护城河没有一丝影响。

这一日，曹操亲临护城河边，面容严肃，亲自擂鼓助威，令军卒涉水过河。张燕急令部下放箭，曹兵倒下几个，余者纷纷退回。曹操无奈，只得下令停止进攻，仍让士卒担土填河。唐周笑道："曹贼计穷，我们可以高枕无忧了。"

谁知到了半夜，唐周却被满城杀声惊醒。亲兵来报，说曹兵已经入城。唐周不相信，难道曹兵长了翅膀不成？急忙提了佩剑，出来一看，果见曹兵正从南城如潮水般涌来，担枪持戟，呐喊震天，灯笼火把照得全城白昼一般。

原来，数日来的担土填河，不过是曹操在明修栈道，麻痹黄巾军罢了，目的是使其防备懈怠。曹操却暗度陈仓，命进攻南城的曹仁的部下每人备谷草一束。待至半夜三更，便挑选几个善水的官兵，潜入护城河内，把一根根竹竿、木棒，横七竖八地胡乱插在护城河中；又令军卒从南城上游，把谷草连续抛下。谷草顺水漂流，被竹竿、木棒阻挡住，霎时便筑起一道浮桥。曹操令许褚、典韦的五百军士，悄无声息地跨过浮桥，架起云梯，爬上城头。

黄巾守城官兵睡梦正甜，灾祸降至而浑然不觉，一时如砍瓜切菜，被杀得一干二净。许褚、典韦占了南城，打开城门，放下吊桥，曹仁大队人马一拥而入，呐喊厮杀，向北推进。此时，张燕还在衙中酣睡，听说南城被陷，曹军入城，知道大势已去，急忙出衙上马，带领部下亲兵，打开北门，放下吊桥，冲出城去。众军将见主将离去，果然是兵败如山倒，弃城而逃。曹操用明修栈道暗度陈仓之计，一举攻破了任城。

曹操知道敌军城厚壕深，粮草充足，一时难以攻下，而自己远道而来，若与敌军相持，自己粮草补给战线太长，于己不利。采用明修栈道暗度陈仓的计策，一面迷惑敌人，一面为最终的战斗做准备，最终一蹴而就。

挥军颍川，以假乱真破黄巾

黄巾军中的一支由大将波才率领。波才骁勇善战，将朝廷派来镇压他的朱俊将军围困在长社城里。朱俊一时难以脱身，只好派人向朝廷求救，曹操领命星夜赶去增援，很快与朱俊合兵一处。

朱俊见援兵已到，于是升帐召集部下将领，共议破敌之策。众将有的主张坚守，有的主张硬拼，议论纷纷，莫衷一是。朱俊皱着眉头，摇头不语，一时拿不定主意。

曹操一直没有开口说话，听了大家的发言，又看了看朱俊，慷慨激昂地说："末将自城外踏营而来，路过敌军的营寨时，已经有所观察了解，心中已有计策，此次必定用计破他！"然后，曹操把破敌之计说了一遍。朱俊听后大喜，连称好计，就命曹操依计而行。

此时正是春末夏初，气候干燥，天气炎热。这天夜里，黑得伸手不见五指，而且阴云密布，狂风阵阵，飞沙走石，天气十分恶劣。

黄巾军首领波才，自恃武艺高超，人马众多。心想经过几场厮杀，官军已是吓坏了胆，根本不把曹操的援兵放在眼里。现在官兵缩在城内不敢出头，他正好将城团团围住，只等城内粮尽，便可一举破城。今夜天黑风高，官兵更是不敢出来，可高枕无忧。遂与大小头目聚在大帐之内，饮酒取乐，吆五喝六。直到半夜三更，众将方才醉醺醺地睡去。

却不知曹操早已趁天气不好采取行动。却听城内鼓声震天，帐外人声喧嚷，有人高喊："起火了。"

波才急忙起身，跑到帐外举目观望，只见大寨内火光冲天，大小营帐纷纷起火。火随风势，风助火威，越烧越旺。兵士们四散逃窜，难以招架。

原来，黄巾军的帐篷都是用柴草扎成的，粮草、烧柴又堆放得遍地尽是，毫无章法，也没有一点儿防范。曹操驰援时踏营而过，正是看到了这一情景，才想出这火攻之计。

波才见此情景，吓出一身冷汗，正要指挥军卒扑灭大火，不料四面城头上突然火把星星点点，旌旗蔽空，刀枪耀目，锣鼓呐喊之声不绝于耳。一彪人马如风驰电掣，从城内冲出。

火光闪烁之中，只听战马嘶鸣，刀枪相击，好似江河奔涌，铺天盖地，也不知有多少兵马。黄巾军将士不知官兵底细，仓皇之间，兵找不到将，将顾不到兵，眼见得一个个被官兵砍倒，毫无抵抗能力。腿脚快的，翻山越岭直向黄巾军大本营颍川城里逃去。波才见大势已去，只好逃命要紧。

曹操早就料到敌人会逃向颍川，为了一举全歼黄巾军，预先设定了一个计中计：让曹仁挑选几十名机警强悍的军卒，换上缴获的黄巾衣甲，扮作黄巾军，伺机打入敌人内部。待双方交战，黄巾溃败，混杂在败兵群中，如此这般毫不费力就进入了颍川城里。那些黄巾军败兵仓皇逃命之间，哪里还管同行中有真有假？

颍川城的兵卒见败兵如潮水般涌来，全都是头裹黄巾，一色的打扮，慌忙之间也不能分辨真假，也就开了大门，把他们放进城。

曹仁一干人等进得城来，便分头行动，有的勘察地形；有的侦察守军兵力部署；有的打探敌人的兵力，于大街小巷到处活动。

那些黄巾军士只认作是自家兄弟，丝毫不加防范。曹仁等把情况摸清，便画成草图，附上书信，约定明日午时三刻，里应外合，陷敌破城，命军卒张弓搭箭，把书信射到城外官军营中。第二天，颍川城即被攻破，此地的黄巾军便全军覆灭了。

操练兵马，静观局势待时机

迅速发展的时势给曹操创造了契机。当关东州郡起兵讨伐董卓，双方在荥阳和河内一带胶着，无暇顾及劳苦人民的反抗斗争时，青州、冀州一带本来就已发展到百万之众的青州黄巾军和河北黑山军，便以燎原之势发展起来。

黑山军是与黄巾军同时起义的一支农民军，以今河北、山西、河南三省交界处的太行山区为根据地，黑山即在今河南浚县西北的太行山脉中。领导人原为张牛角，张牛角战死后，褚燕继任，改姓张，因其轻勇剽悍，捷速过人，军中称为"飞燕"。张燕很有组织能力，可以很好地团结部众，争取人心。起义军很快发展到百万之众，成为一支不可小觑的力量。

初平二年（公元191年）秋，数十万黑山军进攻冀州的心脏——邺城。接着南渡黄河，进攻与魏郡毗邻的东郡，东郡太守王肱无法抵御。这时，青州的百万黄巾因受到袁绍委派的青州刺史臧洪的威逼，也正分两路向河北移动，有与黑山军会合的趋势。两支大军如果会师，或者黑山军的势力从河北扩展到河南，黄河中下游地区的力量对比将会产生巨大变化。关东诸将尽管充满了矛盾，却都不愿看到这一局面出现。身为冀州牧的袁绍，尤其害怕农民军会师后会威胁到他在冀州的统治。

时机来了，曹操岂会放过？他迅速打出一张好牌，既可以镇压黄巾军，博得朝廷的好感，又可以借机发展自己的势力，以图今后的发展。他将部队从酸枣开进东郡，并在东郡的治所濮阳打败了黑山军的白绕部，取得首战的胜利。袁绍还以为曹操是为了帮助自己这个盟主才出的兵，对曹操的举动满心欢喜。

他没有看清曹操此举隐藏着的目的，反而任命曹操为东郡太守，认为这样不仅可以借助曹操守住冀州的南大门，而且还可以用东郡作跳板，将自己的势力扩展到黄河以南，使冀、青、兖三州连成一片，这样黄河中下游地区就完全置于自己的掌握之中了。

曹操自然是不会轻易被袁绍所利用的，不管袁绍打着怎样的如意算盘，他自有自己的打算。总之，曹操反而想对袁绍加以利用。

鉴于当时袁绍力量强大，最好能够与之相安无事，曹操不能随便违抗袁绍的旨意，加之自己正无立足之地，便顺水推舟，非常乐意地接受了袁绍的任命，做起了东郡太守。曹操将东郡的治所从濮阳迁到了东武阳，并推荐鲍信做了济北相，作为自己的帮手。

初平三年（公元192年）四月，青州的百万黄巾军向河北进攻受阻，于是转而向兖州推进。进入兖州后，首先攻下任城，杀死任城相郑遂，接着向东平进军。兖州刺史刘岱不听鲍信劝告，带领兖州主力匆忙截击，结果被黄巾军打得大败，刘岱自己在阵上被杀。

刘岱既死，兖州无主，正是曹操壮大自身的机会。曹操注视着局势的变化，加紧操练兵马，以谋新的进展。

虚张声势，黄河大破黑山军

黄巾起义时，黑山军首领张燕攻破濮阳城，杀死东郡太守王肱，起义军士气大振。张燕便继续打造战舰，收集民船，准备渡过黄河，杀入青州，扩大地盘并增加影响力，吸纳更多的人加入黑山军。

过了半月，已是仲秋季节，秋高气爽，正好用兵。张燕见手下把船也准备停当，且各寨士气很高，于是传令发兵。三十万大军同时登舟，一时间河面千帆竞渡，各船如离弦之箭，直取津义渡口。谁知船到岸边时被沙滩搁住，兵卒不得不下船，准备涉水登岸。

忽闻得堤外一声炮响，大堤之上，忽然刀枪林立，旗幡蔽空，一队队官兵突然冒出，密匝匝排满堤埂。黑山军人马正在惊愕，却见堤上官兵张弓搭箭，箭如疾风暴雨般飞来。沙滩之上，平滑如镜，无遮无挡。黑山军猝不及防，霎时倒下一片。余者后退数步，伏在水中，不敢抬头。

原来，曹操早就料到黑山军的行动意图，密令夏侯惇带领五万人马，多备弩箭，在堤外埋伏多时，专等黑山军到来。夏侯惇见黑山军离船登岸，趁其立足未稳，一声炮响，令军士全力杀出，打了黑山军一个措手不及，占了大大的便宜。

张燕本来因登陆不顺就窝着一肚子火，见此情景更是暴跳如雷。于是，他亲自带领人马，又向大堤上冲击。夏侯惇见时机已到，把手中令旗一挥，五万人马齐出，居高临下，势如高屋建瓴，直向水边压来。一时如山崩地裂，洪水决堤。黑山兵卒见官兵势不可当，纷纷后退，涉水登舟，逃向黄河对岸。

张燕命令将士们不许退回船上，可是根本无法掌控局势。他挥戟接连刺死几个登船的军卒，仍然无法遏制败退的局势，也只得返身登船，命令船工调头，先到对岸再做打算。谁知船到对岸，却见渡口两侧，绵绵数十里大堤之上，也是处处官兵，刀枪剑戟在阳光下刺人眼目，令人心寒。

此时曹操起兵不久，人马不多，哪能漫山遍野，遮天蔽日？原来，曹操早已算计好，他知道黑山军兵将都是北方人，对水性不是很熟悉。虽然黑山军的兵力多于曹操兵力数倍，但曹操明白，只要不让他们上岸，他们人多的优势就难以发挥出来。

怎样才能让他们不上岸呢？曹操想出了一个"树上开花"之计。他命曹仁在渡口两侧，数十里之内遍插旌旗，立上稻草人，绵延数十里之外，虚张声势作疑兵，然后每处只留少数人马挥舞旗帜，以假乱真，使黑山军人马不敢登岸。

张燕见岸上布满官兵，这一惊非同小可。慌忙之中，无法靠岸，于是传令部下掉转船头，随波向东流去，欲选一个合适地点，再行登岸。

谁知，曹仁部下却有两万扬州健儿，自小生在水乡，熟悉水性，早已做好准备，守在一旁。曹仁见黑山军果然不敢登岸，便把令旗一招，两万扬州健儿脱得光光，手持短刀，一齐潜入水中，游近黑山军船队，手托船底，左摇右晃，没几下便船底朝天。那些北方的黑山军入水以后，挣扎几下，便沉入水底，没了气息。再加上一身重铠甲，在水中行动更加不便，被曹兵一刀一个，如宰鱼杀鳖，立时毙命，黑山军几乎全军覆没。

只有张燕一人，自小生在滹沱河边，水性极好，人又机智。刚一入水，自知不妙，摸索着脱掉铠甲，只留一把单刀在手，官兵近不得身，只得任他顺水向东游去。后来，他又投靠了黄巾军。余部黑山军也被曹操整编。

坐领兖州，收服黄巾建班底

初平三年（公元192年）春，曹操屯军顿丘（今河南清丰）。黑山军首领于毒趁机进攻东武阳。曹操闻听，并不急于回军援助东武阳，而是率军直指黑山

第三章 风云际会，趁势而起构建班底

军的基地——西山。手下的将领们纷纷要求先救东武阳，曹操此时独具慧眼，显示出他作为著名军事家的智慧。他说："于毒听说我攻击他的基地，一定会回军迎战，东武阳的包围自然解除。如果他不回军，我们就攻取他的基地。于毒军士知道后，必将军心大乱，就更没法动摇东武阳了。"果然，于毒得到情报立即舍弃东武阳，回救西山，途中遭到曹操的伏击而致大败。曹操趁机进抵内黄（今属河南），再大破黑山军眭固部众以及南匈奴汙国流亡单于栾提于扶罗一部，这样一来，东郡得以保全。

夏，青州的黄巾军再次渡过黄河北上，在东光附近受到公孙瓒主力的伏击，损失十余万战士，转而浩浩荡荡地向兖州推进。兖州刺史刘岱准备迎战，济北国宰相鲍信劝阻，并分析："黄巾军人多势众，不可以去硬拼。况且，黄巾军向来不带粮草，完全依靠战胜敌军或抢夺民粮。我们不如固守城池，黄巾军求战不能战，攻城又没有武器，最后一定退去。然后，我们出动精锐，在关卡险要地方攻击，可以大获全胜。"可惜刘岱竟听不进这位天才谋略家的建议，亲自率军出战，结果大败而逃，途中被黄巾军生擒，枭首示众。

曹操的属下、东郡人陈宫对曹操说："兖州无主，天子的诏令断绝，我想去说服州府高级官员，由您出任州牧，用来当做资本，再向外发展，夺取天下，这样可以成就霸王大业。"曹操自然很高兴。陈宫遂去游说，向别驾、治中等建议："而今天下四分五裂，如果迎接曹操来接替，定可造福百姓。"鲍信也早有此意，就跟州治中万潜等前往东郡，迎接曹操来担任兖州牧。

兖州东接青州与徐州、西连豫州、北通幽州、南下江淮，是连接四方的战略要地。曹操有了兖州以后，便和鲍信组成联军，全力镇压青州黄巾军。

黄巾军骁勇精悍，人数众多，而曹操的兖州部队，人少且疏于演练，难成大事。曹操急起补救，加强训练，严格赏罚，不断施用奇兵诡计，昼夜进攻，每次都有斩获。

一次，曹操带领步骑数千人巡视战场，结果误入青州军的营地，被青州军打得大败，损失数百人，接着在寿张（今山东阳谷）与青州军交战，又大败而归。他的忠诚追随者鲍信也在这一战中不幸阵亡，曹操听说后痛哭失声。他高

价悬赏，一定要找回鲍信的尸体，但找了一天，仍旧没有找到。只得叫工匠用木头雕刻成鲍信人像，穿上衣服去安葬，曹操亲自祭奠，放声大哭。

又经过半年的苦战，曹操才逐渐扭转失败的局面。这时，青州军由于伤亡很重，又遇到了饥荒，战斗力大大减弱。曹操瞅准时机开始劝降，并许以优厚待遇。这年冬天，在曹操的软硬夹攻之下，青州军终于全部投降。曹操开始改编青州军，挑选其中身强力壮的，编入自己的部队，称为"青州兵"，人数号称三十万，还有一百多万老百姓，也跟随黄巾军一起留下。

初平三年（公元192年）冬天，距曹操击降青州黄巾时间不长，袁术就和公孙瓒配合，开始进攻曹操和袁绍。龙凑（今山东平原）一役，袁绍击溃了公孙瓒的主力。

第二年的正月，袁术进军陈留，与曹操作战。就在双方处于相持阶段时，荆州牧刘表趁机从后方偷袭袁术的根据地南阳，并切断了袁术的粮道。于是，袁术的部队不战而溃，向襄邑（今河南睢县）、宁陵（属河南）一带退却。曹操追击，连战连胜。袁术退到淮北，攻下寿春（属安徽寿县），并自任扬州牧。但是他西面受到荆州刘表的威胁，东面也不可能在徐州取得发展，于是想利用江东籍的将领孙策来经略大江以南作为根据地，这就直接导致了以后孙策的渡江南下。不料却给东吴政权奠定了基础，而袁术却从此一蹶不振了。

第四章

曹操　首倡义旗，征讨董卓匡扶天下

宫廷内乱，董卓拥军进京师

中平六年（公元189年）四月，汉灵帝刘宏在南宫嘉德殿病逝。死后第三天，皇子刘辩登基，年仅十四岁，即汉少帝，尊母亲何皇后为皇太后。何太后于是临朝主政，大赦天下，改年号光熹。封皇弟刘协为渤海王，时刘协九岁。擢升后将军袁隗（袁绍的叔叔）为太傅，跟何皇后的哥哥、大将军何进共同主管朝廷政事。而汉灵帝病危时，又将宫内大事及刘协托付给宦官、上军校尉蹇硕。

蹇硕与何进两人向来矛盾很深。蹇硕本来打算先诛杀何进，再拥立刘协登基。不想却泄露了消息，没有成功。何进掌握军政大权后，痛恨蹇硕的阴谋，私下里准备报复，想把宦官一网打尽，全部诛杀。蹇硕也早就料到何进不会善罢甘休，心中大为恐慌，就联系几个宦官密谋诛杀何进。结果这几个宦官反而向何进告密，蹇硕最终被何进逮捕处死。

七月，汉少帝刘辩改封皇弟渤海王刘协为陈留王。中军校尉袁绍再次向何进建议诛杀全部宦官。何进征求何太后的意见，何太后没有点头，何进一时难做决断。袁绍见何进不敢采取行动，就又建议何进征召四方著名的军事将领及英雄豪杰，使他们率军向京师进发，同时威胁何太后点头同意。何进觉得这个建议不错，可主簿陈琳反对，认为这样做是掩人耳目。

典军校尉曹操听说后，对何进说："宦官古今都有，问题在于君王不可太宠信他们，更不要让他们掌握实权。既然是要惩治罪犯，只要诛杀元凶即可。这种事交给一个军法官就够了，何必兴师动众，以致威胁到朝廷？要全部消灭宦官，涉及面广，消息必定会传到他们耳中，这种事情是注定要失败的！"

何进听了，怒从心生，对曹操恶狠狠地说道："孟德难道也心怀不轨吗？"曹操只好趁机退下，对旁人说："扰乱天下的人，必定是何进。"

何进最终还是拿定主意，让董卓率军进逼京师。董卓的军团是汉、羌、胡各族的混合武装集团，军纪非常混乱，官兵野蛮，到处掠夺。董卓本人也生性残暴，狡诈无情，贪得无厌。朝中大臣纷纷劝说何进不要让董卓进京，否则就是引狼入室。何进不听，董卓大军进逼京城的消息传入宫中，引起宦官们的恐慌，以张让为首的宦官决定先下手为强。八月二十五日，何进前往长乐宫晋见皇太后后，张让等骗他重新入宫，在嘉德殿斩杀了何进，随即紧闭宫门。

袁绍、袁术得到消息，趁机率军杀入内宫，斩杀宦官两千多人。张让等宦官困守寝殿，束手无策，只好裹胁皇帝刘辩和皇弟刘协步行逃出谷门（洛阳正北门），向北方逃命。董卓大军挺进显阳苑（洛阳西郊），遥望见洛阳大火冲天，知道已然发生政变，即令大军强行军急进，在北芒阪（邙山北侧）下，和皇帝刘辩一行人相遇，董卓于是拥帝回京。

逃出洛阳，打出讨董大旗号

董卓进京之后，依仗武力，废少帝，立陈留王刘协为献帝，自封为丞相，独揽军政大权。董卓的凉州军一到洛阳便纵兵劫掠，肆意屠杀，掠夺财物，毫无军纪。此时董卓初到洛阳，步骑兵不过三千人，兵力单薄。况且，当时曹操仍在洛阳，掌握着一部分兵权。董卓为了扩大自己的势力，竭力拉拢曹操，准备任命他为骁骑校尉。

曹操看到董卓这样的骄横跋扈，野蛮残忍，知道其势不能长久，根本不愿和他合作。此时，袁绍已逃离京城，投奔冀州（今河北中部），袁术也因恐惧董卓，弃职投奔南阳（今属河南）。曹操也趁机逃出洛阳。董卓听说曹操逃走，又气又急，立即派兵追捕，同时发出通缉令，布告附近各州县。

曹操逃出洛阳后，隐姓埋名，沿小路向家乡方向急赶。当曹操过境中牟时，境内的一个亭长发现曹操形迹可疑，就把他扣留起来，送到中牟县县衙。那时，县衙里已收到了董卓通缉曹操的命令。但是县令没想到亭长送来的嫌疑犯就是曹操。只有中牟县的人事官（功曹）知道亭长押来的正是曹操，但这个功曹以为现在天下已乱，不应再迫害天下英雄豪杰，就向县令说："今世方乱，不宜拘天下雄隽。"为曹操说情。县令想想也对，便把曹操给放了。曹操侥幸逃离中牟，一路快马加鞭，向家乡谯县赶去，于这年十二月到达离谯县不远的陈留郡（今河南开封陈留镇一带）。

陈留距离洛阳有两百多公里，在东汉全盛时期陈留郡有十七万多户，八十六万多人口，在当时是数得上的大郡。陈留郡太守张邈，原来和曹操、袁绍都是好友。陈留郡隶属兖州，当时的兖州刺史刘岱是士大夫集团中反对董卓比较积极的人物。因此，曹操抵达陈留之后，就获得他们的许可，得以在陈留郡己吾县（今河南宁陵西南）一带招募军队，以待进讨董卓。

曹家本来就有一部分财产在兖州境内，曹操就把家产拿出来作为招募和训练军队的费用。陈留有个孝廉名叫卫兹，早就对曹操仰慕不已，家里也有些财产。曹操恐怕自己的钱财不够用，于是在家摆下筵席，宴请卫兹商谈。

曹操与卫兹寒暄过后，单刀直入地对他说："现在朝廷中皇帝暗弱，董卓弄权，欺君害民，天下人神共愤。我想力扶社稷，无奈力量鄙薄。公是忠义之士，我冒昧请你帮助！"卫兹也高兴地说："我也早有这个想法，只恨一直没有遇到匡世英主。现在您既然有此大志，愿以家产来助您一臂之力。"曹操一听大喜。于是就先发布告，驰报附近郡县，然后竖起招兵大旗，上写"忠义"二字。

没有几天，四面八方应征的人纷纷而来，竟达三千人之多，日后曹操帐下的大将乐进、李典和夏侯惇、夏侯渊兄弟等均于此时投靠曹操。曹操的堂弟曹洪、曹仁也带两千人从谯县和江淮来投奔他。曹操有了这五千人马，便正式打出了讨伐董卓的旗号。

首为天下者倡，曹操讨伐董卓的行动，极大地鼓舞、支持了全国的反董卓势力，客观上促进了全国反董卓行动联盟的形成。

讨董受挫，闪转腾挪谋发展

董卓尽揽朝中大权后，想笼络势力较大的袁绍，派他做渤海（今河北南皮东北）太守。袁绍趁机说动冀州牧韩馥，并联络关东（函谷关以东）州郡，于初平元年（公元190年）正月共同声讨董卓。各路诸侯纷纷响应，大大小小共有十七处之多。因为袁绍势力最大，声望最高，大家便推选他为盟主。袁绍自称车骑将军，其他将领都由他以朝廷名义授予官职，曹操被授予奋武将军。

盟会上，众将领都慷慨激昂地发誓，决心同盟除暴，匡扶汉室。盟会毕，杀牲祭祀，欢宴三日。袁绍遂安排各路人马：袁绍跟河内（今河南武陟）郡守王匡驻军河内；冀州州牧韩馥留守邺城（今河北临漳）负责后勤粮草供应；豫州刺史孔伷驻军颍州；兖州刺史刘岱、陈留郡守张邈、张邈弟广陵（今江苏扬州）郡守张超、东郡（今河南濮阳）郡守桥瑁、山阳（今山东金乡）郡守袁遗、济北国（今山东长清）宰相鲍信全部屯扎在酸枣（今河南延津）；后将军袁术则驻军鲁阳（今河南鲁山）。曹操虽有五千人左右的军队，可是因为没有自己的根据地，不得不受陈留郡守张邈的辖制，随他驻扎在酸枣。

关东联军建立的消息传到洛阳，董卓惊恐万状。他一方面调集重兵加强防守，另一方面不顾朝中大臣反对，准备迁都长安（今陕西西安）。董卓把洛阳城里所有富豪集中到一起，扣上个罪名，全部处死，然后没收他们的财产，再把洛阳全城百姓，共数百万之多，驱逐前往长安。

洛阳距长安有二百五十多公里，路途遥远。董卓命步骑兵在后驱赶，人们互相推挤践踏，饥饿时更互相掠夺，沿途尸横遍野。董卓自己留守洛阳，纵火焚烧皇宫、官舍、民宅等。繁荣豪华的东汉国都洛阳瞬间成为一片焦土，周围一百五十公里以内房屋全毁，鸡犬不留。一个多月后，汉献帝刘协终于抵达长安。

董卓坐镇洛阳，阻击关东军。关东军人数虽多，但各路军阀的首领多数是热衷于割据称雄的军阀，相互之间的联络薄弱，又都惧怕董卓的凉州军团，都想保存实力，各怀异心，谁也不愿带头出击。

曹操见皇帝西行，认真分析后认为：机不可失，要求联军立即出兵。他说："我们发动义兵，诛杀暴徒，大军已经集合，还有什么迟疑？假如董卓利用皇帝权威，困守洛阳，向东征讨，虽然暴虐无道，对我们也足以造成大的伤害。而今，董卓焚烧皇宫，劫持天子，四海之内，无不震动，不知道下一步要做什么。上天灭亡董卓的时候已到，大家一战就可以平定天下。"曹操慷慨陈词，情深意切，可无人响应。"你们不出兵，我出兵。"曹操义愤填膺地离开了聚会厅。当夜，便召集夏侯惇、夏侯渊、曹洪、曹仁等商议，决定单独出兵。

第二天清晨，曹操带领人马，离开酸枣，向西挺进。张邈接到报告，对曹操又同情又敬佩，但也仅限于此，只是命卫兹带领一千人协助曹操。曹军抵达荥阳（今属河南）汴水，受到董卓部将徐荣的阻击。两军初次交锋，从早上一直打到傍晚。曹军由于兵少，又是未加严格训练的新兵，并且得不到援助，被打得大败，士兵伤亡很大。

曹操狼狈逃回酸枣，看到那些联军首领天天只是喝酒吃肉、聚会喧闹，根本没有作战的打算，感到非常气愤而又无奈。他对张邈等人说："各位如果能采纳我的计划，大事必成。请袁绍率河内部队，进逼孟津，酸枣的军队据守成皋（今河南荥阳），控制敖山——粮草所在地，封锁辕山岭（今河南偃师南）、太谷口，占据外围险要，然后请袁术率南阳部队，攻击井水、析县（今河南内乡北），直入武关（今陕西商县内）。各路大军兴筑高大坚固的城堡，严密防守，不跟凉州军团作正面冲突，而只派出游击部队，展示反抗力量的优越形势，静待董卓内部变化。我们名正言顺地讨伐篡逆，胜负立分。而今，联军用正义号召天下，却迟疑不肯前进，使天下失望，我深感羞耻！"

张邈等人不接受这个方案，曹操遂对这些联军将领感到绝望，又苦于自己的力量太小，非常苦恼，加上经过荥阳一战，曹操军士损伤太多，必须进行补充。于是，就和曹洪、夏侯惇等前往扬州、徐州等地招募新兵。在扬州刺史陈温、丹阳（今安徽宣城）郡守周昕的支持下，招得四千多人。不料，到龙亢（今安徽怀远西北）集合时，新兵发生哗变，火烧了曹操的营帐，差点把曹操烧死。曹操从大火中冲杀出来，但新兵已大半逃散，决心跟随曹操的只有五百多人。后来，在轾县（今安徽宿州西南）、建平（今河南夏邑西南）两地又重新招募到一千多士兵，加上曹洪的家兵和汴水之战剩下的士兵，共三千余人。曹操毫不气馁，又带着这支部队北上了，他知道酸枣的那些诸侯是没法指望的，于是赶往河内，投奔袁绍去了。

站稳脚跟，拥有第一块地盘

曹操率军驻扎在袁绍处，受到袁绍的款待，但袁绍也同样一句不提出兵的事。曹操坚持要求他出兵，他却反问："假如讨伐董卓不成功，哪里可以立足容身呢？"

"你到底有什么打算呢？"曹操问。

"我么，准备另立一个……"袁绍以为曹操明白了他的意思，便详细谈了自己准备另立幽州牧、皇族刘虞做皇帝的计划，并且要求曹操支持他。

曹操坚决不赞成，并根据自身分析，晓以利害，说："各位如果北向刘虞称臣，我自独向西讨伐董卓。"

袁绍得不到曹操的支持，就向其堂弟袁术求助。谁知袁术自己想当皇帝，怕立刘虞对自己不利，因此竭力反对。刘虞本人又坚决拒绝袁绍、韩馥要拥他当皇帝的要求，袁绍等只好作罢。

冀州牧韩馥眼看天下英雄豪杰都纷纷投靠了袁绍，心中非常妒忌，便暗中减少粮草供应，打算使袁绍的部队因粮草不足而退走。正巧韩馥部将鞠义叛变，韩馥讨伐，反被击败。袁绍就跟鞠义联合，又联络幽州降虏校尉公孙瓒南下进攻冀州，胁迫韩馥让出冀州，自任冀州牧，割据河北，逐渐在黄河中下游形成一股强大力量。

从初平元年（公元190年）到初平二年（公元191年），形势发展很快。关东豪强们迅速从联合转入混战状态。各路将领你争我夺，自相残杀，展开了旷日持久的大混战，加上之前的董卓迁都之乱，造成了百姓的大量死亡和生产的极大破坏。山东、河北地区本来就已发展到百万之众的青州黄巾军和河北黑山军，更以燎原之势发展起来。

初平二年（公元191年）秋天，以于毒、白绕、眭固为首的黑山农民军，以迅雷不及掩耳之势向冀州的心脏——邺城推进，并有跨过黄河进攻兖州的意图。这时，青州的黄巾军也有一百多万人，因受袁绍所委派的青州刺史臧洪的攻击，也正分两路向河北移动，有与河北的黑山军会师的动向。如果河北的黑山军渡黄河向南，或者青州的黄巾军渡黄河向北，两支大军会师一处，黄河中下游的形势就会急转直下。

于是，不管内部充满多少矛盾，各地的州郡豪强都必须集中力量来粉碎农民军会合的意图。袁绍既要用堵击或截断的方法来破坏农民军两路会师的计划，又要利用这一时机把自己的势力扩展到兖州，使青、兖、冀三州连成一片，这样就使黄河中下游全部受他的控制。要完成这一战略意图，他不得不借重曹操。

袁绍以东郡郡守王肱不能抵抗黑山军为借口，派曹操引兵进入东郡，围剿黑山军。而曹操此时带着部队在河内寄居，没有固定地盘。济北国宰相鲍信告诉曹操："袁绍虽然是盟主，却利用职权，图谋私利，会使天下更乱，将成为第二个董卓。我们又没有阻止他的能力，徒然树敌。看情况，黄河以北，不宜久留，且到黄河以南，观察变化。"

曹操十分佩服他的分析，于是便率军进入东郡，在东郡治所濮阳与黑山军迎战，大破黑山军白绕部。袁绍便以盟主的资格，上表任曹操为东郡郡守。曹操以东武阳（山东省莘县南）为郡城，终于在军阀混战的间隙拥有了自己的第一块地盘，发展了自己的势力。

第五章

曹操

高瞻远瞩,挟天子令天下诸侯

权衡利弊，进军徐州打陶谦

初平四年（公元193年）春，曹操驻兵鄄城。鄄城是当时黄河边上的一个军事基地，曹操任兖州牧后，将治所从昌邑迁到这里。正好此时刘表逼近袁术的南阳城，并切断了南阳城的粮道。袁术便率军进入兖州陈留，驻兵封丘。黑山军和匈奴于夫罗的残部也投靠了袁术。袁术派部将刘详驻守封丘东北的匡亭，曹操立刻带兵从鄄城南下攻打刘详。

袁术非常清楚，匡亭一失，封丘不保，于是亲自率兵援救刘详。两军交战，袁术被打得大败，不得已而弃匡亭退守封丘。曹军一鼓作气继续围攻封丘，袁术自料难以抵抗，不等曹军合围，即连忙放弃封丘逃往襄邑。曹操仍然尾追不舍，到了太寿，决开河渠要水淹袁术军团。袁术只得继续逃往宁陵。曹操决计要一杠子打死对手，于是死死咬住不放，袁术被曹军穷追不舍继续逃跑。就这样，一直逃到九江郡才停下来。

这一仗，曹操抓住有利战机，连续作战，克服困难。在对己军有利的情况下，不断地扩大战果，将袁术赶到远离兖州的地方，解除了兖州南面的一大威胁。到了夏天，曹操率军回到定陶。

紧接着，曹操经过权衡，发动了攻击徐州牧陶谦的战役。陶谦，字恭祖，丹阳人。历任卢县令、幽州刺史、议郎等职。后因参与镇压徐州黄巾军有功，被任命为徐州刺史。董卓掌权时，他未参加关东联军的行动，因此被董卓任命为徐州牧。

曹操进攻陶谦，是经过仔细权衡的慎重决定：

其一，在公孙瓒和袁术两人同袁绍的矛盾中，陶谦支持公孙瓒和袁术，并曾派兵配合公孙瓒攻打袁绍。曹操既然和袁绍联盟，并率军刚刚打败了共同的敌人袁术，再把矛头对准另一个共同敌人陶谦，既是顺理成章的事情，也有利于团结袁绍。况且，这一时期河北地区的黑山农民起义军又活跃起来。于毒曾率兵数万人攻占冀州的治所邺城，并杀死魏郡太守。刘石等人率领的起义军及张燕率领的黑山军也活动频繁，匈奴、乌桓也一度进犯，袁绍忙于应付，无暇南顾。因此，攻打陶谦的责任自然就落到了曹操一人肩上。

其二，曹操有着极强的利己主义，所以他肯定有自己的利益考量。徐州紧靠兖州，与青州一样从东面、东北面对兖州形成了包围之势。陶谦、田楷、刘备等人不仅对袁绍构成威胁，同时也给曹操形成了压力。甚至到后来，这种威胁还变成了直接的进犯和掠夺。初平四年（公元193年）五月，下邳人阙宣聚众数千人造反，自称天子。陶谦曾与阙宣联合，发兵攻击兖州，攻占了华县和费县，掠夺了任城。

其三，曹操一心要向陶谦索报杀父之仇，曹操的父亲曹嵩之死与陶谦有关系。

综合考虑，为了维护与袁绍的联盟，同时也为了保护兖州的利益，又有着替父报仇的正当旗号，曹操于是决定果断出兵攻打陶谦，给予狠狠打击。

曹操第一次大规模进攻陶谦，一鼓作气攻下了大片的城池，进抵彭城。陶谦带兵前来应战，却被曹操打得大败，损失了上万士兵。曹操带着强烈的复仇和树威立信的心态，疯狂杀戮，连平民百姓也不放过。有男女数万人（一说数十万人）被无辜杀害，尸体倒伏在流经彭城的泗水之中，河水都被尸体阻塞了。当初洛阳、长安一带遭遇董卓之乱，有不少人跑来徐州避难，结果在这场战乱中惨遭杀害。

曹操这次东征，得到了袁绍的支持。袁绍还派出部队前来会同曹操作战，其中朱灵率兵三营，在作战中立有战功。

战斗结束，诸将都一一返回河北，只有朱灵留在了曹操身边，说："我见过的人多了，没有一个能够比得上曹公，曹公真是一个明主啊！现在我好不容易遇上了，哪能轻易离开呢？"和他一起留下的还有他的部下将士。后来，朱灵成为曹操的重要将领，名位仅次于徐晃等人，官至后将军；封高唐亭侯。

大败吕布，定兖州打下根基

曹操攻入徐州境内，接连攻下十多座城池，进抵彭城（今江苏徐州）和陶谦会战。陶谦战败，逃回郯县（今山东郯城）——徐州治所固守。

曹操围攻郯县，不能夺取，只好撤退，一路攻陷虑县（今河南淮阳西南）、睢陵（今河南淮阳）、夏丘（今安徽泗县）等五城。

曹操对徐州进行大屠杀，陶谦又急又怕，便向他的同盟公孙瓒求救。公孙瓒派部下、青州刺史田楷发兵救援，田楷也心中害怕，就去联系刘备。

此时，刘备正帮孔融打黄巾军。刘备接到田楷的求救后就马不停蹄去救陶谦。刘备这时已集结几千人，陶谦再拨给他丹阳部队四千人，合起来有一万多人。后来，刘备离开田楷，归附了陶谦。陶谦向朝廷推荐刘备为豫州刺史，驻屯小沛（今江苏沛县）。刘备从此有了较高的政治地位。此时，曹操的军粮用完了，只好撤回。

兴平元年（公元194年），曹操再次攻打徐州，一直攻到琅琊、东海各县。经过两次大的战争，陶谦的力量被大大削弱。曹操正欲进军郯城，彻底消灭陶谦，不料后院起火，兖州境内发生政变，陈留太守张邈联络曹操部将陈宫，迎吕布出任兖州牧，共同抗拒曹操。无奈之下，曹操只好撤兵回救兖州。

吕布本来是董卓的部将，骁勇异常，董卓日常行动常让吕布当侍卫。初平三年（公元192年）四月，司徒王允利用吕布与董卓之间的矛盾，策反吕布杀死了董卓。董卓旧部李傕、郭汜等联合起来，攻破长安城，杀死王允，劫持了汉献帝。吕布败逃，率数百骑自长安出武关（今陕西商县东），去南阳奔袁术而不成，又归袁绍，为袁绍所忌，只好投奔张扬于河内。经过陈留时，和张邈关系甚密。此次，陈宫欲迎吕布出任兖州牧，张邈自然同意。

张邈原是曹操的好友，曹操在陈留起兵时，实际上是张邈的部下。现在曹操出任兖州牧，张邈反而屈居曹操之下，心中非常不满，加上张邈和袁绍不和，他担心袁绍和曹操合起来对自己下手，就趁曹操大军攻击陶谦，后方空虚之时，想下手夺取兖州。

张邈、陈宫叛离曹操而迎吕布的消息被荀彧获悉后，荀彧连忙把驻屯濮阳的东郡郡守夏侯惇调回鄄城（今属山东），并于当夜诛杀了城内和张邈、陈宫通谋的几十人，稳定了兖州的政治中心鄄城。同时，又派程昱出使范县（今属河南）、东阿（今山东阳谷），鼓励当地官民护城坚守，等待曹操回来。程昱又派出机动部队，断绝仓亭津（位于范县的黄河渡口），使陈宫的军队不能渡河。吕布攻击鄄城不成，于是向西撤退，驻屯濮阳。

曹操把军队从徐州开回来，一过泰山，听到吕布退屯濮阳，就非常高兴。曹操的手下将领官兵却有些担心，因为此时兖州境内只剩鄄城、范县、东阿三处仍为曹操据守，其余郡县全部响应吕布。曹操经过冷静分析，对手下说："吕布突然之间得到一州，不据守东平，切断亢父、泰山要道，背靠险要，向我施加压力，却回到濮阳，说明他不可能有大的作为。"

于是，他立即准备反攻濮阳。八月，曹操围攻濮阳，濮阳大姓田氏在城内响应，曹操亲率战士进入城东门。结果，巷战不利，曹操大败而逃。

曹操回到营里以后，恐怕因他受伤，使军心沮丧，遂忍着疼痛，亲自率军，鼓励士气，并下令军士从速准备好进攻用的"攻具"。曹操跟吕布僵持了百余天，蝗灾大起，军民饥饿不堪，吕布的粮草用尽，双方遂各自撤退。

九月，曹操回鄄城，吕布也退屯山阳（今山东金乡）。十月，曹操前往东阳。冀州牧袁绍派人劝说曹操，建议他把眷属送到邺城（今河北临漳）。曹操正处于事业低谷，粮食也将不济，有意答应。就在此时，曹操的谋士起了关键性的作用。程昱对曹操说："我一向认为，将军面对重大变化时，无畏无惧，想不到竟不是如此，为什么考虑这么不周密？袁绍虽然有吞并四方的野心，可惜没有征伐四方的智慧。将军也不会久居人下的，以将军的威力，如同龙虎，岂可步韩信、彭越的后尘？而今，兖州虽然残破，但我们仍有三座城作为基地，武装劲旅不下万人，以将军的武功和谋略，加上荀彧和我，大家合力，可以成就霸业，请您再三思量。"

曹操同意他的分析，拒绝了袁绍的建议。此后，曹操经过一年多的时间，才把兖州的郡县陆续收复。

兴平二年（公元195年）夏天，曹操在巨野（今山东巨野南）和吕布会战，终于击垮了吕布。吕布逃往徐州，张邈也随着吕布向徐州撤退。此时，徐州牧陶谦已死，刘备继任。张邈听说曹操要杀他家小，就想跑到扬州袁术那儿去请救兵，半路上被部下所杀。这样一来，兖州的地方势力基本上就被曹操肃清了，到这时，曹操总算把兖州的统治权掌握在自己手中。

从此，曹操不仅有了兖州作根据地，又掌握了一支庞大的军队，为他后来统一北方，打下了坚实的基础。

议迎献帝，先下手名利双收

兴平二年（公元195年）二月，凉州军将领发生火并。李傕先杀死右将军樊稠，接着又同郭汜互相攻杀。郭汜想自己把汉献帝控制起来。李傕得知消息，抢先动手，劫走献帝，烧毁宫殿。献帝让太尉杨彪、司空张喜等公卿大臣到郭汜营中为二人调解，又被郭汜扣作人质。双方在长安城内外混战了好几个月，造成上万人死亡。

六月，李傕部将杨奉叛变，带走不少兵力，李傕力量有所削弱。另一个凉州军将领张济从陕县前来为二人调解，双方同意讲和，被劫持的献帝和公卿大臣得以获释。

献帝获释后，郭汜想让他住在长安东北的高陵，以便于自己控制，公卿大臣及张济则主张前往弘农，双方争执不下。献帝自己想东归洛阳，也同意张济的建议，多次派遣使者去对李傕、郭汜提出这一要求。结果双方达成妥协，献帝先到附近县城居住。

后来群臣又决定回洛阳，一路上献帝忍辱负重，终于在建安元年（公元196年）七月间回到故都洛阳。

献帝从长安动身东迁时，曹操已经击走吕布，正忙于围攻固守雍丘的张超，但胜负大局已定。因此，献帝在兴平二年（公元195年）十月正式任命曹操为兖州牧。十二月，曹操拿下雍丘，兖州全境平定。建安元年（公元196年）正月，曹军进抵武平，袁术所任命的陈国相袁嗣投降。在汝南、颍川两郡活动的黄巾军余部何仪、刘辟、黄邵、何曼等人各拥兵数万，开始追随袁术，后又依附孙坚，对曹操造成一定威胁。因此，曹操又在二月对他们展开攻击，杀死黄邵，收降刘辟、何仪，顺利地攻占了许县，势力又有了大的进展。

献帝来到洛阳后，曹操即接受毛玠的建议，准备将献帝迎至许县。一些人对此有疑虑，认为关东尚未平定，韩暹、杨奉刚护送献帝来到洛阳，正北联河内张杨，一时难以将其制服。荀彧则坚决支持曹操的想法，鼓励曹操说："从前晋文公接纳了周襄王，因而诸侯纷纷前来追随；汉高祖为义帝穿上白衣服发丧，因而天下的人都来归附。现在皇帝流徙不定，东都洛阳又那样残破，忠义之士都有怀恋王室的心意，老百姓都有感旧的哀痛。如果能够利用这个机会迎奉皇帝，是符合大家的愿望的。用忠于帝室的行动来镇服各据一方的豪杰，这是一个重要的策略。如不及时作出决策，其他豪杰必然会产生非分之想，那时再来考虑这个问题，就来不及了。"

沛郡人丁冲过去曾与曹操交好，这时也给曹操来信说："您平时常常表露出匡济天下、辅佐皇帝的志向，现在到了实现志向的时候了。"程昱也表达了类似的看法。这些意见正合曹操心意，曹操于是立即采取行动，派曹洪带兵西迎献帝。由于卫将军董承和袁术部将苌奴凭险抗拒，曹洪无法前进，计划一时未能实现。曹操为此感到十分愁苦，曾写作《善哉行》（其二）一诗抒写当时的心境：

> 我愿于天穷，琅琊倾侧左。虽欲竭忠诚，欣公归其楚。
>
> 快人由为叹，抱情不得叙。显行天教人，谁知莫不绪。
>
> 我愿何时遂？此叹亦难处。今我将何照于光曜？释衔不如雨。

"天穷"当做"天穹"，即苍天。"琅琊"，山名，在今山东诸城东南。"左"，地理上以东为左。这里以琅琊山在东方倾倒比喻其父在琅琊国被陶谦杀死。《春秋》襄公二十九年："公至自楚。""欣公归其楚"即用此典，表示喜献帝还洛之意。"抱情不得叙"，谓不得抒其情于献帝。"显行"，指建立功业。"天教人"，谓用天子的政令教化万民。"绪"，残，引申为失败。两句说自己的政治抱负未能实现。最后两句，说自己将难于在日月之下做人，内心包含的忧愁难以消除，还不如雨，因为雨总还有个停的时候。从字里行间不难看出，曹操虽然已经在事业上取得了很大的成就，但还是怀着壮志难酬的深沉感慨，以致为此感到苦闷和忧惧。正是这种不满足感和危机感，驱使着曹操去为生存和发展而不断奋斗。

当时，在献帝周围的将领主要有韩暹、杨奉、董承和张杨等人。韩暹和董承驻京师宿卫，杨奉驻守梁县，张杨驻守野王。这四人虽然表面上有联合关系，但实际矛盾很大。曹操决定利用这一矛盾。四人中以杨奉兵力较强，又驻守在洛阳以南，与许县临近，曹操决定先拉拢杨奉，通过早已与自己友好、这时在朝任议郎的董昭给杨奉写信。信中说："将军护卫皇帝，经过千难万险，终于回到了故都洛阳，辅佐之功举世无匹。现在天下不宁，皇位至重，必须群贤协力加以维护，不是单靠一个人的力量所能支撑的。将军可在朝内做主，我作为外援。现在我有粮，将军有兵，正好有无相通，取长补短，生死与共。"

杨奉虽然兵力较强，但孤立少援。加之献帝到洛阳后，因宫室早被董卓烧尽，百官只能找些柴草，靠着断壁残垣搭帐篷居住；粮食更是紧张，州郡各拥强兵，不肯接济，群臣饥乏，尚书郎以下官员都得自己出去挖野菜充饥，有的就饿死在墙垣之间，有的则被士兵杀死，情况已经到了十分严重的地步。因此，曹操表示愿与杨奉合作，并拿出粮食来，自然使杨奉喜出望外。杨奉即与诸将一同上表,请献帝任命曹操为建德将军,不久又升迁为镇东将军,袭父爵为费亭侯。曹操先后写了《上书让封》《上书让费亭侯》表示推辞,献帝不允,才又上了《谢袭费亭侯表》表示接受。三份奏章言辞均谦卑恭顺,虽然这是这类表文的基本特色,在很大程度上只是一种虚伪的姿态,但就曹操而言,这一时期处事比较谦恭谨慎,又怀着尽力博取朝廷欢心和信任的目的,极有可能还是发自内心的。

这时,在洛阳的董承因韩暹自恃有功,专横跋扈,内心十分不满,但又无力对付,于是暗中召曹操进京。曹操得到这样的机会,自然十分高兴,立即亲率部队赶到洛阳,朝见献帝。曹操上表请治韩暹、张杨的罪,韩暹自料敌不过曹操,急忙单骑逃出洛阳,到梁县投奔杨奉。献帝因韩暹、张杨在东迁途中"护驾"有功,下令不再追究。曹操于是担负起了保卫京都和献帝的重任。献帝授给曹操节钺,录尚书事,任司隶校尉。"节"即符节,是古代帝王派遣将相委以重任时,用作凭证的一种信物,有了它就有了斩杀违犯军令者的权力。"钺"是古代一种像斧的兵器,这里指帝王所专有的、代表征伐之权的一种斧钺,多以金银为饰,有了它就有了总统内外诸军的大权。"录"即总领诸事之意,"录尚书事"实即总揽朝政。东汉以来,中央政府中号称三公的太尉、司徒、司空只是名义上的首脑,实际权力在尚书台,皇帝总是挑选亲信大臣"录尚书事"。

献帝授予曹操节钺,录尚书事,则军政大权都集中到曹操一人身上。这说明曹操在事业上又向前迈出了一大步,他亲近献帝的策略及为此所作的努力结出了硕果。在与其他割据势力的角逐中,曹操已占有了比较明显的优势。

迎帝许都,挟天子以令诸侯

曹操总揽朝政后,即以献帝名义,杀掉了侍中台崇、尚书冯硕等人,而封卫将军董承、辅国将军伏完等十三人为列侯。但曹操深知,要巩固自己在朝廷的地位，真正做到"奉天子以令不臣"，还有许多事情要做。

一次，曹操请董昭坐到自己身边，问他："现在我来到洛阳了，你看下一步应该怎么办？"

董昭回答说："将军起义兵以除暴乱，现在来到朝中辅佐天子，这是相当于春秋五霸所建立的功业。但朝中将领各怀异心，未必都能倾心服从，留在洛阳匡辅朝政，必有许多不便。最好的办法是将天子迁到许县去。但朝廷已经多次迁徙，现在刚刚迁回洛阳，远近的人们都希望能够安定下来，再迁都恐怕会出现麻烦。希望将军权衡利弊，采取合适的对策。"

曹操表示同意董昭的看法，但担心驻守在梁县的杨奉阻挠。董昭又献计说："杨奉势孤少援，是愿意同将军合作的。将军升为镇东将军，袭费亭侯，都是杨奉起的作用，应该尽快派遣使者带着厚礼去答谢他。我们可以对他说：'洛阳没有粮食，想暂时把献帝迁到鲁阳去。鲁阳离许县很近，运输粮食就比较容易了。'杨奉为人勇而无谋，必然不会怀疑。"曹操觉得董昭的主意很好，立即派遣使者到杨奉那里去，杨奉果然信以为真。曹操顺利地将献帝转移到了许县。

到这时，杨奉才知道自己上了当，大为恼火，立即同韩暹一起带兵追击，企图将献帝抢夺回来。曹操料定杨奉会前来追击，预先在阳城境内的山谷中设伏，将杨奉和韩暹的追兵打得大败。

十月，曹操为了彻底解除杨奉的威胁，亲自率军征讨杨奉。杨奉再次被打败，只得同韩暹一起带着余部南逃，投奔袁术去了。杨奉的大将、河东人徐晃，字公明，颇有胆识。当初在长安时，曾劝说杨奉护卫献帝东归洛阳；到洛阳后，当韩暹、董承闹矛盾时，又曾劝说杨奉归附曹操；这时见杨奉大势已去，便脱离杨奉，投归了曹操。

许县在今河南许昌市东，秦汉时为颍川郡地。曹操将献帝迎来许县后，即将这里定为都城，直到建安二十五年（公元220年）曹操去世、曹丕取代献帝建魏而将都城迁到洛阳为止，共在这里建都二十五年。黄初二年（公元221年），曹丕将许县更名许昌，仍为五都（长安、谯县、许昌、邺城、洛阳）之一。献帝刚来许县时，由于尚无宫殿，因而暂住曹操军营中。待宫殿、宗庙建好之后，献帝才从军营搬出，住进许都。

九月，曹操被献帝任为大将军，封武平侯。大将军是将军的最高称号，为中央政府的执政者。自武帝以来，只有少数皇帝最为信用、最有权势的大臣才有资格充任，权位常在三公之上。武平侯是县侯。汉代侯爵承秦制共分二十个等级，功大者封一个县，功小者封一个乡或一个亭。曹操最初袭费亭侯，只有一个乡亭的封地，在侯爵中等级最低，现在升为县侯，连升了若干级。曹操因循旧例，接连上表表示谦让。其中，《上书让增封》说：

> 无非常之功，而受非常之福，是用忧结。比章归闻，天慈无已，未即听许。臣虽不敏，犹知让不过三。所以仍布腹心，至于四五，上欲陛下爵不失实，下为臣身免于苟取。

"比章归闻"，谓接连递上奏章表述自己的心情。"天慈"指皇帝的恩惠。从"让不过三""至于四五"等语来看，曹操在很大程度上只是为了做做谦让的样子。文辞虽仍极恭谨，但已无谦卑之色，流露出一种自信矜持的口吻，与上书让费亭侯时已有不同，表明曹操大权在握，已今非昔比了。

曹操左右的部属也得到了封赏。荀彧被晋升为侍中，代理尚书令。尚书令为尚书台的长官。尚书台本是皇帝私府中掌管收发文书的小机关，自武帝以后地位日渐重要，成为朝廷行政事务的总管，颇有实权。尚书台常由地位比尚书令更高的官员加上"录尚书事""领尚书事"的头衔来加以总管，曹操这时实际上是将自己"录尚书事"的职权部分地移交给了荀彧。从此，曹操外出征伐时，朝廷中枢的大政就交由荀彧来调度处理。献帝从这时起，就成为曹操手中的傀儡了。

自献帝西迁长安后，朝廷的典章制度荡然无存，都许后才又慢慢重建起来。原泰山太守、因未完成接应曹操父亲曹嵩的任务而逃到袁绍那里去的应劭，在这方面发挥了重要作用。建安元年（公元196年），他删定律令为

《汉仪》上奏。当年曹嵩被杀，严格说来应劭并无责任，他只不过到得晚了一点。看来曹操对这件事采取了实事求是的态度，并无追究责任的意思，因而在建安二年（公元197年）通过献帝任命应劭为袁绍的军谋校尉。应劭又缀集所闻，著《汉官礼仪故事》上奏。凡朝廷制度、百官典式，大都是依据应劭的建议建立的。

献帝东迁后，因几经波折，宫中食用困乏，曹操就经常向献帝进献食品和器物。献帝还都洛阳时，曹操就曾向他进献过缝帐两顶、丝线十斤、山阳郡所产的甜梨两箱、椑枣（一种青黑色的枣）两箱。献帝都许后，曹操更是经常进献，其中有顺帝时赐给他祖父曹腾的家藏器物，也有属下陆续搜寻到的一些宫中流失的器物。从中不难看出，曹操当时在朝廷中的实际地位和作用的确与众不同。

曹操不仅是政治上的决策者、军事上的拱卫者，在后勤、生活方面也在某种程度上充当了主管的角色。献帝都许的初期，百废待兴，在建立朝廷正常的政治秩序和生活秩序方面，曹操是做了不少工作的。曹操在谯县时，跟县令郭芝学得一种酿酒法，他特地为此上奏，向献帝详细介绍这种酿酒法。从这件事中也不难体会到曹操想办好这类事情的心情。

献帝在长安是何等狼狈，而曹操在献帝面前的百般表现，当然是为了拥有"挟天子以令诸侯"的政治优势，这样的代价还是值得的。

许田射鹿，图霸业试探人心

曹操迎汉献帝到许都后，政治势力日渐强大，个人声望也与日俱增。虽然曹操可以"挟天子以令诸侯"，是实际的掌权者，但很多"汉室旧臣"对曹操颇有微词，加之汉献帝认刘备为皇叔，这让曹操心绪不安。为了探明群臣的政治态度，他向程昱寻求建议。

谋士程昱建议曹操说："现在您盛名在外，为何不成就霸业以图天下？"曹操说："朝廷的重臣还很多，不可轻举妄动。我想请天子出去打猎，趁机看看众大臣的反应如何，然后再作决定。"

这一天，曹操挑选良马、苍鹰、黄犬、弓箭，先在城外聚兵，然后进宫请汉献帝出去打猎。汉献帝听了曹操的建议，迟疑了一下说："外出打猎恐怕不符合王道吧。"曹操说："古代的帝王都定期进行打猎，所谓春蒐、夏苗、秋狝、冬狩是也。也就是说，一年四季都要按时行猎，以向天下昭示皇帝的威武。现在正处于天下诸侯纷争的时候，更应该借狩猎向天下人昭示陛下的英武，让四海之内臣服！"汉献帝知道无法拒绝，只好跟着曹操出城了。

曹操骑着爪黄飞电马，率一万士兵，与汉献帝在许田狩猎。军士们排开围场，足足有三百多里。曹操与汉献帝并马前进，只超一个马头；前后左右都是曹操的心腹将校；其他官员都只能远远跟随，无法靠近曹操和汉献帝。

曹操和汉献帝并排刚转过一个土坡，忽然看见从荆棘丛中跑出一只大鹿。汉献帝连忙弯弓搭箭，连发三箭，都没有射中。他无奈地回过头来，对曹操说："还是请丞相射吧。"

曹操伸手向献帝要来了宝雕弓、金鈚箭，弓拉满弦，"嗖"的一声射去，正中鹿背，大鹿应声倒下。军士报告是金鈚箭所射，群臣将校闻听是金鈚箭射中了目标，都以为是汉献帝射的。于是，都高兴得欢呼起来，向汉献帝高喊"万岁"。

曹操却拨马而出，挡在汉献帝前面，接受众大臣和将士的欢呼。众臣一看，不禁大惊失色。在一旁的关羽看在眼里，极为恼火，提刀拍马便要斩曹操，被刘备极力拦了下去。

刘备趁机讨好曹操："丞相果然箭法高明，世间罕见啊！"曹操非常满意刘备的表现，连忙笑着说："哪里哪里，这全仰仗天子洪福。"

然后，群臣大宴于许田。宴后，曹操也不归还皇帝的宝雕弓、金鈚箭，自己挂在腰间。

曹操借许田射猎，以打草惊蛇之计来试探众位大臣的人心向背，趁机树立个人威信，足见曹操智谋的过人之处。

打草惊蛇是一个设法以巧妙的侦察手段去刺探虚实、引诱敌人暴露目标的计谋。打草惊蛇是《三十六计》的第十三计，它的解释为："疑以叩实，察而后动；复者，阴之谋也。"意思是说，当对敌情不甚了解、难以摸清时，就要通过各种侦察手段把情况了解清楚。这样做，是发现暗藏敌人的有效办法。其接着解释道："敌力不露，阴谋深沉，未可轻进，应遍探其锋。兵书云：'军行有险阻，潢井、山林翳荟者，必谨覆索之，此伏奸之所处也。'"在军事上，打草惊蛇是一种探查敌军军情的策略。在政治谋略中，它可以作为一个很好的警告之策。

这个故事从一个侧面反映出曹操的个人素质，他既善于审察形势，又精于权谋，从而能够采取灵活的方式和手段制服内外敌对者，保存和发展自己。

曹操见众大臣并不敢公开反对他，心中已经明白了八九分，知道自己已经掌控了朝廷，便越发肆无忌惮起来。

审时度势，不失时机败吕布

审时度势是决策者必备的一种本领，也是衡量一个将领素质的重要标准。古时有很多以少胜多、以弱胜强的战例，最重要的就是因时而动，抓住了稍纵即逝的战机。敌我双方处于平静期时，应该趁机安抚民心，养精蓄锐，发展壮大自己，为将来的决战做准备。一旦出现有利于自己的机会，应该果断出击，万不可优柔寡断、贻误时机。

曹操自从将吕布赶出兖州后，一直视吕布为心腹大患。但因忙于迎献帝、屯田事农、南征张绣等，无暇顾及吕布，对吕布主要采取了以防御为主的方针。

后来，吕布投靠了曹操，刘备也在曹操手下谋事。二人算起来还是盟友，可一件不愉快的事改变了这种局面。

建安三年（公元198年）春，吕布买的马被刘备部下抢走。吕布无法忍耐，乘曹操第二次南征张绣的机会，背叛曹操，重新和袁术建立了关系，并派遣中郎将高顺和鲁相张辽攻打刘备。

曹操考虑到要对付北方的劲敌袁绍以及其他异己力量，对于这次吕布的反叛，一时无暇顾及，一度打算只派出有限的兵力去对付，不想大动干戈。后因接受了荀彧、郭嘉和荀攸等人的建议，才又改变了主意。

曹操这年七月回到许都后，接到袁绍一封言辞不恭的书信。袁绍知道曹操在宛城被张绣打败，东边又有吕布之忧，而自己占据河北，地广人众、兵强马壮，人人惧怕，因此态度傲慢，言辞颇为不敬。曹操读完信后，不觉大怒。众人不知就里，以为是同张绣作战不利所致。钟繇去问荀彧，荀彧回答说："曹公英明睿智，决不会为已经过去了的事情伤神费力，应该有什么别的事。"

荀彧于是去见曹操，询问到底发生了什么事情。曹操这才将袁绍的信拿出来让荀彧和同时在场的郭嘉看，并问道："袁绍不仁不义，我们本来应该起兵讨伐他，但力量恐怕敌不过，这如何是好？"

荀彧不同意先打袁绍。他认为袁绍虽强，但终究不会有大的作为，最终必然被曹操所制伏，只不过现在时机未到。他建议曹操先打败吕布，然后再考虑进攻袁绍，认为如不先打败吕布，黄河以北的地方也不容易拿下。

郭嘉支持荀彧的意见，认为如不打败吕布，以后袁绍来攻时，吕布必然支援袁绍，那将会造成十分严重的后果。建议乘袁绍正北击公孙瓒的机会，赶快发兵东征吕布。

曹操审时度势，结合谋士荀彧、郭嘉等的意见，认为先攻吕布，袁绍无法分兵来救；反之，若攻袁绍，吕布就会伺机而动，使自己陷入两线作战的危险境地。于是，他决定安抚汉中，然后再东征吕布。

第五章　高瞻远瞩，挟天子令天下诸侯

　　他给马腾、韩遂等人去信，讲明利害关系，马腾、韩遂等果然按兵不动，还将自己的儿子送到许都，侍奉献帝，实际上是充作了人质。这一步骤收到了预期的效果。

　　关于东征吕布的事，曹操征求谋士们的意见，还是有不少人表示反对。他们认为，袁绍虽一时无暇南顾，但刘表、张绣还在南面虎视眈眈。如果远征吕布，他们趁机袭击许都，后果不堪设想。荀攸力排众议，认为刘表、张绣刚在安众被打败，势必不敢再动，而吕布骁猛，又仗恃袁术相助，如果让他纵横于淮、泗之间，一些豪杰必然起而响应。现在趁他刚刚反叛、众心不一的机会，前去攻打，必然成功。

　　最终，谋士荀彧、郭嘉、荀攸的意见趋向一致，曹操感到非常高兴，决定立即起兵东征吕布。

　　曹操在经过认真分析后，认为时机已经成熟，就立即作出了东征吕布的决定。

　　九月，曹操亲率大军向东进发。此时从前线传来消息说，吕布已经攻占小沛。刘备单身而逃，家眷都被俘虏。而且，果然不出荀攸所料，原来在泰山郡一带活动的地方军阀臧霸、孙观、吴敦、尹礼等人都纷纷归附了吕布。曹操于是加快了东进的步伐，到达梁国地面时，同刘备相遇，于是一同东进。

　　这时，吕布已将所有兵力集中到彭城，打算在此固守。十月，曹操抵达彭城。陈宫向吕布献计说："我们应乘曹军远来疲惫的机会，迎头痛击。这样，我们以逸待劳，一定能取得胜利。"

　　吕布不同意，说："不如等他们前来进攻，当他们横渡泗水时，我们发起突然袭击，把他们消灭在泗水中。"

　　谁知吕布的如意算盘落了空。由于曹操前期的准备工作做得充分，曹军进击的速度极快，还没等吕布作出反应，已经渡过泗水，接着势如破竹将彭城攻下。吕布来不及反应，仓皇而逃，退守位于彭城东南的下邳。

　　曹操善于审时度势，所以总能找到良机，乘势而取。而吕布不听部属意见，屡屡错失良机，最终一败涂地。二人审时度势之能力、智谋多寡，高下立判。

069

南征张绣，擒杀吕布定内宫

曹操一直苦于无法解决军队的粮草问题。挟献帝至许都后，他听从建议，开始在许都周围实行屯田，收到了很好的效果。

许都屯田后的第二年，曹操看到军粮问题得以有效解决，便开始准备向南阳用兵，讨伐张绣。张绣据守南阳，离许都最近，威胁也最大。他与荆州的刘表联合，早有攻进许都、劫持汉献帝的野心。

正月，曹操的部队快到时，张绣就慑于曹操大军的威势而率军投降曹操。曹操在接受张绣投降之后，一时间得意忘形，竟把张绣的叔母娶去作妾。张绣感到自己深受奇耻大辱，而且张绣的部下看到以前主将的妻小被曹操占去，也深怀愤慨。于是，张绣就密谋反曹。

十几天后，张绣率军偷袭曹营。曹军毫无防备，被打得落荒而逃。曹操的大儿子曹昂战死，侄儿曹安民被杀，卫队长典韦掩护曹操逃走，并和张绣军队死战。左右卫士所剩无几，典韦身上也多处受伤，张绣的士兵冲上去准备活捉，典韦甚至用敌人的身体当武器，奋力搏击，最终力战而死。曹操幸而死里逃生，回到许都。

氾水之败后，曹操痛定思痛，努力准备再次讨伐张绣。到了同年冬天，曹操出兵击败了张绣和刘表的联军，收复了一些失地。到建安三年（公元198年）三月，曹操第三次进军并围攻张绣的根据地——穰县（今河南邓县）。

曹操围攻穰县两个月，久攻不下。此时，得知袁绍趁机要袭击许县。曹操大惊，立即放弃穰县，急行班师回救，张绣率军追赶。同时，刘表的援军也向曹操夹击而来。在这紧要关头，曹操写了封信给在许县的荀彧说："我到安众（今河南镇平），一定会大败敌军。"

第五章　高瞻远瞩，挟天子令天下诸侯

曹军很快抵达安众，曹操腹背受敌，形势对他很不利。曹操立即命兵士在夜间暗凿地道，把军械粮草都运了过去，并埋伏了奇兵。到了天明，张绣、刘表一看人没了，以为曹操逃跑了，遂引全军来追。曹操忽然率军反扑，伏兵也趁机杀出，前后夹击，把张绣、刘表杀得大败而逃。这样，曹操得以顺利回到许都。

曹操回到许都后，收到了袁绍的一封信，信中用了许多傲慢的言语，把曹操大大嘲弄了一番，并说很快就会发兵许都。曹操把荀彧、郭嘉二人召来，拿出袁绍的信给他们看，说："袁绍拥有冀、幽、青、并四州之地，地广人多，兵力强大。我们应该以攻为守，发兵去平定他，以免他来袭取许都，但我又感到力不从心，不知如何是好。"

荀彧说："我看主公不必忧虑。当今与主公争天下的，只有袁绍，其他都不足虑。袁绍外表强大，却无法驾驭群臣，不能与主公相比。"

郭嘉接着说："主公一定知道，当初刘邦和项羽相比，力量相差悬殊。但为什么项羽会失败呢？关键在于刘邦能以智谋胜项羽。"

于是两人建议："应该利用袁绍现在正北击公孙瓒的机会，尽快收拾掉吕布。假如不先取吕布，一旦袁绍来打我们，吕布和他呼应，使我们腹背受敌，那时就难对付了。"

曹操觉得非常有道理。于是，一方面派钟繇去安抚西北诸郡县，稳住关西，一方面准备进攻吕布。吕布为人狡黠凶狠而多变，自从和曹操争夺兖州失败以后，便去投奔在徐州的刘备。但不久，又乘刘备出兵在外，偷袭了刘备的根据地——下邳（今江苏邳县东）。刘备失去立足之地，只得又来投奔曹操。

建安三年（公元198年）十月初，曹操会同刘备，攻陷彭城，并大肆进行屠杀，百姓纷纷逃离。然后，曹军又直抵下邳，围攻吕布。

经过几个月的斗智斗勇，曹操终于在内应的帮助下擒住了吕布，并接受刘备的建议，不纳降吕布。

陈宫是吕布的谋士，早年曾在曹操帐下，深得曹操赏识。陈宫被捕后一心求死，曹操无奈，只好将他与吕布一起缢杀。为了表示不忘陈宫的旧情，曹操下令

把陈宫的老母送到许都养老送终，又送他的女儿出嫁，其他家属也都得到优待。对其他投降曹军的吕布部将，都不计前嫌，一一加封和重用。曹操这种不计前嫌的做法，对笼络人心大有好处，这也是他的向心力强的根本原因。

试探刘备，青梅煮酒论英雄

曹操杀了吕布，占了徐州，率军凯旋回到许都，便开始积极准备对付冀州袁绍的进攻。同时，周瑜、鲁肃也归附了孙策，孙策逐步占据江东，形成气候。

就在曹操与吕布激战的时候，汉献帝刘协却在许都密谋诛杀曹操。

献帝密召董承入宫，将带血诏的玉带赐给他。献帝在血诏中历数曹操的罪恶，要他联络忠义之士，剪除曹操！董承是国舅，平素私下里也对曹操不满。于是，他暗中去找侍郎王子服、长水校尉种辑商议，两人都是他的至交，也对曹操独揽大权表示不满。读了血诏之后，即起誓立盟，决心效忠献帝。

正在这时，曹操凯旋。曹操特地上表为刘备奏请军功，献帝获知刘备是中山靖王之后，按辈分该称他皇叔，有意想拉拢他作为剪除曹操的生力军，就立即封刘备为左将军，董承等人也觉得刘备将是他们的中坚力量。

一天夜里，董承便带着玉带诏来见刘备。刘备慌忙迎出，并说："国舅深夜来此，定有要事。"董承便将玉带诏一事相告刘备，刘备正好有了反曹的理由，就说："既然是奉诏讨曹，备一定效劳。"从此，刘备便暗中联络将士心腹之人，准备择机除掉曹操。表面上却一副胸无大志的样子，蒙蔽曹操。

其实，早在刘备开始投奔曹操时，曹操手下就有人建议曹操杀了刘备，以免后患。当时，曹操的势力还不算大，正值他广收天下人才、收买人心之时，不便杀一个英雄而吓走天下贤士。此时，曹操虽然没有对刘备下手，但形势却已经大不相同。刘备知道曹操疑心很重,因此特别注意不让自己太招摇。经常在后园种菜,亲自浇灌,装出一副胸无大志的样子。曹操虽然并不知道玉带诏的事,但对刘备一反常态而埋头种菜的举动,多少有些怀疑。

时值青梅季节,曹操决定煮酒论英雄,试探一下刘备,不想被刘备侥幸掩饰过去了。但刘备事后仍心有余悸,怕再待下去必遭曹操毒手。于是,便一面与董承等积极筹划策反,一面暗中与关羽、张飞商量脱身之计。凑巧袁谭从青州去迎袁术,袁术要从徐州经过,刘备就主动提出前去截击。曹操以为刘备熟悉那一带情况,就派他前往,刘备立即受命启程。

程昱、郭嘉等听说刘备带着关羽、张飞走了,赶快劝曹操万万不可放走刘备。曹操心中也非常后悔,马上派人去追。可是,刘备早已如鸟入天空、鱼入大海,逃而远之了。

震慑朝野,平定阴谋败刘备

不到一个月,刘备到徐州杀了曹操派在那里的守将车胄,自己做了徐州牧。留关羽驻防下邳,自己据守小沛。刘备有皇叔身份,号召力很大,东海郡及其他郡县都纷纷背叛曹操,归降刘备。其部众不久就有了几万人,刘备便派人到袁绍处缔结同盟,共拒曹操。

建安五年(公元200年)春,董承联络王子服、种辑,准备约定刘备内外夹攻,一举消灭曹操。不料,计划泄露。曹操才知道自己差点被暗算,大怒,立即将董承、王子服、种辑等人及其余全家老小诛杀。这还不够,曹操仍怒气未消,又带剑来到宫中,命将士把董贵妃推出去斩了。

曹操平定了宫中阴谋之后,便要派兵去讨伐刘备。将士们都反对,认为应该先除掉袁绍,说:"与明公争天下的是袁绍。如果我们去东征攻击刘备,北方的袁绍趁机打过来，到时该怎么办啊？"

曹操说："刘备胸怀大志，若不及早采取行动，后患无穷。"郭嘉同意曹操的决定，接过来说："袁绍反应迟钝而性情多疑，即使发动攻击，也不会太快。刘备刚刚兴起，人心还没有全服，我们如果出其不意，他一定失败。"曹操于是率军东征。

袁绍的谋士田丰闻听曹操远伐刘备，必定后方空虚，立即向袁绍建议："曹操远伐刘备，刘备向来处事谨慎，曹操不可能速胜。此时，如果我们挥军直袭曹操的后路，可以一举成功。"袁绍却因为幼子患病正重，不愿发兵，田丰对袁绍丧失这么好的机会而感叹："唉！千载难逢的机会，竟然毁于一个孩童。真是让人难以相信，我们大势去矣！"

曹操迅速抵达徐州，打败刘备。刘备突出重围，仓皇出逃，投靠袁绍去了。这时，关羽还守着下邳，刘备的家小也在那里。曹操又继续攻打下邳，关羽被逼暂时投降，刘备的家人也当了俘虏。曹操也立刻撤兵，以防袁绍偷袭。

经过一系列的征伐，曹操的军事实力得到了提升，再加上迅速平定了献帝的阴谋，他的政治影响力也大幅增加，朝廷内外莫不震慑。

第六章

曹操

会战官渡，大败袁绍平定中原

头脑冷静，慎重分析大局势

曹操和袁绍开始时与天下诸侯共同讨伐董卓，但二人的用人方针、对大势的看法却相去甚远，矛盾十分尖锐。随着时间的推移，形势也越来越明朗，曹操和袁绍的矛盾也进一步激化。曹操清醒地认识到，与北方的袁绍决一雌雄是不可避免的了。因此，在打败刘表、收降张绣之后，曹操便召集手下的谋士商量，以便尽早做出正确的抉择。

曹操知道众谋士当中肯定有人已有自己的意见，于是单刀直入地说："本初（袁绍）拥有人多地广的冀州，再加上青、并两州，地广兵强，而且多次对朝廷不恭，对朝廷多有威胁。我想出兵征讨，但依照我们目前的力量，恐怕又无法与之匹敌，诸位认为该怎么办呢？"

荀彧默默地思考了一会儿，说："古代成大事的人，只要有胸怀天下、匡世济民的才能，即便一时是比较弱小的，最终会依靠百姓而变得强大起来。如果只是一个普通人，却空占高位，即便一时是强大的，但没有持续强大的能力，终归趋于平庸。这一点从刘邦、项羽的成败就可以很明白地看出来。当今天下能与明公争夺天下的，只有袁绍一人而已。"接着又说："依臣看来，无论从才能、智谋、武略、德行等哪方面，袁绍都无法同您相比……"曹操听到荀彧这样说，心中不免一阵高兴。

"绍有十败，公有十胜，袁绍虽然兵强马壮，但是却不能有所作为。"郭嘉更加详细地分析了敌我双方的优劣，认为："袁绍礼仪烦琐，而您自然得体,这是道胜过他;袁绍以反叛力量统天下,而您则以复兴汉室统帅天下,这是义胜过他;袁绍虽表面上宽宏大量却内心多疑,带着怀疑去用人,不能深用,所任用的只有亲戚朋友,而您用人时看似随意却内心明白清楚其人的能力,可谓知人善任,用人从不怀疑,只要有才就使用他,不在乎是亲是疏,这是度量胜过他;(别人提意见时)袁绍有很多谋略,却难以果断作出决定,失败是在所难免的,而您有计谋就实行,应变能力也很强,这是谋略胜过他;袁绍用实物来提高名誉,大多投靠他的人就会掩饰自己的错误,而您用诚心对待别人,不为虚荣,多数忠诚有远见的人都愿意为您所用,这是道德胜过他;袁绍小事明白而大事糊涂,而明公小事虽有疏忽,但却从来不忘记恩加四海,这都超过袁绍的声望,即使您看不到,但从来都考虑得非常周全,这是仁胜过他;袁绍的大臣争权夺势,谗言迷惑造乱,相互猜忌,内部不能拧成一股力量,而您用道德统治下士,邪恶的事就不会出现,这是明智胜过他;袁绍连是非都不明,而您认为正确的就以礼招待,错误的就用法律处罚,这是文胜过他;袁绍善于虚张声势,不知道用兵的重要之处,而您以少胜多,用兵如神,将士们都依靠您,敌人害怕您,这是武胜过他。"

听了郭嘉从政治、军事、用人等方面的逐一分析,曹操顿觉心情明朗,信心倍增,满意地看着眼前的年轻谋士,心里暗想道:"使我成就大业的,必定是眼前的这个年轻人。"

但是,曹操的头脑还是清醒的,他谦虚地表示:"要真像你说的那样,我哪里敢当啊?"曹操嘴上不说,心中肯定是非常受用的。

袁绍用人不如曹操,这一点是肯定的。袁绍任人唯亲,"令四儿各据一州",对袁家长远大局皆是不利的。然而,有一点必须肯定,袁绍在官渡与曹操相持时,后方不会出现反叛。曹操虽然用人得当,但在官渡之战时,自己势单力薄,军中的一些士兵迫于袁军势大,也难免出现一些叛乱。说到识人方面,袁绍对手下大臣争权却不能制止;颜良、文丑不适合做大将,却硬让他们独自带兵。曹操在这一方面就要胜过袁绍许多了。

在官渡之战中起关键性作用的还是曹操的军事能力,也就是郭嘉所言的

"谋""武"两方面。官渡之战首先是一场军事对阵较量，两军统帅军事能力的较量也成为战争胜负的关键。袁绍的军事能力与曹操是无法相提并论的，然除郭嘉所言"谋""武"之外，贾诩的"决断能力胜于袁绍"也是曹操能够获得官渡之战最终胜利的关键性原因。

经过慎重而又仔细的敌我双方分析，曹操对与袁绍的交战有了信心，也就敢于放心大胆地和袁绍正面交锋了。这种信心来自于对敌我双方的充分了解，是有事实为依托的。

曹袁会战，隔水对峙陷僵局

建安五年（公元200年），袁绍听说曹操杀了董承、董贵妃，又把献帝软禁起来，立即抓住这个机会，命文记官陈琳写了一篇声讨曹操的檄文，指责曹操威胁天子，残害忠良，败法乱纪，骄横残暴；还嘲笑曹操出身微贱是"赘阉遗丑"，号召天下豪杰共讨曹操。

袁绍出发之前，派人去游说刘表、张绣，希望同他们联合起来，南北夹击曹操。不想刘表却被支持曹操的张绣所困，难以抽身北顾。张绣不但没有和袁绍联合，反而听从谋臣贾诩的建议，归附了曹操。曹操为了稳固后方，和他冰释前嫌，予以厚待接纳。

其实，袁绍内部也出现了激烈的争论。谋士田丰反对出兵，力劝无效，被囚入监狱；同样遭殃的还有沮授，沮授也反对出兵，被削去了大部兵权。

而关中将领们因为袁绍、曹操正在酝酿大战，都保持中立态度进行观望。凉州（今甘肃清水）刺史韦端听从杨阜的建议，倾向于曹操。正好，曹操为了集中力量对付袁绍，派治书侍御史（总监察官）卫觊代表中央去安抚关中，卫觊根据关中难民返乡很多及各将领的势力，向荀彧、曹操建议恢复食盐专卖制度，以卖盐所得买犁买牛，供给难民，使难民安心农作，恢复经济；派司隶校尉（京畿卫戍司令）钟繇镇守关中，维持社会秩序。曹操采纳了卫觊的意见，从此关中重返朝廷。

这样，袁绍联合其他诸侯剿灭曹操的计划就破灭了。但他自恃兵强地广，决定与曹操开战。他命大将颜良、文丑为先锋，刘备为后阵，自己带领主力，浩浩荡荡杀奔许都。

袁绍大军压境，将领们听到消息，都非常震惊。那时袁绍有十多万人马，曹操只有三四万。袁绍所拥四州，地广物丰，人多粮足。而曹操拥有的兖州，仍然战乱不止，农业生产也不稳定。

曹操却镇定自若，显示出一派霸主的气概。听了孔融、荀彧等谋士对敌我双方的深入分析，他坚定了与袁绍决战到底的必胜信心。全军上下对敌我双方也有了了解，士气大振。

于是，曹操命刘延扼守白马（今河南滑县东），于禁驻守延津（今河南延津北），共同抵御袁绍大军。曹操自己则率主力后退一步，驻守许都北面的门户——官渡（今河南中牟东北）。

二月，袁绍主力到达黎阳（今河南浚县东北）前线。他派大将颜良攻击白马，以确保主力渡过黄河。不想曹操用声东击西之计引开颜良，颜良最后被关羽斩杀于白马。

关羽奔回曹营，将颜良首级献给曹操，曹操不禁大加称赞："将军真是神人啊！"给他记了头功，又上表封他为汉寿亭侯。

战斗结束，白马城破，曹操将白马城中百姓全部迁出，沿河往西撤退，准备去加强延津方面的防御。袁绍发觉曹操大胜而退，十分恼火。于是下令立即渡河，追击曹操，沮授力劝无效。

临渡河前，沮授叹息说："掌权的狂妄自大，每个人只求贪功。唉！黄河悠悠，我还有机会返回河北吗？"

沮授心灰意冷，于是称病告假。袁绍知道他的本意，没有批准，还剥夺了他的兵权，把他的部队全部拨给了郭图。

袁绍命大将文丑率军先打头阵渡河，自己和刘备紧随其后。在延津，曹操利用袁军轻敌冒进的心态，诱敌深入，把袁军杀得大败。大将文丑也被诛杀。颜良与文丑都是袁绍麾下名将，二人被杀，袁绍部队士气大大受挫。

白马、延津两战以后，曹袁两军转入相持阶段。袁绍仗着人多势众，将大军集结在官渡北面的阳武（今河南原阳东南），与曹军隔水对峙。曹操虽然胜了两仗，但并未从根本上扭转局势。袁绍兵多粮足，仍然占有优势。

袁绍要渡河与曹军对阵，沮授又出来劝说袁绍："我们的人虽多，但不及曹兵英勇善战。不过，曹操的粮草没有我们的充足。所以，曹操肯定急于和我们交战，而我们应该坚持打持久战，拖垮曹操。"袁绍没有采纳，沮授非常失望。

袁绍命令大军向前推进，渡过黄河，紧靠沙滩筑营，东西连绵数十里。曹操大军也向两翼展开，构筑阵地，双方遥遥相对。

双方对峙了一个月，曹军粮食越来越少，士气也逐渐低落。到底是退兵，还是坚守？曹操自己也难下决断。

焚烧粮草，官渡大战败袁绍

犹豫不决之际，曹操写信问留守许都的谋士荀彧，荀彧对当前形势进行了条理清晰的分析，要他坚持下去。

曹操采纳，下令加强营垒工事，严密防守。曹操军中粮草将尽，于是派人回许都催要粮草，不料中途被袁绍的谋士许攸捉住。

许攸从使者身上搜出曹操向荀彧催粮的信，就去对袁绍说："曹操屯军官渡已八个月了，如今粮草已尽，而且大军在外，许都必定空虚。如果我们分出一路兵去袭击许都，同时，进攻官渡，两面齐攻，曹操必定失败。"袁绍却以为这是曹操的疑兵之计，不予采纳。

刚巧袁绍的亲信审配从邺城派人送信来，控告许攸在冀州贪财受贿。袁绍看了，大为光火，喝退了许攸。

这时，袁绍第二批更庞大的运粮辎重车队的一万多辆也已到达。袁绍把这些粮食和所有的军用物资都堆积在前线大营的北后方，距离有四十里路远的乌巢（今河南延津东南），并命大将淳于琼率军一万余人前往乌巢驻扎守护。

许攸见袁绍如此看轻他的计策，而且对他傲慢无礼，又气又恨。他想起自己过去跟曹操交情不错，便连夜投奔了曹操。曹操躺在床上正要入睡，听说许攸来投，光着脚跑出来迎接。他高兴地拍着手说："哎呀，子远远道而来，我的大事一定会成功！"许攸把袁绍新到的粮草辎重的存放地乌巢的情况告知曹操，并分析敌强我弱，提出退敌之策。

曹操闻听大喜，立即派荀攸、曹洪等守卫大营，又令夏侯惇、夏侯渊埋伏在大营左边，曹仁、李典埋伏在大营右边，自己带领一支五千人的步骑兵混合部队，使马嘴里衔着树枝，以防喧哗和嘶鸣。令张辽、许诸在前，徐晃、于禁压后，士兵每人都带着干草柴火。在夜色掩护下，走小径，打着袁军的旗号向乌巢进发，曹操趁夜将袁军存放在乌巢的粮囤烧了。

袁绍闻听粮草被烧，恼怒非常，决定按照亲信郭图的建议攻击曹操大营。张郃劝说道："曹操大营十分坚固，一时之间难以攻破。万一淳于琼被擒，我们全体都要被俘。"

袁绍听不进去，决定偷袭曹操营寨。他命令张郃、高览带重兵去官渡攻击曹营，只派少数人马解救乌巢。曹操士卒死中求生，奋力搏杀，喊杀声震天动地，终于攻下淳于琼营寨，斩杀淳于琼等，把所剩军粮焚烧一空。随即回军击破袁绍的增援部队，俘虏袁军士兵一千余人，割下每个人的鼻子；俘获的牛马，则割下每头牛马的嘴唇或舌头，然后驱逐他们奔回袁绍大营。袁绍将士们看到这等惨景，大为震恐。

张郃、高览在这边攻打曹军大营，他们从中路进去，遭到曹军奋力抵抗。不一会儿，左边杀出夏侯惇、夏侯渊，右边杀出曹仁、李典，三路夹攻。袁军正想败退,又逢曹操人马从乌巢赶回,四下围住厮杀。张郃、高览不敌,只得夺路逃回。

袁绍不明真相,轻信了郭图的谗言,欲拿高览、张郃问罪。高览说道:"袁绍听信谗言,早晚必败,我们不如去投奔曹操。"张郃看到袁绍如此对待自己,只好同意。

于是,两人带着本部人马直奔曹营。留守大营的曹洪对张郃、高览两位的投降,惊疑不止,不敢接收。荀攸说:"张郃因他的计谋不被采用而前来归附,这是出于真心实意,你不必担心!"曹洪这才放心让他们入营。曹操回营后,听说张郃、高览两位前来投降,十分高兴,立即封他们为将军。

袁绍兵团连连失利,上下惊恐震撼,不知所措,以致军心惶惶,士气全无。许攸劝曹操火速进兵,张郃、高览也请先打头阵,曹操同意了。当夜三更,曹军三路出兵,袭击袁营。袁绍军队又被打败。

曹操又同荀攸计议,扬言曹军已兵分两路,一路取酸枣,进攻袁绍的大本营邺城;一路取道黎阳,断袁兵归路。消息传到袁绍军中,霎时间,士兵精神崩溃,四散逃命。袁绍跟袁谭惊慌失措,来不及披甲,用丝巾包住头发,率领剩下的八百余骑兵,北渡黄河。曹军一路追杀到河边。此时袁绍已渡过黄河,难以追赶。于是,把袁绍大营里的辎重、图书、金银财宝全部接收。此役,曹军杀死袁兵七八万人,以致血流成河。

沮授没有及时追随袁绍渡河,被曹军俘虏。他大叫说:"我不是投降,而是被擒。"曹操跟沮授原是老友,亲自出帐迎接他,说:"以前兵荒马乱,因此我们也无法互通信息,想不到今日能见到你啊。"沮授说:"袁绍不能听信良策,自取其辱;而我没有投到明主,使才智不能施展,应该得到这样的惩罚。"

"袁绍没有军事和政治智慧,不会欣赏你的谋略。而今,天下大乱,正是先生施展才华之际,希望能跟你共同磋商。"曹操恳切地说。

沮授说:"我的叔父跟老弟的性命都握在袁绍手里,如果你看得起我,就请早点杀了我吧。"

曹操叹息说:"我如果早得到你,天下事不必担心!"命令把沮授释放,给予特别厚待。不久,沮授想要偷偷逃回北方,曹操只好把他处决。

曹操检视袁绍大营档案，发现不少许都朝廷的官员，甚至军中若干将领写给袁绍表态归顺的信件，曹操手下的将士们都建议把这些人抓来一起杀掉。曹操却大度地把书信付之一炬，表示既往不咎，人心迅速安定。

建安五年（公元200年），曹操在官渡之战中以少胜多，击败北方最大的割据势力袁绍，巩固了自己在中原及北方的地位，为统一北方奠定了基础。这一年，他四十六岁。

建安六年（公元201年）春，曹操把大军移往获得大丰收的安民（今山东东平西南）一带，以解决军粮问题。同时，曹操想利用袁绍刚被击败、不敢轻易南下的时机，掉过头来攻击南面的荆州刘表。谋士荀彧却十分冷静，劝阻曹操说："袁绍刚刚吃了败仗，军心不稳，人心涣散，应该趁此机会一举歼灭，以除大患。如果南征，路途遥远不说，粮食运输就是个大问题。万一袁绍收拾残余，趁我们后防空虚，一举而入，我们将陷入被动。"曹操听罢警醒，决定暂时不攻南方。

夏季，曹操为了震慑袁绍部队，沿着黄河，展示军威，并击破驻防仓亭（今山东东阿）的袁绍部队。

秋季，曹操回到都城许县。闻讯刘备受袁绍之命，侵扰汝南，便亲自率军进攻汝南。刘备难以抵挡曹操大军，立即弃城去荆州投靠了刘表。刘表听说刘备来投，亲自到襄阳（今湖北襄樊）城外迎接，尊刘备为贵宾，增加他的武力，命他驻屯新野（今属河南），以防曹操。

第二年正月，曹操率军在故乡谯县休整三个月，之后再度北上，进驻官渡，准备向袁绍的老巢——邺城进军，意图一举歼灭袁绍。

北渡黄河，平定邺城占冀州

袁绍有三个儿子，即袁谭、袁熙、袁尚。最初，袁绍继妻刘氏非常喜爱幼子袁尚，在袁绍面前极力赞扬，袁尚本人也长得仪表堂堂，深得袁绍欢心。袁绍想命袁尚为继承人，但并没有公开宣布。他命袁谭继承袁绍哥哥袁成的香火，这样，依照家法制度，袁绍成了袁谭的叔父，袁谭成了袁绍的侄儿，不能继承袁绍的爵位，为幼子袁尚排除了一大障碍，并任命袁谭为青州刺史。

沮授当时进谏说："一万个人追逐野兔，等到有一个人捉住，其他人都会停止行动，为什么？因为所有权已经确定。袁谭明明是长子，应当作你的继承人，你却把他过继给你的哥哥，废长立幼向来不会有什么好结果，恐怕灾难是在所难免了。"袁绍却为自己开脱："我打算教他们各自主持一州，借此考察他们的能力。"

接着，又命次子袁熙为幽州刺史，外甥高干为并州（今山西太原）刺史，把幼子袁尚留在身边。袁氏集团中，袁尚与逢纪、审配向来不睦，而辛评、郭图则拥护袁谭，与逢纪、审配互相仇视，袁氏集团随着袁绍的分权也变得四分五裂了。

袁绍自大军溃败，悲愤难平，卧病不起，于建安七年（公元202年）夏五月病逝。袁绍死后，众人一致认为袁谭是长子，打算拥戴他继承袁绍的位置，而审配等人则怕袁谭一旦掌权，会受到辛评等的谋害，于是假传袁绍的遗命，由袁尚继承大位。

袁谭从青州紧急奔丧，毕竟路途遥远，袁尚已经继承。没办法，只好效仿袁绍当初的做法，也自称车骑将军，驻守黎阳。但是，他对袁尚的仇恨却挥之难去，只待时机成熟，便发兵征伐。

曹操向来善于把握战机，他巧妙地利用袁氏兄弟间的嫌隙，不断削弱袁氏兄弟的力量。并且，曹操还相继颁布了《败军抵罪令》《论吏士行能令》等一系列法令，整饬军队，并从军队中提拔一批有战功、有才能的将吏，去担任地方行政长官。这一系列动作更加巩固了自己的势力，为彻底打败袁氏集团做好了充足的准备。

建安九年（公元204年）正月，曹操北渡黄河，阻塞淇水，使其流入白沟，以便运输军粮。二月，袁尚还不知道亡在眉睫，再向据守平原的袁谭发动攻击，命部将审配、苏由留守邺城。曹操大军抵达邺城，堆筑土山挖掘地道，发动猛烈攻击，但一时不能攻下。于是，留曹洪继续进攻，自己率军往毛城（今武安西）攻击武安县令尹楷。大破尹楷，占领武安，切断了西方并州援军及送粮的队伍。接着，曹操又攻击困守邯郸的沮鹄，很快便占领了邯郸，又切断了邺城与北方幽州之间的联系，完成了对邺城的战略性孤立和包围。

此时，易阳（今河北牟县）县令韩范、涉县（今河北磁县）县令梁歧，双双投降曹操，使得袁军士气受挫。偏将军徐晃建议曹操应该特别奖赏他们两个，以鼓励其他县城投降。曹操觉得有理，遂封韩范、梁歧为关内侯。

五月，曹操采用许攸计策，改变急攻战术，铲平土山，填满地道，另行挖掘壕沟，然后把漳河的水引导注入。邺城跟外界的联系到此全部隔断，粮食也难以运入。不久，城中饿死的百姓超过一半。

袁尚得知邺城被围，立即回军救援，不日便逼近邺城。曹操部下将领都认为袁尚军马为了保护老巢，肯定人人殊死作战，曹军难以抵挡，不如避开。曹操却指出："袁军若从大道而来，人怀救本之心，不顾胜负，有必死之态，我们就躲开；若沿山路而来，则进可攻，退可守，有倚险自保的愿望，料他们没有决一死战的决心，我们就趁机歼灭他们。"

曹操闻听袁尚沿着西山南下，抵达城东东阳平亭，距邺城七十里，紧傍滏水扎营。夜间，燃起烽火，这是与城内袁军沟通的信号，城中也燃起烽火呼应。审配准备跟袁尚内外夹击，赶跑曹操的部队。

曹操立即率兵攻击审配，审配败退回城。曹操再回过头来攻击袁尚，袁尚大败，向曹操请降，曹操不答应，继续攻打他。袁尚只好乘夜逃走，据守保祁山。曹操穷追不舍，再进军，袁尚部将马延、张凯等临阵反戈，袁尚兵团霎时瓦解，袁尚逃往中山（今河北定州）。

曹操平定了邺城，到此为止占领了冀州。这一年，曹操恰是知天命之年。邺城为冀州州城，冀州在曹操所辖各州之中，人口与财富都居首位。曹操自然非常重视，便自领冀州牧，经常驻扎邺城。

平袁残余，得四州统一北方

破城之后，曹操亲自前往袁绍墓前祭奠，痛哭流涕，唏嘘不已。他和袁绍小时候就已相识，彼此交好。年少时都是意气风发，大志在胸。谁料偏偏天意安排，使两人竟成对手，相互厮杀，水火不容。曹操想起来都不无伤心，感叹人生无常。

曹操延聘崔琰当冀州别驾（行政官），并相继发布《蠲河北租赋令》《抑兼并令》《赦袁氏同恶令》等，打击豪强、安抚百姓，整顿社会风气。百姓无不欢庆，民心迅速安定。

最初，曹操攻击邺城之时，袁绍的外甥高干恐怕曹操会将兵锋指向自己，于是投降了曹操，曹操仍命他当并州刺史。而已投降曹操的袁谭此时却变了卦，并攻击袁尚据守的中山，袁尚不能抵抗，北逃幽州，投奔了二哥袁熙。袁谭便把他的部队全部接收，回军驻防龙凑（今山东德州）。曹操写信给袁谭，责备他言而无信。

次年，即建安十年（公元205年），曹操在一个月之内先杀袁谭，又把袁熙、袁尚赶出幽州，二人不得不逃奔塞外的乌桓部落。于是，幽州也尽归曹操了。

已经归降曹操的并州刺史高干趁机脱离曹操，想用奇兵袭取邺城。不料，曹操早已有了防备。于是，高干只好派兵把守壶关（今山西长治东南），提防曹操前来进攻。

建安十一年（公元206年），曹操亲自率兵大败高干，并州从此也并入曹操势力范围之内。至此，冀、青、幽、并四州已全部落入曹操手中，其势力大增。曹操自三十五岁陈留起兵，从最初的几千人，经过近二十年的南征北战，终于统一了北方，成为中原地区最大的军阀割据势力。

曹操取得冀、青、幽、并四州以后，就与塞外的乌桓直接接触了。乌桓是北方的一个少数民族，三郡乌桓的首领叫蹋顿，势力很强大。袁绍当初为了笼络他，曾拜蹋顿为单于，并把本家的女儿嫁给乌桓的军事首长做妻子。袁熙、袁尚投奔乌桓后，蹋顿乘势和袁尚兄弟联合起来，侵扰河北的边境。

扫荡乌桓，东临碣石诗抒志

曹操为了彻底消灭袁绍的残余势力，巩固河北的统治权，决定出兵对乌桓进行反攻。出兵之前，曹操首先在河北地区开凿"平虏"和"泉州"两渠，使滹沱河、瓜水、沟河、潞河、滦河五条河从河北的饶阳县贯通到河北的东产县，以保证以后行军时粮食运输的畅通无阻，做到了"人马未动，粮草先行"。

就在曹操准备向乌桓部落发动大规模进攻时，将领们纷纷反对，认为袁尚等不过是一群漏网之鱼，不必兴师动众。加之乌桓贪得无厌，没有同情悲悯之心，怎么会轻易被袁尚利用？如果我们北伐塞外，刘备一定会趁机说服刘表，袭击许都，形势将对我们不利。

曹操认为很有道理，刘备不得不防。正犹豫间，谋士郭嘉却认为："乌桓部落仗恃远在北方蛮荒，一定没有戒备。我们趁机发动突击，可以立即击败他们。况且袁尚兄弟若获得喘息之机，布告四州之民起来反抗主公，形势将大大不利。因为四州人民只因畏惧我们的强大，不得不服。我们一时之间也没有给他们带来什么好处，假定放弃他们，大军南征，袁尚以乌桓部众作为资本，号召所有愿为恩主效死的豪杰之士，到那时候，乌桓大军一旦出动，还有胡人，可能会全体响应。这种情势足以使蹋顿动心，激起他的非分妄想，恐怕青州、冀州将脱离而去。刘表并没有图谋天下的野心，他没有能力驾驭刘备。他之所以收容刘备,实在是迫于无奈。所以,就算我们一个兵也没有在许都,也不用担心。"

曹操于是下定决心,发动大军,从沿海出兵,取道山海关,准备直捣乌桓腹地柳城(今辽宁朝阳南)。

时逢盛夏,大雨不止,沿海一带地势低凹,泥泞难行,而乌桓部落沿边严守险关,大军无法前进。曹操十分忧虑,便依照当地名士田畴的计谋,假意向后撤退,然后再突袭。

于是,曹军在泥沼地带的通路两旁,树立大木牌,宣称:"现在正值盛暑,道路不通,且等到秋季,再行出击。"果然,乌桓派出的探哨看到木牌,认为曹操真的撤退,就回去报告蹋顿。蹋顿也信了,对曹操的防御也松懈下来。

曹操在突袭前,征询郭嘉的意见。郭嘉说:"兵贵神速,我军不如留下辎重,减轻装备,一日强行两日路程,急剧挺进,打他们个措手不及。"

曹操会意,立即命辎重在后,轻兵在前,命田畴率领他的部众充当向导,攀登徐无山,向北挺进,逢山开路,遇水搭桥,凿山、填谷差不多有五百里,穿过白檀、平冈(今属辽宁朝阳),又穿过鲜卑部落王庭,向东直扑柳城。

这时,曹军离柳城只有二百里了。乌桓蹋顿闻讯,大吃一惊,忙同袁尚、袁熙率领辽东、辽西和右北平三郡乌桓数万骑兵迎击曹军。

八月,曹操率军攀登白狼山(今辽宁朝阳西南),突然跟乌桓军遭遇。乌桓联军军力强大,曹军因系轻装,只有少数战士身穿铠甲,将士们不免心中胆怯。

曹操却神情安定,登高下望。只见乌桓兵又挤又拥,阵脚散乱,纪律松懈,心里便有了底。于是,命张辽、徐晃带领千余骑兵,乘其不备猛冲下去。自己率军随后接应。

乌桓联军措手不及,兵马乱作一团。张辽拍马上前,一刀把蹋顿斩下马来。袁尚、袁熙见势不妙,拨马往回飞奔。曹操乘胜追击,斩杀胡人、汉人二十余万,一口气占领了柳城。

辽东郡乌桓单于速仆丸跟袁尚、袁熙一同逃亡，投奔辽东郡守公孙康，随行的仍有数千名骑兵。有人建议曹操追击。曹操说："不必，我等着公孙康送来袁尚、袁熙的人头。"

公孙康果然打算取袁尚、袁熙二人的性命，作为呈献给朝廷的一大功劳。于是在马厩之中，埋伏精兵，然后宴请袁尚、袁熙进入。还没有落座，公孙康发动袭击，把二人生擒，立即诛杀，连同速仆丸的人头，一并送给曹操。

将领们惊奇不已，询问曹操："我们撤退之后，公孙康为什么要处决袁尚、袁熙？"曹操说："公孙康一向畏惧袁尚、袁熙，我们如果急于进攻，他们势必将结合在一起，拼力抵抗。只要稍为放纵，他们就会自相残杀。这是郭嘉临死前的计谋，如今果然应验了。"

曹操平定了乌桓，派田畴镇守柳城，自领三军回撤邺城。同时，还把被乌桓掳去的十余万汉人带了回来，又将边境上十余万乌桓人迁入内地，与汉人杂居。乌桓的骑兵也被编入曹军，后来随曹操东征西讨，号称"天下名骑"。

曹操班师途中，经过碣石（今河北东亭县西南），山上有巨石矗立峰顶，巍然耸立。曹操登高远眺，只见波涛阵阵，山岛耸峙，海面一望无际，便吟出了那首脍炙人口，又饱含内心感受的诗：

东临碣石，以观沧海。水何澹澹，山岛竦峙。树木丛生，百草丰茂。秋风萧瑟，洪波涌起，日月之行，若出其中，星汉灿烂，若出其里。幸甚至哉，歌以咏志。

全文的意思是：登上碣石山，向东眺望大海。海水摇荡，山岛耸立在水中央。树木丛丛生长，野草茂密旺盛。秋风飒飒吹来，大海涌起巨浪。日月运行，好像就在大海之上，星河灿烂，仿佛出自大海的胸膛。（能看到这种美景）真是十分庆幸啊，（所以）用诗歌表达我的心情。

这是发自肺腑的感叹。洪亮高亢的吟诵，掺杂着风声、涛声以及远处隐隐约约相互冲杀的声音，久久回荡在天海相接处……

第七章

曹操

赤壁鏖兵，三分天下雄踞北方

南征荆州，扬子江风云初起

曹操统一北方以后，南方还有两个主要的对手：一是荆州的刘表，二是江东的孙权。荆州位居长江中游，沃野千里，物产丰富，是兵家必争之地。曹操心里十分清楚，要想打下南方，统一中国，首先就得占领荆州，这样才能向东攻击江东，往西进逼汉中蜀地。

建安十三年（公元208年）春，曹操返回邺城，为了准备向南方扩张，他命人挖掘人工湖，命名为"玄武池"，训练水上部队。

夏季，朝廷撤除"三公"官称，恢复丞相、御史大夫，任命曹操为丞相。曹操派张既前去游说驻军槐里（今陕西兴平）的将军马腾，许诺他如果放弃军权，将会在朝廷谋得任职，以解自己的后顾之忧。马腾接受了建议，带着全家老小全部迁到邺城，曹操荐他为卫尉（皇城禁卫司令），他的儿子马超为偏将军，继续率领父亲的部队，留守槐里。

曹操安置好内外事务，在秋季对荆州开始发动攻击。当初曹操远征北方三郡乌桓时，寄居荆州的刘备就劝说刘表袭取空虚的许都。可是，刘表正如郭嘉所说的那样，只会高谈阔论，坐保荆州，毫无讨伐进取之心，同时对有野心的刘备也不放心，致使错过大好时机。

到了曹操击灭三郡乌桓回到邺城不久，这时割据江东的孙权也想统一大江以南，就趁刘表经常生病之际，利用刘表的前部将甘宁袭杀驻守夏口（今湖北武汉汉口）的刘表大将黄祖，屠洗夏口城，劫去男女数万人。

此时，刘表已经病重。曹操恐刘表病死之后，荆州的地盘不是为刘备所得，便是被孙权吞并，因而急急忙忙向荆州急行军。

然而，大军还没有和荆州军队接触，刘表就病死了。刘表有两个儿子刘琦、刘琮，是同胞兄弟。刘表在他们的母亲去世之后，又娶了荆州大族蔡氏，蔡氏的弟弟蔡瑁也成为荆州政治上的重要人物。刘表本来就喜欢小儿子刘琮，蔡氏又把自己的内侄女嫁给刘琮，蔡氏也特别喜爱刘琮，厌恶刘琦。蔡瑁与刘表的外甥张允也跟着每天在刘表耳边说刘琦的坏话，夸奖刘琮。

在刘表死前数月，刘琦感到处境危险，便离开荆州这个是非之地，到夏口去补黄祖的缺，当江夏太守。刘表病死后，蔡瑁等就拥戴刘琮继承刘表做荆州牧，而这时曹操的大军已进入荆州地区。

刘表的大将荆越及以韩嵩为首的豪族都劝刘琮投降曹操，刘琮也考虑到自己没有力量抵抗曹操，即使利用刘备抵抗曹操，如果失败，荆州会受到更大的破坏，自己的身家性命也难保；就是刘备抵抗成功，刘备又不肯心甘情愿做自己的部下，服从自己的调度，荆州地盘还不是自己的。所以，刘琮很快接受了他们的建议，向曹操投降。

刘备自从建安六年（公元201年）投奔刘表以后，驻在荆州已有八年之久。在这八年之中，他拉拢了不少荆州的豪族地主。因此，他后来撤退时，"荆楚群士，从之如云"。建安十二年（公元207年），经司马徽、徐庶推荐，刘备三顾茅庐，访得"卧龙"诸葛亮，有了替自己安邦定策的谋臣，更是如虎添翼。后来，又利用清查户口的机会，搜募到不少壮丁补充到自己的军队中。刘备在荆州的八年，虽无明显建树，但无论在军事力量、民心上，还是在人才方面，都有了很大程度的充实。

刘琮并没有把自己归降曹操的事告诉刘备。等到刘备发觉情况有异，派人去问刘琮时，刘琮才命他的属官宋忠到刘备那里，送上正式通知。此时曹操大军已压境，形势非常危急。

刘备于是赶忙把自己的军队从樊城向江陵一带撤退，追随他的部众多达十多万人，辎重车辆数千辆。因此，行动十分迟缓，每天只能前进十余里。刘备派关羽率领船舰数百艘，约定在江陵会师，然后再做打算。有人向刘备建议："行军向来以迅速为重，所以应先保守江陵。我们的部众虽多，可有铠甲的士兵太少。如果曹操大军追来，如何抵御？"刘备说："创立大业，百姓为本，他们追随我，我怎么能忍心舍弃？"

曹操获悉江陵储存大量粮草武器，恐怕被刘备得到，于是放下辎重，率轻装部队先到襄阳。听说刘备已经南下，立即特选精锐骑兵五千人，紧急追击，一天一夜急行三百余里。

此时正是骄阳似火，行军路上都是荒山野岭，找不到一滴水。兵士们都渴得有气无力，行军速度大受影响。这对行军极为不利，况且还要追击刘备，如此下去，难以成功。幸亏曹操利用"望梅止渴"之计，才解了燃眉之急，使大军得以继续行进，终于在当阳长坂追上刘备。

刘备部众崩溃。刘备抛弃妻子儿女，跟诸葛亮、张飞、赵云等，在几十名骑兵护卫下逃走。所有部众及辎重悉数被曹操所得。

曹操于是占得江陵，任命刘琮为青州刺史，封侯爵，连同当初劝降的蒯越等，封侯爵的有十五人；又任命一批荆州名士担任荆州地方官，以此顺从民心。同时，取得荆州的江北四郡，收编荆州军七八万人，获蒙冲斗舰千余只，军用物资不计其数。蒙冲斗舰机动性很强，来去如飞，令敌舰无法靠近。曹操得此舰千余只，又加上荆州军士素习水战，对顺江东下攻击孙权信心大增。

刘备自当阳被曹操击溃以后，向汉水方面撤退，正好与关羽率领的自汉水而下的水军会合。渡过汉水之后，又碰到刘表长子、江夏太守刘琦，两下会合，有军队两万多人，于是就退到夏口。夏口在江北，刘备仍认为不安全，又从夏口退到鄂城的樊口。当刘备在当阳长坂的时候，孙权曾派鲁肃去和他联络。因此，刘备到了樊口，也派诸葛亮同鲁肃一起去见孙权，表示愿意组成联军，共同抵抗曹操。

陈兵江北，百万雄军震东吴

曹操知道刘备素有大志，不可不除。于是，曹操始终不肯放过刘备，又派大军追到夏口，趁机把战火引向东吴。曹操早有统一天下的大志，若能一举击败刘备，收服东吴，岂不美哉？于是，曹操趁机陈兵长江北岸，对江南虎视眈眈。

曹操的大兵压境，此时孙权的决定将左右局势的发展：顺曹击刘，则曹操一战即可打败刘备，但自己却要赤裸裸地置于曹操的威胁之下，于己不利；结刘抗曹，则会得罪曹操，但不至于在形势上造成不利局面。孙权既有野心，又心中忌惮曹操的势力，一时难以定夺。

而此时的曹操也左右为难：若逼得太紧，有可能促成孙、刘两家的联合，使自己处于不利地位；而不施加压力，又无法一举歼灭刘备，自己毕竟远道而来，况兵马众多，耗费巨大，难以日久。曹操为此颇感踌躇。谋士荀攸趁机为曹操制定了以军事炫耀作外交后盾的策略，即：一面大张旗鼓，炫耀武力，对孙权形成持续的威慑力；一面去信给孙权，邀孙权与曹军东西夹攻刘备，允诺事成之后，可与孙权平分荆州。

根据荀攸的预想，孙权见胜利之后可得到荆州的一半，必定心动。再加上曹操强大的军事威慑，"孙权必然会惊疑而来降"。这样一来，不但彻底瓦解了孙刘联盟的可能，就连江东之地也可不战而定，曹操对此谋略大加赞赏。于是，共计点三军八十三万，号称百万，"西连荆、峡，东接蕲黄，寨栅联络三百里"，同时致函江东孙权，表明心意。

此策略眼见就要成功——孙权群臣中许多人迫于形势的压力，纷纷请求降曹，进而攻打刘备，认为这才是"万安之策"。既不得罪曹操，又能获得土地，理由不可谓不充分。竟然也曾让孙权这样的英雄在顺曹和结刘的两种外交选择间，几度"沉吟未决"。若不是周瑜、诸葛亮后来坚持抗曹的建议，赤壁之战胜负难以预料。此计虽然不得成功，但荀攸这一先声夺人阻隔孙、刘结盟的策略，是非常高明而又极其正确的，具有很高的战略眼光，至少达到了"先发制人"的目的。

曹操手握雄兵百万，首先在气势上就赢了一着。再加上他善于利用条件，以此为要挟，拉拢对手，打乱对手的部署，使对手陷于左右为难的境地，不失为一个很好的计策。

大军压境，孙刘联手抗曹操

正当曹操南征荆州之时，孙权正屯兵柴桑（今江西九江）。诸葛亮晋见孙权，分析时局说："现在全国一片混乱，将军在江东起兵，而玄德公（刘备）在汉水以南集结部众，欲与曹操争夺天下。如今，曹操士军已击破荆州，声威大振。四方英雄豪杰，已无用武之地。玄德公向南撤退，还望将军量力收容。将军如果有决心和能力，以吴越的人力与朝廷抗衡，就应该趁早跟曹操断绝关系；如果自认为不能，不如趁早收起武器，脱下铠甲，向北方归降吧。当今，将军表面上服从朝廷，内心自有打算，迟迟不能作出决定。此等紧急时刻，却优柔寡断，将军不怕大祸临头吗？"

"那为什么刘豫州（刘备）不向北方归降曹操？"孙权没好气地问。

诸葛亮早就料到孙权会反问这么一句，于是故意正色说："田横，齐国的一名壮士，还能坚守大义，不肯屈辱，何况刘豫州乃皇家后裔，盖世英才，志士对他的仰慕，如同流水归向大海。如果大事不成，只能是天意，怎么能当曹操的部属！"

孙权当时二十七岁，正值血气方刚之时，被诸葛亮这么一激，勃然大怒说："我不能把吴国的故土，十万士兵，拱手奉送给别人，受制于人。我决心已定！不必再说了。我知道非刘豫州不能抵抗曹操，可是刘豫州最近连连挫败，怎么能担当此任？"

诸葛亮心里知道孙权已经有了联合抗曹的意愿，便献上对策："刘豫州虽然在长阪遭到挫败，但集结部众，加上关羽水军，还有精锐一万人，刘琦所属也不在一万人之下。曹操劳师远征，身心俱怠。加上不熟悉水战，荆州将士，大多并不心服。将军如果真能派一位猛将，率军数万人跟玄德公合作，一定可以击破曹军。曹操军败之后，定向北撤退。如此，荆州与江东势力强大，定会奠定鼎足三分的形势，还望将军早拿主意。"

孙权听了，大为高兴，召集部属商议。

曹操见孙权对形势抱观望态度，不敢得罪自己，便踌躇满志，雄心勃勃，认为只要挥师东下，孙权一定会慑于自己的声威，献地投降。

"不见得！"谋士贾诩提醒曹操保持冷静，说："丞相平定了北方，今天又降伏汉南，声名远播。如果此刻能利用荆州四郡资源，休整部队，安抚百姓，时机一到，江东就会不战而服。如果急于用兵，恐怕……"

"恐怕什么？"曹操被自己的实力所迷惑，打断了贾诩的话，随手写了一封信，派人给江东，信中说：

"近来奉天子之命，讨伐叛逆，军旗到处，刘琮降服。现在，我亲率大军八十万人，希望跟将军在吴国故地狩猎。"

孙权看了，让部属传阅，无不震惊，有的甚至害怕得哭了起来。长史张昭说："曹操挟天子以征四方，我们抵抗他，名不正、言不顺。再说，我们凭借的是长江天险，如今曹操占了荆州，长江天险早就失去了。如果曹操水陆并下，敌强我弱，我们如何抵挡？不如归顺朝廷。"众人纷纷赞同。

只有鲁肃一人不发一言。稍后，孙权起身出去，鲁肃追到走廊上。孙权会意，拉起他的手问："子敬，我看你一言不发，必定早已有了主意，说吧。"鲁肃说："刚才众人的议论，可能会让将军误入歧途啊！像我鲁肃这样的官职，可以归降曹操，大小可以再谋得一个职位。将军却不可以，请将军早日作出决定。"孙权叹息说："众臣所言，使我失望。你的睿智分析，跟我的想法完全相同。看来，只有你子敬知道我的心思啊。"

周瑜原被派往季阳驻扎，鲁肃劝孙权召回周瑜，共商大事。周瑜随即返回，对孙权说："曹操名义上是汉朝丞相，其实是想篡位的奸贼，天下人人得而诛之。将军英雄盖世，又继承父兄的基业，据守江东广大土地，拥有充足的精锐部队，自当横行天下，为汉王朝清名正位。何况曹操亲自前来让我等擒他，怎么能反而投降？北方边疆尚未完全平定，西北军阀马超、韩遂仍驻屯关西，始终是曹操的后患。他却强行南下，这是他的失策。曹军向来善于马战，而疏于水上用兵，如今竟然舍弃马匹，改用船舰，跟吴越士兵在江河争锋，岂不是自寻死路？现在，正是严冬，千里冰封，战马吃不到野草，曹操又驱逐这些北方部队，盲目地进入错综复杂的河川湖泊之间，水土不服，疾病必定流行。这几点，都是统帅应考虑到的危险，而曹操却不顾一切贸然前来。请将军拨付给我数万精锐，挺进到夏口，保证为将军击破来敌，以绝后患。"

孙权听了，又感动又高兴。他猛地站起，慷慨激昂地对大家说："曹操老贼早就打算颠覆朝廷，自己篡位，只是顾忌袁绍、袁术、吕布、刘表，以及我孙权。如今，其他英雄都已被灭，只有我还在，我跟曹操老贼势不两立。你主张迎战，正合我意，公瑾真是上天赐给我的将才啊。"说罢，抽出佩刀，向桌案砍去，并坚决地说："谁要是再敢说迎降，跟这个书案的下场一样！"随即散会。

当夜，周瑜再次晋见孙权说："大家看到曹操书信，被他的水陆两军八十万人吓得惊慌失措，不能正确分析其虚实。其实，曹操所统率的直属部队，不过十五六万，而且经过长途跋涉，早已疲惫；新接收的荆州部队，充其量也不过七八万，而且并没有完全臣服。用疲惫的将士，驾驭军心不稳的部众，人数再多也难以凝聚力量。我只需五万人的精锐部队，就足以克制敌人，请将军不必担心。"

孙权非常感动，拍着周瑜的背亲切地说："知我者，公瑾也，你的见解跟我的相同。五万人一时难以集结，现在已征调三万人，粮草、船舰、武器都已经准备齐全。你跟鲁肃、程普先行出发，我在后方继续集结部队，作为你的后盾。"

于是，命周瑜、程普分别担任左、右翼总司令，鲁肃当赞军校尉（参谋长），率军北上，与刘备合兵一处，共同抗击曹操。

火烧赤壁，退北方天下三分

曹操率水陆两军自江陵出发，沿江东下，到达赤壁（今湖北蒲圻西北），与周瑜、刘备联军遭遇。这时，曹操的军队中所传染的疫病已非常严重，和孙刘联军一接触，就打了个败仗，退到北岸乌林，与孙刘联军隔江对峙。

曹操为了使北方军士方便在船上活动，采纳谋士的建议，把大船用铁链连起来，这样就像在平地上一样平稳了。北方将士们对此非常满意，纷纷感谢丞相的体恤之情。曹操见晕船的问题这么轻易就解决了，对攻下东吴更是信心十足。孙刘联军见曹操把大船连接到一处，便准备使出诈降和火攻的连环计，以破曹操。

建安十三年（公元208年）十一月，两军终于展开了大决战。决战前夕，曹操收到孙权前锋大将黄盖的一封密信，说他受到周瑜、鲁肃的排挤，准备投奔曹营，并约定了时间。曹操信以为真，命人准备迎接黄盖来降。

一天，东南风大作，黄盖带领十艘蒙冲斗舰，直奔北岸曹营。而船上装满了芦苇秆柴，灌上油脂，外面围起布幔，插上旗帜，一些小船系于船尾，以备安全撤离之用。每只船都扬起帆，快速向北岸驶去。曹操官兵只以为黄盖来降，都聚集在江边和船头观看，向江心指指点点，欢声雷动。

当黄盖的船队将要靠近北岸时，黄盖命人点燃柴火，确认每只船都已经点

第七章 赤壁鏖兵，三分天下雄踞北方

燃后就解开备用小船，安全撤离了。风助火势，十艘船如离弦之箭冲向北岸，冲入曹操舰群。刹那之间，曹操船队都燃起了大火，不一会儿又蔓延到岸上的营寨。一时间，只见江心和岸边，烈焰冲天，曹军士兵、马匹，或被烧死，或坠入长江溺死。曹军哭号之声闻于天，死伤难以数计。

江北情况很快报知周瑜，于是周瑜下令立即擂动战鼓，并亲率轻装舰艇随后赶到，战鼓雷鸣，震动天地，曹操大军顿时崩溃。曹操在硝烟弥漫中难以收拾局面，只得带着残部由小道向西逃跑。

沿途泥泞不堪，路又阻塞，天际突然刮起狂风，队伍几乎不能前行。曹操命令老弱残兵去背草铺路，骑兵部队才勉强通过，而那些背草铺路的老弱残兵，很多被人马践踏，倒在泥浆中，死亡不计其数。刘备、周瑜水陆并进，在后面追击，一口气追到南郡（今湖北江陵）。

曹操大军惨败之后，又兼粮草不济和瘟疫横行，人马死亡过半。曹操害怕失败的消息传回许都，朝廷会发生变故，所以不敢在荆州多停留，留下大将曹仁、徐晃守江陵，乐进守襄阳，自己引军北还。

周瑜进攻江陵，经过一年多的时间，终于将城攻下，迫使曹军退守襄樊。在此期间，刘备将少数兵力派往长江南岸协助周瑜攻江陵，主力部队则南下攻占了荆州长江以南的四个郡，趁机发展壮大了自己。此时的局面正如诸葛亮在战前分析的一样，三国鼎立之势初具规模。

曹操向来心胸开阔，气度恢弘，礼贤下士，对属下的意见也是耐心分析、虚心接受，使人甘愿为他效劳。纵然与张绣有深仇大恨，一听张绣来归降，也立即握手言欢，封赏有加；陈琳的檄文何等的恶毒，因为人才难得而予以宽恕。正是他这种管理方式和用人心态，才有了无往不胜、节节挺进的局面。

然而，胜利使人头昏，权力使人糊涂，曹操迅速膨胀，以为天下人都不如他，终致大败。一代雄才的曹操尚不能避免头脑发热，世间的英雄豪杰又怎能因小小失误而求全责备，妄自菲薄呢？逆境之中能保持谨慎清醒者又有几人？一旦进入顺境，最易出的错便是得意忘形。曹操因此而致使天下三分，这是他至死都悔恨不已的吧！

抗击孙刘，为达目的手段多

曹操南征东吴不成，赤壁兵败后，狼狈地逃回北方。曹操心中虽然对赤壁之战的失败不服气，但私下里还是认真总结了经验教训，对孙刘联盟的优势和缺点有了新的认识。

赤壁之战后，孙权按照盟约把荆州借给刘备。曹操闻听后，心中不免惊慌。曹操认为，如此一来，孙刘联盟将互为唇齿、更加团结。因此，自己统一全国的宏图大志就更加难以实现了。所以，为了对付孙刘强大的联盟，曹操认为必须让两家互生怨恨、分崩离析，自己才有下手的机会。于是，他不仅准备在军事上进行攻伐，更重要的是开展拉拢及离间、瓦解的工作。可谓亦柔亦刚，手段多多。

首先，建安十四年（公元209年），曹操派九江人蒋幹前往江陵，企图以同乡之谊说服周瑜投靠在自己的帐下。

蒋幹，字子翼，颇通文墨，能言善辩，在江淮一带称得上是一个闻名遐迩的人物。蒋幹在曹操帐下做谋士，接到曹操的命令后，布衣葛巾，以个人私事的名义前往江陵。

周瑜何等聪明？听说蒋幹来了，就已经知道他的来意。两人一见面，周瑜就对蒋幹说："子翼兄，你远涉江湖，不辞旅途劳累，是来替曹操做说客的吧？"说完，仰天而笑。

蒋幹当面被揭穿，不免有些尴尬，只得辩解说："我与足下是同乡，又是同窗，分别了这么长的时间。听说足下建功立业、名扬四海，所以特来叙旧，瞻仰将军的尊容，怎能见面就说我是说客呢？"

周瑜笑着说："虽然我不像师旷那样聪明有智慧，但还是能够猜出阁下的来意的。既然阁下这么说，我愿设宴赔罪。"说完，又是一阵大笑。

于是，周瑜设宴款待蒋干。席间，周瑜似乎针对蒋干明确表态说："大丈夫为人处世，遇到明主圣君，外托君臣之义，内结骨肉之恩，言听计从，祸福与共，在这种情况下，即使苏秦、张仪再生，郦食其复出，也不可能说动我，曹操还是不要枉费心机了。"

蒋干知道这是在暗示他白来，也无话可说，自觉没趣，宴后就匆匆告辞回曹营去了。回去后，蒋干对曹操说："周瑜器宇不凡，心存忠义而又品格高尚，劝其投降是难以办到的。"曹操听罢，也只好作罢。

一计不成，再施用一计。建安十六年（公元211年）冬，曹操又让阮瑀代笔，给孙权写了一封信。信中提到：想把自己的侄女许配给孙策的小弟孙匡，又为儿子曹彰娶了孙贲为妻。曹操虽然指责孙权抛弃了两人以前的交情，但话锋一转，说这都是不义之人挑拨离间、刘备背后煽动造成的，怨不得他。最后，他希望恢复他们以前的交情，继续他们之间的亲戚关系。这样，他就可以使孙权享受封官晋爵、担任治理江南的重任。

其实，曹操写这封信的目的只有一个：拉拢孙权，分化孙、刘联盟。给孙权一个摸不着的甜果，让他靠近自己，远离刘备，进而达到目的，再逐个消灭他们。我们知道，对于两个要好的朋友，你要是"不平等"地对待他们，拉一个，打一个，那么，他们之间很快就会出现嫌隙，这正是曹操希望看到的。

与此同时，他也给刘备写了一封信。其中提到"披怀解带，投分托意"。意思就是双方坦诚相见，才能明明白白地交流感情，传达真情实意。信中的内容与给孙权的信差不多。

此外，他还给诸葛亮写了一封信，信中有"今奉鸡舌香五斤，以表微意"的话。所谓鸡舌香，也就是丁香，能治口臭。给刘备、孙权写信，给诸葛亮送东西，其目的都很明显，同样是进行拉拢。

当然，曹操的这些行动，从局势的发展来看，并没有起到多大的作用，但至少说明他为了破孙、刘联盟想尽了方法，使尽了手段。这也是对赤壁之战大败而归的一种应激反应，说明他意识到了孙、刘联盟对自己的威胁程度。赤壁之战给了他很大的教训,这样的行动即使不能分化瓦解对手,至少使他不会再犯同样的错误,以后的战略、战术也将更加成熟、更加完善。

挥师关中,设计败马超韩遂

赤壁之战的大败使曹操明白,他一时之间无法解决孙刘两家,只有努力使北方保持一个相对安定的环境,加强农业生产,积攒力量,等到具备了战胜孙刘的经济基础后,才能获得战略上的优势,才有胜利的可能。曹操决定把这一策略作为大的战略方针,于是决定首先巩固自己的后方,统一关中;然后,夺取汉中,进攻巴蜀。

此时关中还处在割据分裂的状态之中。割据的将领中,最强的是马超和韩遂。其他一些将领虽无大志,但兵马强悍,且关中地形复杂、疆域宽广、易守难攻,平定关中谈何容易。况且这些割据势力名义上还接受朝廷的任命,如果骤然用兵攻打他们,实在是难以令天下人信服。

曹操于是先扬言要夺取汉中,讨伐黄巾军的余孽——张鲁领导的农民军。这样曹操的大兵就可以名正言顺地经过关中,而这些地方的将领必会出兵阻挡,到那时曹操便可正式下令对他们进行讨伐了。

建安十六年(公元211年)春,曹操命驻扎洛阳的司隶校尉钟繇率大将夏侯渊等打着征讨张鲁的旗号进兵关中。关中割据各处的将领果然立即警觉,纷纷采取行动。马超、韩遂、侯选等十部人马联合叛变,推马超、韩遂为总头领,率部众十万,据守潼关。曹操命安西将军曹仁率领大军继续前进,但不可与对方交战。

七月,留曹丕、程昱守邺城,五十七岁的曹操亲率大军西征。很快,曹操大军抵达潼关。此时,关中各处军阀纷纷向潼关集中,以阻止曹军西进。曹操手下的将领们建议迅速出战，曹操要大家耐心等待。让敌军多多聚集，以便一战解决。

马超来阵前挑战，曹操下令固阵坚守，不要出战。与此同时，曹操暗中命徐晃、朱灵，率步骑混合兵团四千人，从蒲坂津（今山西永济西黄河渡口）渡过黄河，在黄河西岸建立基地。

闰八月，曹操突然从潼关北渡黄河，士兵先乘船过去，曹操单独跟虎贲武士一百余人，留在南岸断后。最终，曹操涉险过河，抵达对岸。

曹操抵达蒲坂后，再渡黄河而西，然后沿着黄河修筑夹道，向南推进。马超等退到渭口潼关。曹操为了吸引更多的敌人，并没有和马超军团正面接触，而是派出小股军队四出游击，使马超等无法判断曹操的真正意图。

一天夜里，曹操派士兵乘船进入渭水，迅速搭建浮桥。到了深夜，部分主力部队已在渭水南岸筑下营寨，设好埋伏。等到天亮，马超等才发现曹操大军正在渡过渭水，对自己构成极大威胁。于是匆忙出击，被早已埋伏好的曹操部队击败。马超等只好放弃潼关，撤退到渭水之南。马超以愿割让黄河以西土地为条件与曹操讲和，曹操佯装答应，实际上令大军继续前进。

九月，曹操大军的主力全部渡过渭水。马超为了给立足未稳的曹军以迎头痛击，屡次主动挑战。曹操却仍然重演故技，严守营垒，不作反应。马超等摸不清曹操的意图，心中不免忐忑不安，不敢贸然进攻。

曹操虽然表面没有动静，却在帐中运筹帷幄。他接受贾诩的建议，最终采用离间之计使得马超跟韩遂互相猜疑，无法合力迎敌。曹操估计两人已貌合神离，于是约定日期决战。先用轻装部队突击，一阵厮杀，然后再突然投入主力部队。马超、韩遂难以抵挡，各带着人马逃奔凉州，其余将领也死的死、散的散，关中联军至此溃灭。

关西平定了，曹操率军回到长安。将领们这才向曹操说出心中疑问："当初，敌人主力据守潼关，渭水北岸没有敌军兵力，我们不从河东直接攻冯翊（今陕西高陵），反而把重兵压在潼关之下，然后再北渡黄河，为什么多此一举？"

曹操说："敌人据守潼关，我们重兵一旦进入河东，敌人一定沿着黄河布防，严密把守渡口，我们就无法强渡。所以，我把重兵集中在潼关城中，吸引敌人主力，黄河两岸的防备自然松懈。徐晃、朱灵两位将军才能轻易取得西河（今陕西北部）。然后，我从潼关北渡黄河。后来，敌人之所以愿意割让西河，就是因为有两位将军的大军已先进入。我们用车辆和树木，沿着黄河向南修筑夹道，一方面为了安全，一方面向敌人示弱。渡过渭水后筑营，敌人猛攻而不应战，目的在于骄敌，认为很快就会战斗结束。他们果然没有作长期相持的准备，而一味割地求和，我满口承诺，一切接受，在于使他们自以为获得安全保障，不再警惕我们。攻击一旦开始，正是所谓'迅雷不及掩耳'。战略技术变化莫测，不能固执。"

这一仗，几乎完全是按战前曹操说的那样，主动权牢牢控制在曹操手里，显示了曹操高超的军事才能。韩遂逃到凉州后不久，就被部下杀死。马超退到陇上，攻打凉州未成。先投张鲁，再投刘备。马超被赶跑，韩遂也死了。曹操算是基本平定了西北地区，大将夏侯渊又占领了陇右。至此，关陇地区尽归曹操，北方算是基本统一。

适可而止，收复关陇不望蜀

本来，曹操要接着攻打汉中，无奈在河北自己的腹地发生了以田银、苏伯为首的农民起义。曹操闻讯，迅速把关中大军抽回到河北，然后来到邺城。此时，田银、苏伯已被击溃，形势刚刚稳定下来。曹操害怕匆匆出兵，西北会再次局势失控，更加担心孙权会趁机骚扰自己的后方，并且认为东吴是自己平定天下的首要之敌。于是，率兵四十万人，直指东吴，想用强大的军事力量震慑孙权，使他不敢轻易对北方用兵，然后就可以专心经略西北了。

此时已是建安十七年（公元212年），曹操在朝野内外的声望达到顶峰。正月，汉献帝下诏特许曹操"赞拜不名，剑履上殿，入朝不趋"。曹操看到了权力带来的荣耀，权力之欲更加膨胀。十月，曹操引军东南征讨孙权。

建安十八年（公元213年）正月，曹操在濡须口击破孙权的江西（长江西岸）大营，孙权亲率七万人的江东部队抵御。僵持一月有余，期间，曹操观察东吴的船舰、武器以及军队阵容，见阵容严整，颇有章法，不免慨叹："生子当如孙仲谋！"

后来，孙权写信给曹操说："春季已到，江河水势将涨，北军不习水性，阁下应该迅速撤退，以免出现不测。"另附一小纸条："足下不死，我不能安枕。"曹操阅后，对手下将领说："孙权还真不欺骗我啊！"于是下令撤退。

五月，献帝将土地肥沃、人口众多的冀州十个郡封给曹操作采邑。因曹操长期驻扎邺城，而邺城又是十郡之一，又是魏郡太守的治所，故称此冀州十郡为"魏国"，加封曹操为魏公，兼任丞相和冀州牧，加"九锡"。七月，曹操在魏国开建天地祭坛（社稷）和曹姓祖先祭庙。曹操为了更好地控制汉献帝，强迫汉献帝纳自己的三个女儿为妃，并作为妃嫔第一级的"贵人"。从此以后，曹操在朝廷里更是一呼百应，群臣唯唯诺诺，不敢稍有违逆。

刘备趁曹操与孙权交战之机攻入益州（今四川成都），取代刘璋做了益州牧，又命关羽镇守荆州四郡。至此，蜀中尽归刘备。

建安二十年（公元215年）三月，曹操又亲自率军攻击张鲁。七月，大军进抵阳平关（今陕西勉县西）。

据张鲁投降曹操的人讲，阳平关下，南北两山相距很远，难以持久据守。劝曹操尽早兵发阳平关，曹操从之。可是，等到兵临关下，却发现完全不是那些人说的那样。敌军早已严阵以待。无奈，曹操下令进攻阳平山上各城。山陡如削，无法攀登，一时难以攻下，士卒伤亡惨重，粮草又不济。曹操心情沮丧，打算派少数兵力切断山下通道，自己班师而回。

曹操一生经历战争无数，性格坚毅。可以说，自他陈留起兵，近三十年以来，几乎每年都在作战，他遭遇过比这次攻城更艰苦、更惊险的境地也不是一次两次了，为何这次能够接受无功而返，准备班师呢？也许他是真的感到累了，无能为力了吧，谁知道呢？

于是，命令大将军夏侯惇、将军许褚，传唤已攀登上山的部队撤退。想不到前锋部队在夜中迷失道路，竟误入了张卫的大营。张卫将士不知真假，以为曹操趁机来劫营，纷纷逃窜。夏侯惇、许褚得到报告，知道这是误打误撞，敌我双方都没有料到。马上报告曹操，曹操趁机下令向张卫大营总攻，一举击破了张卫军团，攻下了阳平关。

张鲁听说阳平关失守，也无意再战，不久便向曹操投降，曹操遂占有汉中。丞相主簿司马懿建议曹操："刘备刚得益州，蜀民还没有心服，他又正远在江陵与孙权争夺土地，这个机会不可错过。我们占据汉中，益州震动，如果大军压境，他们一定瓦解。圣人行事，既不可以违背天时，也不可以不顺应时机。"

谋士刘晔也认为，若不及时乘胜占领蜀地，刘备、诸葛亮定会遍施恩泽，安抚百姓，等到人心稳定，那时便不易攻取。曹操听了，沉默良久说："人最痛苦的是不能自我满足。我们既得到陇地，却又在盼望得到蜀郡，实在是不应该呀。"于是下令班师。

其实，刘备此时刚刚得到益州，尚无恩德加于百姓，未免人心浮动。若曹操此时兵发刘备，很有可能取得胜利。可惜他错过了良机，再也没有机会了。

周公吐哺，大权在握仍俯身

赤壁之战后，孙权占了江东，刘备向孙权"借"了荆州，接着又占领了益州，对孙吴构成威胁，孙、刘两家的矛盾便逐渐尖锐起来。孙权派人向刘备讨还荆州，刘备岂肯答应？双方争执不下。后来，刘备闻听曹操要进攻汉中，威胁益州，这才同意平分荆州以缓和矛盾。

孙、刘关系稍稍缓和，刘备便集中兵力与曹操争夺汉中。建安二十四年

第七章 赤壁鏖兵，三分天下雄踞北方

（公元219年）正月，刘备的大将黄忠在阳平定军山斩杀曹军大将夏侯渊，大败曹军。曹军士气受挫。到了五月，曹操不得不退出汉中，撤回长安。刘备趁机占领汉中，自称汉中王。

早在刘备在荆州三顾诸葛亮于草庐之中时，诸葛亮就曾对刘备说："如果掌握荆州、益州，据守险要，安抚境内外的所有外族，和平共存，再跟孙权敦睦邦交，缔结盟好。然后，对内清明政治，对外纵观全局。一旦有变，即可命令一员上将率领荆州之军，攻向宛城（今河南南阳）、洛阳，将军则带领益州大军，出秦川，攻向长安，这样一来，天下必定平定。"这就是著名的《隆中对》，也可以说是刘备集团的长远规划。

刘备在攻克汉中后，就立刻按照计划开始实施了。他命驻防荆州的关羽进兵襄樊，北向宛洛，以攻曹操。

七月，关羽进攻樊城。曹军由征南将军曹仁防守樊城，闻听关羽率大军前来攻打，先派于禁、庞德等七军屯于樊北，与城内互为犄角，以待关羽。此时正值雨季，大雨不断，汉水暴涨。关羽用计水淹七军，降于禁，杀庞德，很快包围了樊城。曹仁知道难以抵挡，只好带领将士坚守待援。

这时，曹操正在洛阳，听到于禁被擒，樊城被围，心中不免惊慌。他召集文武百官商议，准备暂时放弃许都，避开关羽的锋芒。

迁都不仅是劳民伤财，而且政治影响深远。曹操面对关羽的强势进攻，竟然首先考虑这样做，可见曹操此时已无当年的锐意进取之心。此时，距他去世仅有两个月。

谋士司马懿竭力劝阻迁都，他说："樊城被水淹了，但对我军并没有造成重大的战略影响。刘备、孙权虽然表面和好，实际矛盾很大。关羽得志，孙权必定忌惮。我们何不派人去劝说孙权，让他趁关羽后方空虚，袭击其后方，关羽必定回救。事成之后，可以将江南封给他。这样一来，樊城之围便不攻自解了。"

曹操一听，觉得有理，便一面下令曹仁坚守城池，一面派人去策动孙权。同时，又故意把这个计划泄露给关羽。

曹操派来的使者向孙权说明来意,孙权大喜。既可击败关羽,扬名天下,又可扩大自己的领地,实在是天大的好事。于是,立刻派吕蒙领大军沿江而上,前去偷袭关羽的后方江陵、南郡。

同时,曹操也派徐晃领援军去救樊城。徐晃见东吴开始偷袭关羽后方,于是开始对关羽进行反攻。关羽与徐晃相持,很快南郡、江陵失陷,关羽只得从樊城撤退。一路上军队逃散者众多,整个荆州都丢掉了。

关羽无处可逃,只得退到麦城。吕蒙率军包围麦城,关羽从麦城逃出,路上被吕蒙部将擒获,送至东吴被杀。

曹操这一次利用孙、刘矛盾,消灭了关羽,不但解除了襄樊的暂时威胁,而且在战略上来说,使蜀汉失去了荆州根据地,诸葛亮的战略计划遂告流产了。

孙权杀了关羽,夺了荆州,害怕刘备找自己麻烦,就想栽赃给曹操。不想,被曹操识破奸计,没有得逞。

第八章

曹操

亦正亦邪,成就霸业双重性格

第八章　亦正亦邪，成就霸业双重性格

奸雄本色，起疑心错杀伯奢

在曹操眼中，一切自欺欺人的口号都是虚幻的。在一个战乱的年代里，倒不如正大光明地坦露自己的想法和抱负，来一次酣畅的奋斗。这才是真正毫无矫饰的曹操。

曹操的个人信条也是他的名言：宁教我负天下人，不教天下人负我。他的意思再明白不过了，一切以自我为中心，别人都是他走向成功可利用的条件，世界何其简单！

在那样一个推崇儒家忠孝仁悌的时代，曹操竟然能够赤裸裸地提出如此狂妄的观点，即便放到现在，也是难以让人理解的。正因为如此，才成就了他的奸雄角色。

董卓把持朝政，篡逆之心人尽皆知。曹操心中激愤，又刺杀董卓未成，只好逃出洛阳，准备逃回家乡。途中落到中牟县令陈宫手里，陈宫被其救国除贼的大义所感动，弃官随他共谋大事。

走到成皋的时候，天色渐晚。曹操对陈宫说："此处有一人姓吕，名伯奢，是我父亲的结义弟兄。我们今晚在他家中休息，怎么样？"陈宫答应了。二人于是入见伯奢。伯奢说："我听说朝廷遍行文书，到处抓你，你怎么会在这里呢？"曹操告诉伯奢："要不是陈县令，我早就死无葬身之地了。"

伯奢拜谢陈宫说："若不是使君，曹氏就会灭门了。使君请放宽心在此安坐，今晚便可下榻草舍。"说完，就起身进入内堂。过了好一会儿，出来对陈宫说："老夫家无好酒，待我前往西村沽一樽来相待。"说完，匆匆上驴而去。

曹操与陈宫对坐，忽然听到庄后有磨刀的声音。曹操说："吕伯奢和我不是至亲，此去可疑，应该去窃听一下。"于是，悄悄潜入草堂后，听到有人说："绑住后把它杀了，怎么样？"曹操返身对陈宫说："我们若不先下手，必遭擒获。"于是和陈宫一起闯进去，不分青红皂白，把他们都杀光了。到了厨房，却看见绑着一头猪准备要杀。陈宫说："孟德，我们误杀好人了！"二人急忙连夜出庄而去。

路上正好碰见伯奢骑驴买酒回来，看他们行色匆匆，说："贤侄与使君何故要走？"曹操说："背罪之人，不敢久住。"伯奢说："我已吩咐家人宰一头猪款待二位，你们还是跟我回去吧。"曹操不理，策马便行。行了没多远，忽然拔剑又回转，假装叫伯奢说："后面来的人是谁？"伯奢回头看时，曹操挥剑砍死了吕伯奢。陈宫大惊说："刚才是误杀，现在却又杀了他，这是为什么啊？"曹操说："伯奢回到家，见杀死这么多人，岂肯罢休？若率人来追杀我们，必遭其祸。"陈宫道："知道了还要杀死他，这是大不义啊！"曹操却说出了那句流传千古、体现自己本色的名言："宁教我负天下人，不教天下人负我。"

曹操先是落魄，想向友人乞得一份食宿，不料发生了误会，竟将这家人误杀了，手段已非常残忍。到后来，在知道是一场误会的情况下，还把对友人赤胆忠心的伯奢给杀了，难怪陈宫看了也觉得毛骨悚然。

曹操的行为让人费解，但从性格上来说，曹操是个功利主义者，为了达到目的什么都可以做。其实，曹操开始只是想得到一餐饱饭，但杀人之后就已经变为确保个人人身安全，因此，他必须再杀吕伯奢，这也符合他作为奸雄的特征。

主观为自己，客观为他人，这是一句十分务实的话。人生在世，我们每个人都要面临压力和挑战，这样看来，"主观为自己"似乎是无可厚非的。但曹操却更进一步：主观客观都要为自己！

第八章 亦正亦邪，成就霸业双重性格

宁教我负天下人，不教天下人负我。这是曹操的行事原则。对曹操来说，只要目的是神圣的，不管手段是高尚还是卑鄙都无所谓，为了达到目的，使用任何手段都在所不惜。也因此，他是决不允许任何人对自己造成危害的。无论是从保全声誉，还是从保全性命的角度来看，他都有杀害伯奢一家的理由，这正应了古人"无毒不丈夫"的说法。

老百姓的思维方式多从人性出发，一般不失良善；而曹操思考问题则是从需要出发，正是这样一种顽固的思想把曹操塑造成了一副奸雄的形象。

在曹操的一生中，恶名与美誉总是难以分开，常是浑然一体的。奸臣的恶名和仁政的美誉都集中表现在曹操的一生中，但曹操却没有被世间的虚荣所羁绊，而是抛开了虚名去做实事，纵然背负着"汉贼"和"英雄"两种截然不同的身份。

平定济南，曹操用计杀刘康

曹操为了达到目的，常常计谋百出，令人防不胜防。他兵不血刃就把一场谋反行动平息，而且又干净利落地处理了领导者、济南王刘康，充分体现了他游刃有余的用计策略。

曹操在任济南国相的时候，济南王刘康在南面群山中秘密蓄兵、练兵，准备背叛朝廷谋反。这早被曹操慧眼识破，并用计将南山的藏兵引下山，一举歼灭。而济南王刘康也被曹操的兵马困在街巷之中，不能脱身。刘康手下的亲兵一一战死，只剩下他这个"孤家寡人"在城内苦苦支撑，情况非常危急。

忽然，济南王刘康听见城外喊杀声逐渐平静下来，以为是藏在南山的兵马已将官兵杀退，挽回了局势，自己马上就要获得胜利。于是，他一心只等着赵虎、张豹两位将军前来解救。

不一会儿，就见从西城方向远远有一队兵马急驰而来。待来到跟前仔细一看，刘康大吃一惊，原来是官府的士兵杀气腾腾而来。只见赵虎被缚在马上，低头耷脑，一动不动；张豹的首级被官兵用刀尖挑着，已是血肉模糊。

刘康见状，急火攻心，"哎呀"大叫一声，扑倒在地。众军士见此情景，一拥而上，争着要上前擒拿。这时，却见曹操摆了摆手，又摇了摇头，众军士也就不敢乱动了。刘康这时无精打采地抬起头，用哀求的眼光看着曹操，似乎要请求曹操放过他。

曹操拍马来到刘康面前，厉声呵斥道："大胆济南王刘康！你竟敢阴谋造反。幸亏朝廷早已知晓，如今派遣我前来，就是要等待时机讨伐你。如今你阴谋败露，兵败被俘，还有什么话说？就算今天不杀你，将来见了皇帝，你如何面对？你还有什么脸面活下去？"

曹操越说越激动，他的措辞严厉而刻薄，让人听了无地自容，恨不得死在当下。他为什么出口如此歹毒？原来，这是曹操的激将法。曹操认为，无论如何，刘康是皇室宗亲，一代有名的藩王，是皇帝的亲戚。如果只是将他押送到朝廷，万一皇帝心生恻隐之心，看在亲戚的面上不忍杀他，而只是削去爵位，敷衍了事，那他曹操岂不是反而落下个大大的仇人？瘦死的骆驼比马大！一旦让济南王咸鱼翻了身，自己免不了身受其害。但是，如果将他当场处死，皇帝知道了，恐怕以后也会怪罪他。况且，刘康这一家族势力也很大，狐朋狗党数不胜数，如果哪一个要找我报仇，自己岂不是天天担惊受怕？再加上那刘康并未抵抗他，已经落马，倘若自己亲手把他杀死，自己反倒要落得个嗜杀的骂名。

曹操说出这番冠冕堂皇的话来，分明是要逼着刘康自行了断。这样一来，上下左右游刃有余，都好交差，而且又除了自己的心头大患，岂不一举多得。这就是曹操心机过人之处，闪念之间，祭出杀招，既达到了目的，又把自己解脱了出来。

刘康当然猜不透这份玄机，听了这番话，果然仰天长叹一声，自感无颜面对朝廷，说道："老天不保佑我，让我落得如此下场，还有什么脸面见地下的列祖列宗啊！"说罢，抽出腰间宝剑，往脖颈上一横，立毙当场。

可怜刘康，放着现成的藩王不做，偏偏心生邪念，得陇望蜀，要争那个皇位。如今落得个身首异处，千载骂名，想想又何必呢？

曹操使用了一种十分有成效的应变术，当危机的起因与自己密切相关时，就可用这种方法来摆脱危机。

最具特色的运用，是官场上的急流勇退，以免兔死狗烹结局的发生。春秋时越国的范蠡、汉高祖刘邦的主要谋士张良就是最好的例子。他们十分熟悉和理解中国古文化中黄老之术的精髓，并身体力行老子所讲的"功遂、身退"的思想，在国家根基稳固后，及时隐退，以表达他们功成不居的人生哲学，也以此为遁词，明哲保身。

逼人代罪，借人头平息众怒

曹操行事向来目的性很强，有时为了达到某种目的，往往不择手段，甚至不惜损害别人的利益和生命，这也体现出他的强势性格。

江东的孙策为了发展壮大自己，用传国玉玺作抵押向袁术借兵三千人开疆拓土去了，而袁术因为得到了传国玉玺，有心称帝。于是，建安二年（公元197年），袁术在寿春称帝。曹操闻听大怒，遂"挟天子以令不臣"，率兵讨伐袁术。他亲自率十七万兵马去讨伐，袁术兵力不敌，最终被团团围困于寿春城中。袁术仗着城厚壕深，粮多兵锐，紧闭城门，拒不应战，准备用拖延之计把曹操拖垮，使其不战自退。

寿春城久攻不下，十七万军士的粮草每日耗费又十分巨大，曹操劳师远征，粮草难以为继，正巧又赶上当时连年干旱，再加上军阀多年征战，百姓无法正常耕种，粮食产量没有保证，所以征粮也十分困难。

曹操在城外坚持了一个多月后，眼看粮草就要用完。无奈之下，只得写信向孙策借粮，好歹借来了十万斛的粮米，但这也是杯水车薪，仍难以满足军队的需求。

寿春城内粮草足可用一年之久，而自己一时难以攻下，加上粮草不济，从许县调粮也是远水不解近渴，曹操为此急得茶饭不思。

正在此时，粮秣官王垕来到曹操帐中禀报："丞相，如今兵多粮少，眼看就要无米下锅，我们应当怎么办，请丞相定夺！"曹操看到粮秣官王垕，略一思索，心生一计。

他假装神秘地低声对王垕说："可以将大斛换成小斛分发军粮啊，权且救急之用吧，这也是没有办法的办法。"王垕连忙说："这样的话，士兵们会埋怨的，弄不好会引发混乱，到时怕不好收拾，还请丞相三思。"曹操坚决地说："你只管按我的吩咐去办，其他的事我自有办法。"

王垕领命而出，等到煮饭时间，他按照曹操的命令，改用小斛分发军粮，弄得将士们纷纷抱怨。曹操趁机派人到各营寨去探听风声，果然各营寨都对这种做法怨声载道。没过几天，兵士的怨气、怒气越来越大，眼看就要哗变，形势即将难以维持。曹操于是将王垕秘密召到帐中，对他说："我想向将军借一件东西，以平息众将士的怒气，请你千万不要舍不得呀。"王垕说："丞相想借什么呢？我一定尽力而为。"曹操说："我想借你人头示众，以平众怒。"王垕听罢，连忙喊冤，说："丞相，我这么做完全是按你的命令行事，我真的是无罪啊！"曹操说："我知道你没有罪，但是，现在这种情势，如果不杀你，军心就难以稳定。你就放心地去吧，你死后，你的老婆孩子我会妥善安置，你就不必多虑了。"不等王垕继续辩解，曹操早就喊出刀斧手将王垕推出门外一刀斩了。然后，把王垕的人头悬挂在高杆上面，并贴出告示，通告全军："王垕故意用小斛散发粮米，盗窃官粮，谨按军法，斩头示众。"众将士看到是粮秣官克扣了自己的口粮，并且已经被军法处置，便逐渐消了怨气。

曹操趁机让军士饱餐一顿，用以表明粮草充足。然后，下令进攻敌军。士兵一鼓作气打败敌人，并从敌军手中夺得大量粮草，安然度过了粮食危机。

曹操因为军队粮草短缺而士气受挫，迟迟攻城不下。为了顾全大局，用粮秣官王垕这个替罪羊抵罪，平息了众怨，安然度过了粮食危机。在曹操眼中，王垕的死当然不能从常理出发，这是战争的需要，是死得其所。从这里看出，曹操确实有难以让人理解的地方。但是，曹操作为一军之主，能够以杀王垕而取得军事上的胜利，也不失为权宜之计，这也是一种利用诈术扭转局势的做法。

从这个故事可以看出，曹操智谋过人，颇有遇事不惊的素质，但同时也有着奸诈无比的本性。

曹操找到了王垕作为替罪羊。其实，在激烈的竞争中，谁都有可能成为别人的替罪羊。当然，谁也可以拉别人做自己的替罪羊。这是竞争所导致的。

曹操的智慧和权谋让他成为三国时代最杰出的政治家、军事家，但曹操也是那个时代将奸险诈伪之术运用得最为登峰造极的一位，这也许是历史的必然。

权威至上，为树权威好杀人

曹操求贤心切，从他曾下三道"求贤令"可见一斑。曹操也很能聚人，尤其是有才智的人，不管他们原来如何，只要能拉拢过来，就一定拉拢。这种广纳天下贤士的做法，为他赢得了不少美名。但这么多名人贤士聚在帐下，怎样才能让他们规规矩矩、老老实实为自己办事呢？

起初，曹操还能听进良善之言。但到了后期，曹操就变得喜怒无常，胡乱杀人。他既听不进与其相左的建议，也听不进忠臣对他的批评，没有了早期能够大度认错的勇气，只是想树立起自己的绝对权威。

就连那位被曹操称为"吾之子房"的荀彧也实在死得冤枉。荀彧坚决反对曹操做魏王，曹操因此对他怀恨在心。后来，曹操赠送食物给荀彧，荀彧打开盒子一看，见空无一物，知道自己已经一无是处，因而被迫服毒自尽。

这位曹操手下的第一号谋士，以他对曹操的忠心，为曹操开创基业出谋划策确实立下了大功，何以一时冒犯了曹操就被置之死地不可呢？耐人寻味的倒是荀彧劝曹操不要晋爵国公的理由，正是为了曹操的荣誉而考虑的。他鉴于天下尚未统一，希望曹操"秉忠贞之诚，守退让之实"，不要让他的政敌们抓住把柄。这样正当的理由，也能得罪曹操吗？显然，不是一条建议就会让曹操如此震怒。只不过此时的曹操认为，自己决定要干的事，就一定要干成，即便有时欠考虑，也绝对不允许有人冒犯他的权威。

崔琰辅佐曹操十几年，在选拔"文武群才"方面做了不少的工作。史书上称崔琰"清忠高亮"，说他"量才录用"，而且从不讲情面，享有很高的声誉。

后来，曹操因为有人说他"傲世怨谤"而把他杀了。曹操怎会随意相信别人说崔琰的坏话呢？其实，崔琰"享有很高的威望和声誉"才是招来杀身之祸的根源。

曹操不仅处理了崔琰，并且还因此牵连到毛玠。这个毛玠，正是向曹操提出"奉天子以令不臣，修耕植以蓄军资"两大根本方针的那个治中从事。崔琰死时，尚书仆射毛玠因感伤崔琰"无辜"而死，被人告密。好在官员们替他求情，曹操只是把毛玠罢官回家养老了事。比较而言，还算善始善终，值得庆贺。

曹操常叹息娄子伯说："子伯出的计谋，我比不上啊。"而且随着声望日隆，曹操渐渐感觉到娄子伯威胁到了自己的权威，因而就下令将他杀了。由此看来，谁要超过曹操的威望，触碰了他的权威，曹操就会毫不留情地予以绞杀。杨修之死也是明显的例子。杨修时常能猜出曹操的想法，曹操的一些举动，杨修也能琢磨个八九不离十。这还了得，我的心思你都知道了，我的威严何在？最后曹操用扰乱军心的罪名将他处死。

曹操不仅在军事上、政治上处处维护他的绝对权威，就是在日常生活上也是如此。有一次，他大白天睡午觉，告诉他的宠姬，过一阵就叫醒他。而时间到了，这位宠姬见他睡得很香，不忍心喊醒他，让他多睡了一会儿。岂知这一下，犯了曹操的天颜。这个宠姬弄巧成拙，惹了大祸。曹操自己醒来后，不问青红皂白就把她乱棍打死了。此事联系到他因曹植的妻子违反他的家规，身穿锦绣华丽的衣服而被赐死这些事来看，倒真是一贯作风。

作为一个上司，曹操把和蔼可亲和威严有加总是拿捏到位，不露声色。别看平时感觉有点别扭，但是权威的用处通常表现在下达命令和分派任务上。作为领导者要勇于说"不"，发现问题，当机立断，既有利于解决问题，也树立了自己的权威。

如果你认为一个指令完全没有问题，那就需要有人不折不扣地去执行，说了就不可以轻易变更。这直接关系到权力的影响度和威信的分量。一旦改变，再去执行当然效果就差了一大截。君子一言，驷马难追。王者发令，重于泰山。说到做到，是树权立威的妙法。

曹操当然知道自己的身份，也知道权威的重要性，所以平时就注意给人以威严的感觉。这是现实的要求，也是曹操长期身居高位形成的习惯。

保持了自己的威严，在无形中形成的威势，给他的工作开展创造了有利的条件。

行为有时比语言更重要。领导的身份权威，很多往往不是由语言而是由行为动作表现出来的，聪明的领导者尤其如此。所以，曹操有诸多惊人之举，也就不足为怪了。

利益为重，亦敌亦友对刘备

"朋友是通往成功的垫脚石"，在曹操眼中，别人都是他实现梦想的阶梯。也就是说，是敌是友完全从自身的利益出发。他会对你热情款待，但是仅限于对自己有用时。一旦对自己没有用处甚至对自己不利，他就会毫不犹豫地与之一刀两断。

曹操同刘备是同龄人，在三国时期，一个被称为"奸雄"，一个被称为"英雄"。曹操有统一天下的大志向，刘备也要匡扶汉室，二人既争人才也争天下，展开了长达几十年的较量。在曹操看来，刘备政治才能突出，有远大的政治抱负，又有广泛的号召力，确实是个大英雄。所以，有一段时间，曹操曾留他在军中。曹操考虑到留着他对自己招揽人才颇有吸引力，所以才没有杀他。

曹操东征徐州时，刘备同青州刺史田楷一起前往救援，被陶谦表举为豫州刺史。陶谦死后，刘备不费吹灰之力接替陶谦成了徐州牧。

占据淮南的袁术也想扩展地盘，对刘备轻易获得徐州非常不满，曾多次对他发动进攻。曹操为了稳定自己的根据地兖州东部边境的局势，同时也为了利用刘备来牵制袁术和吕布，对刘备采取了拉拢的策略。建安元年（公元196年），曹操表荐刘备为镇东将军，封宜城亭侯。并趁机对刘备集团逐步进行分化瓦解，融入到自己军队中。汉献帝都许后，曹操特地写了《表糜竺领嬴郡》一文：

> 泰山郡界广远，旧多轻悍。权时之宜，可分五县为嬴郡，拣选清廉以为守将。偏将军糜竺，素履忠贞，文武昭烈。请以竺领嬴郡太守，抚慰吏民。

糜竺，字子仲，东海人，祖上经商，有雇工上万人，资产颇为丰厚。原为陶谦别驾从事，后奉陶谦遗命迎刘备为州牧。建安元年（公元196年），刘备被吕布打败，家眷被俘。此时，糜竺不仅在人力、物力和财力上大力支持刘备，使之得以重振人马，而且还将自己的妹妹嫁给刘备。

曹操表荐糜竺为嬴郡太守。嬴郡，郡治嬴县，是从泰山郡划出的嬴、武阳、南城、中牟和平阳五县。糜竺却没有接受曹操的表荐，仍然跟着刘备。曹操还同时举荐了糜竺的弟弟糜芳，让他去做彭城相。糜芳也没有到任，可见刘备深得人心。

第八章 亦正亦邪，成就霸业双重性格

袁术虽曾多次派兵攻打刘备，但一直都没有什么效果。后来，勾结已投奔刘备的吕布，由吕布出兵打败了刘备。刘备失去了安身之地，不得已而率部投靠了曹操。

曹操对刘备加以厚待，不仅表荐他为豫州牧，还给他补充兵员，调拨军粮，让他仍然驻屯小沛以对付吕布，二人暂时结成了互为同盟的利益集团。但这种暂时的结盟是非常不牢固的，刘备志向远大，随时都会离开曹操而独立发展。曹操当然知道这一点，而且他还明白，一旦刘备日后成势，必定是自己的大威胁。但是，曹操考虑到自己正处于发展壮大的阶段，对刘备这样有影响的人物只有加以厚待，才会使天下人才聚集，不至于堵了言路。所以，尽管有谋士建议杀刘备，他却没有下手。

建安四年（公元199年），袁术想从下邳北上青州，曹操准备派兵阻截。刘备请求承担这一任务，伺机逃离曹操的控制。曹操便派朱灵等人同他一起带兵东进。

刘备离开许都以后，程昱、荀彧等人得知消息，赶紧跑来劝阻曹操。程昱说："您以前不肯杀掉刘备，考虑得确实要比我们深远。但今天把兵权交给刘备，他肯定会产生异心！千万不要把刘备放走！现在放走了刘备，以后必定会后悔！"

董昭也跑来劝曹操，说："刘备志向远大，加上有关羽、张飞做他的帮手，将来必定会谋取天下。"

曹操听了众位谋士的意见，有些后悔，但一来已有令在先，不便更改；二来刘备已经走远，追也追不上了，只好作罢。

刘备到达下邳后，袁术回逃寿春，不久病死。于是，曹操趁机命刘备率军回许都。刘备早就想脱离曹操的控制，就让朱灵等人先行返回，以减少下邳的曹军力量，然后发动突然袭击，杀死徐州刺史车胄，公开背叛了曹操。

刘备扛起讨伐逆贼曹操的大旗，公开对抗曹操。他的这一行动引起了连锁反应，使得归附曹操的昌豨也脱离了曹操。由于曹操尚无恩泽加于百姓，不少郡县纷纷脱离曹操，归附刘备，使刘备的军队增加到几万人。刘备派孙乾前往

冀州，与袁绍联合，共同对付曹操。

这样一来，刘备和曹操就立刻由原来的依附关系，转化为不共戴天的敌人。

曹操在特定时期、特定情势下对刘备采取的不同态度，充分说明了没有永恒的敌人和朋友，只有永远的利益。刘备来投靠曹操时，曹操听从郭嘉的意见，没有除掉刘备，使他保持甚至是进一步树立了自己爱惜人才、广纳英雄的形象。他甚至表荐刘备为豫州牧，让刘备出守小沛，也有效地利用刘备的力量对付吕布，在包围下邳、擒杀吕布的战斗中还直接让刘备消耗兵力，客观上遏制了刘备势力的发展。擒杀吕布后，将刘备带回许都，更是为了控制刘备而走出的一着好棋。

曹操一时不慎放走了刘备，他能很快从失误中清醒过来，并立即采取行动。利用袁绍善谋难断、举棋不定的性格和刘备错误估计形势、放松戒备的时机，果断出击，击败了刘备。不仅使自己化险为夷，还进一步巩固了自己在徐州的统治。消除了刘备这个潜在的强敌，避免了以后和袁绍决战时可能出现的两线作战的局面，为官渡之战的胜利创造了有利条件。

由此可见，结盟与否都是出于自身利益考虑，这种以利益为纽带的同盟关系是非常不稳固的。在上述事例中，体现在利益和盟友的比较上，谁重就趋向谁。曹操一生这种分分合合的经历可谓不少，在同吕布、袁绍、袁术、张绣、张邈的交往过程中，也都大多经历了由分而合、由敌而友的变化过程。但无论怎样变化不定，一切都是围绕自身的利益在转，这也是曹操不断发展的关键所在——我可以放过任何人，但不能放走一点利益。

第九章

曹操

革新弊政,大刀阔斧谋发展

励精图治，抑制豪强兴经济

曹操不仅军事才能非凡，也很有政治头脑。他的政治理想主要体现在"富国强兵，崇尚法治"上，同时也讲求儒家的仁义礼让，注重德治，可谓兼容并蓄。他说："文，仁也；武，法也。"主张"文武之道，一张一弛"。

曹操认为人民最重要，君主统治老百姓时，要任用贤能的官吏，使人民能够得到休养生息。为了给百姓创造休养生息、繁荣经济的有利条件，曹操尤其注意对豪强地主势力进行抑制和打击。

抑制和打击豪强的不法行为，是曹操的一贯态度。早在他任洛阳北部尉和济南相时，就已经这么做了。及至他官至高位，无法事无巨细时，他则注意选用得力的官员来执行这项政策，以巩固自己的统治。

曹操的军事行动步步为营，节节胜利，自己的统治区域不断扩大。随着新纳入的城池不断增多，客观上也需要曹操在政治、经济方面进行改革。他采取了比较开明的措施，特别是在占据邺城之后，他推行了一些进步的政策，拨乱反正，以巩固其统治。

曹操占据冀州后，了解到邺城的法令得不到及时有效的实行，便命能够严于执法的杨沛前去治理邺城。临行前，曹操还特意召见他并勉励一番。

曹洪、刘勋等平时作威作福惯了的人畏惧杨沛威名，赶忙派人骑马前往邺城，告诫子弟门人，要各自检点，不得胡作非为。邺城果然政通人和。杨沛治理邺城数年，因治绩突出被提升为护羌校尉。

司马芝任济南郡营县长时，境内豪强地主横行不法。郡主簿刘节拥有宾客数千，依仗势力，飞扬跋扈。

司马芝按规定征发王同等人服兵役，这些人依仗自己是刘节的宾客，藏匿起来，躲避兵役，刘节也予以包庇。司马芝向郡守报告刘节的不法行为，济南太守郝光素来欣赏司马芝，便下令让刘节本人代替王同服兵役。于是，青州百姓纷纷称赞司马芝"用郡主簿为兵"。

司马芝调任广平（今河北永年）县令后，征房将军刘勋家的门人子弟仗着刘勋过去和曹操是旧友，又是列侯，还是司马芝的老上级，十分贵宠骄豪，依然作威作福，欺压百姓。司马芝正要处理时，刘勋给司马芝写信，要他留情面。司马芝不予理睬，对这些违法的宾客子弟一律进行了严惩。

以上只是曹操严肃吏治的一个侧面，却也反映出他励精图治的决心和胆识。除了吏治上的雷厉风行外，他还在经济上进行政策的调整，以刺激经济从战乱中及时恢复过来。

曹操占据冀州后，亲自督促修筑了天井堰，对西门豹渠也加以疏浚，引漳河水灌溉邺地。天井堰有十二条堤堰，灌溉的范围很广。这对私田的生产，特别是对居于多数的自耕小农，是有很大帮助的。

为了抑制豪强商人经济力量的膨胀，保证国家正常的财政开支，曹操恢复了盐、铁官营的政策。盐、铁是与人民生活十分密切的两种产品，也直接关系到国家的财政收入。实行盐、铁官营政策后，不但抑制了豪强商人经济力量的增长，打击了有割据称雄野心的人，而且国家的财政收入也大量增加。

推广屯田，修水利恢复农业

为了解决军粮不济的问题，曹操采纳屯田的建议。果然，第一年就收到了很好的效果，并逐渐完善推广屯田制。连续几年，官库日渐充盈，民生安定。在实行大规模屯田的过程中，为了提高粮食产量，曹操还注意兴修水利，使耕地得到及时的灌溉。夏侯惇在陈留郡率战士断太寿水作陂（塘），被称之为太寿陂。这一蓄水工程，不仅方便了屯田将士种植水稻，附近老百姓的私田也借了光，"民赖其利"。

扬州刺史刘馥为了推广屯田，修治和兴建了芍陂、茄陂（又作茹陂）、七门堰、吴塘等水利工程，以灌溉稻田，结果使"官民有蓄"，就是说不仅使官家的屯田生产受了益，也使民家的私田生产跟着受了益。

曹操也多次亲自察看地形，结合当时许县一带地势低洼，水量充沛，宜植水稻的特点，亲临现场，因地制宜，推广种植水稻。据地方志记载和民间传说，当年枣祗在许县管理屯田，曾组织军队在许都周围挖了运粮河、高低河、枣祗河等多条河渠。同时，引水灌溉田地，使得粮食产量大增。白田（旱田）、水田亩收十余斛，粮食储备取得了很大的增长。

有了曹操的号召和鼓励，再加上许都实实在在的成绩，各郡县纷纷实行屯田。"州郡列置田官，所在积谷，征伐四方，无运粮之劳。"在河北，刘靖依高梁河立水门，"凡所润含四五百里，所灌田万有余顷"。贾逵为豫州刺史，"外修军旅，内治民事，遏鄢汝造新陂，又断山溜长溪水造小弋阳陂。又通运渠二百余里，所谓贾侯渠者也。"在淮、颍广开淮阳、百尺二渠，又修陂于颍之南北，溉田万余顷，"自是淮北仓廪相望，寿阳至于京师，农官屯兵相属焉"。徐邈为凉州刺史，"又广开水田，募贫民佃之，家家丰足，仓库盈溢"。在河内，司马孚为野王典农中郎将时，于沁水累方石为门，"若天旱，增堰进水，若天霖雨，陂泽充溢，则闭防断水空渠"。

典农功曹邓艾亲自都督陈留、寿春、项城的屯田事宜。经过实地考察，结合经验著有《济河论》，其中详细陈述了治水开渠的方法和策略，后又率领百姓开渠挖河。他在陈留、项城、寿春屯田六七年，积谷三千万斛。以后魏每次进军东吴，大军乘舟而下，达于江淮。既免除士卒长途跋涉之苦，又有丰厚储粮，为抗衡东吴，建立了丰功伟绩。

夏侯惇做陈留太守时，当地大旱，以致蝗灾泛滥。他亲自率领官兵作陂蓄水，奖励百姓广植水稻，取得很好的收成。此外，刘馥在扬州、郑浑在召陵和京兆、朱光在皖南也无不兴修水利，开垦荒地，广植水稻。数年间，不仅使"民安于农而盗贼止息"，而且"官民皆有所蓄"。特别是郑浑为召陵令时，由于历代统治阶级剥削过重，又连年战争，人民生活十分困苦，大多数人家生了孩子却养不起，对农业生产毫无兴趣，不愿生孩子，生了孩子就弄死。郑浑到召陵后，一方面使农民"课使耕桑，兼开稻田"，同时，"重去子之法"。人民生活日渐好转，所生子女皆有所养。有的人家生了子女还以"郑"为字，以表示对郑浑的感激和拥戴。

庐江太守朱光在皖地大开稻田，广植水稻。吴将吕蒙看到皖地稻田长势良好，认为："皖田肥美，若一成熟，彼众必增。如是数岁，操态见矣。宜早除之。"他建议孙权"亲征皖"。这也从一个侧面表现了曹操恢复农业的措施起到了作用，使得东吴也眼馋曹操的农业成果了。

几年的工夫，中原一带兵足粮足，民众富裕，以后每年可以收获谷物达数千万斛之多，屯田收到了很好的效果。就连处于割据东南、西南的孙权和刘备看到曹操屯田成功，也都争相效仿。东吴的屯田也分军屯、民屯两种。采用军事编制，由典农校尉和典农都尉负责管理屯田事宜。孙权还亲自把自己驾车用的八牛改成耕牛，以显示对农业生产的支持。刘备、诸葛亮也曾以汉中为屯田据点，招募农民在汉中屯田，并派汉中太守吕乂"兼领督农（主管屯田），供给军粮"。

在屯田、解决军粮和恢复农业生产问题上，曹操的谋将枣祗是有很大功绩的。枣祗是早年跟随曹操起兵讨伐董卓时的将领。曹操占领兖州后，任命枣祗为东阿县令。在曹操和吕布争夺兖州时，兖州所属郡县大都背叛曹操，投降吕布。只有东阿、范县和鄄城三地保全。枣祗领兵固守东阿，对巩固兖州根据地起到了重大作用。曹操奉献帝都许后，枣祗看到由于连年战争，土地荒芜，军粮不足，就和韩浩建议曹操兴办屯田，发展生产。枣祗向曹操提出屯田，他认为，一方面"承大乱之后，民众离散，土业无主，皆为公田"，一方面"得贼

（起义军）资业，当兴立屯田"。枣祗的屯田建议得到曹操的赞成和支持。

曹操以枣祗为屯田都尉，让他负责屯田事宜。在制定屯田政策，实施屯田的具体过程中，枣祗积极出谋献策，屡向曹操提出合理建议。当枣祗的正确意见遭到曹操反对时，他仍然坚持自己的意见，不怕忤逆曹操，再三找曹操辩论，并列出详细规划，反复耐心细致地向曹操陈述，直到自己的正确意见被曹操接受为止。正因为枣祗坚持不懈地努力于屯田事务，详细规划，合理布置，实地考察，具体指导，才使屯田获得了巨大成功。在屯田问题上，枣祗的确是立了大功的。枣祗死后，曹操为了表彰枣祗的功绩，追封他为陈留太守。曹操在追念他的功绩时说："故陈留太守枣祗……反复来说……孤乃然之，使为屯田都尉，设施田业。其时岁则大收，后遂因此大田，丰足军用，克定天下，以隆王室，祗兴其功。"他对枣祗寄予了深切的怀念，给予了高度评价。

曹操的这一系列农业措施，大大解放了生产力，一举解决了当时最为严重的吃饭问题、农业生产问题、军粮供应问题、社会安定问题。残破的社会经济逐步得到恢复和发展，农民有了比较稳定的生产、生活环境，在一定程度上减轻了痛苦，政权也因之得到进一步的稳固。这就为日后曹操的统一事业提供了必要的物质条件。

改革赋税，稳定社会秩序

为了发展农业生产，稳定社会秩序，增加税收，增强国家的军事和经济实力。曹操一方面通过实行屯田制，向佃农收取地租；另一方面则通过扶持小农，将劳动力与私有土地结合起来，向自耕农、半自耕农收取地税和人头税，即"田租""户调"。为了使自耕小农维持较为稳定的生活，曹操采取措施打击豪强地主兼并土地，以免将赋税转嫁到农民头上，并施行程度较轻的赋税制度。

建安九年（公元204年），曹操在占据冀州之后，发布了《抑兼并令》。在这个令文中，曹操推行了新的赋税制度——"田租""户调"制。

曹操这一新的"田租""户调"制度，是对赋税制度的一项改革。它是从当时的实际情况出发而确定的，比较切实可行。对农民的负担，在一定程度上有所减轻，具有积极意义。

就"田租"制来说，新的"田租"制，定额较先前有所降低。同时，新的"田租"制使自耕农、半自耕农，在增产的情况下可以不多缴纳，这有利于促进自耕小农的生产积极性。

就"户调"制来说，按户征收，在战乱不断的东汉末期更加便于实行。家庭人口增加了，也不再增加户调额，这有利于小农经济的发展。

总之，由于曹操的"田租""户调"赋税剥削比较轻，又不准地方官额外征收，抑制豪强兼并且限制他们将赋税转嫁到农民身上（尽管这种抑制执行起来并不可能彻底），这对于改善农民的经济生活，恢复和发展生产，稳定社会秩序，还是起着一定作用的。

地主官僚们也要按规定向国家缴纳赋税。曹操自己也注意以身作则，要他家乡谯县的县令按章收取他家应缴的赋税。曹操要郡县长官严格依法收税，对抗税的人，不管是谁，都不可放过。

地主和自耕农、半自耕农拥有的私有土地远远超过屯田的国有土地。随着统治区的不断扩大，曹操从土地所有者那里征收的地税也越来越多。经常性的、大量的地税以及"户调"收入等，很好地解决了官吏和军队的供养问题，为稳定统治发挥了积极作用。

曹操还非常注意招徕、安抚流亡的百姓回乡生产，扶持自耕农，开垦荒地，恢复和发展小农经济。他按照各郡县增加的户口数目和垦田数目，作为赏罚地方官的标准。

仅关中地区因战乱逃到荆州的就有十万多家，其他地方也多有流民。后来，随着北方逐渐统一，流民的家乡恢复了秩序，社会比较安宁，流民都希望回到家乡去，但他们的土地已被收归国有，无法恢复生产。留镇关中的卫觊便建议实行食盐专卖制度，以其收入购买牛、犁等生产资料，提供给归乡的农民，帮助他们勤耕积粟，以丰殖关中。曹操采纳了这个建议。这一政策扶持了不少自耕小农，使生产逐步得到恢复和发展。

苏则为金城太守时，由于连年战乱，吏民饥饿穷困，流离失散，户口大为减少。苏则注意安抚他们，把从"羌胡"那里得来的牛羊，用来赡养贫民和老人，还把粮食与民众分着吃。不到一个月的时间，流民都回来了。苏则亲自教他们耕种，当年就获得了大丰收。

梁习为并州刺史，针对原来吏民大量北逃的情况，一方面对那些继续叛乱的豪强进行征讨、镇压，另一方面安抚归降的老百姓，对他们进行妥善安排。很快就出现了边境安宁，"百姓布野，勤劝农桑"的局面。"勤劝农桑"是对农业和家庭手工业相结合的自耕农民的一种鼓励政策。

扶持小农成绩最为突出的是河东太守杜畿。他任河东太守期间，推崇宽怀仁惠，让百姓得到休养生息。他还让农户畜养牲畜，上自母牛、母马，下及鸡猪，事无巨细，都一一列有管理章程。百姓们勤于农业生产，家家都很丰实。这样一来，政府的赋税收入也就大大增加了。后来，曹操西征汉中时，曹军的粮食全靠河东供给。打败敌人后，还有二十多万斛结余的粮食。曹操高兴地下令增加他的俸禄为中二千石。

通过各地官员因地制宜的鼓励政策，曹操抑制豪强、扶持小农的政策得到了贯彻实施，极大地鼓励了百姓的生产积极性，也使国库充盈，很好地保证了战争的需要。

整饬风俗，发展教育树立风尚

曹操还整肃社会风尚，严厉打击影响内部团结，不利于政治稳定的结党营私、造谣诽谤、颠倒黑白、挟嫌报复等歪风邪气，大力加以革除和禁止。

建安五年（公元200年），曹操下了《为徐宣议陈矫令》，内容为：

自从国家发生祸乱以来，社会风气败坏，诽谤的言论，难以用来评判人们的好坏。建安五年以前发生的此类事情，一切不再追究论处。今后如用断限以前的事情来诽谤别人的，就用他加给别人的罪，加在他自己身上。

徐宣和陈矫都是曹操的司空掾属，二人相处向来不睦，常闹矛盾。陈矫原来姓刘，后改姓陈，而其妻子是本族之女刘氏。徐宣常常在大庭广众之下肆意污辱、诋毁陈矫。曹操认为，这是对陈矫的人身攻击，既有损二人形象，又不利于官僚内部之间的团结。为了制止这种恶意诋毁的风气蔓延，曹操就及时下了这道命令。这对遏制肆意人身攻击、毁谤言论的泛滥是具有非常积极的意义的。

曹操对无中生有、颠倒黑白、居心不良的匿名诽谤者，更是深恶痛绝。曹军占领冀州后，有一次，曹操在邺城发现有人写匿名信恶意诽谤他人，非常气愤，下定决心查个水落石出。他让魏郡（治邺城）太守国渊查办此事。

国渊仔细研究匿名信，发现其中很多处引用了张衡名篇《二京赋》的内容。他便选拔了一些少年去拜师求学，并放出话说，专门访求能读《二京赋》的人为师。当访得能读《二京赋》的人之后，就把选来的学生送到他那里就学。然后，府吏设计得到老师的亲笔书信，比较诽谤书和老师书信的字体，发现二者出自一人之手。国渊立刻下令拘押此人，连夜审问。最后，终于完全弄清楚了他作案的动机，很好地完成了打击诽谤的任务。事过不久，曹操擢升国渊为太仆。

类似这样颠倒黑白、诽谤诬陷的事件，不单纯是个人的品德修养问题，还关系到朝廷政治能否肃静，曹氏集团的统治能否长治久安。这也是曹操下大力气整治的原因。

曹操是从小吏一步一步发展起来的，对下面拉帮结伙、结党营私的蝇营狗苟之事当然了如指掌。他警告官员们不要私下东勾西连，搞小集团，要尽心竭力为国效力，勤政于民。与此同时，曹操提倡官员间不要争权夺利，要行礼让之风。他在《礼让令》中说：

俗话说：让人一寸，受人一尺。这是合乎经书的要旨的。辞让爵位和俸禄，不因为争利而伤害自己的名声，不因为追求高官显爵而损害自己的品德，这就叫做礼让。

曹操提倡诸官百姓要有礼让之风，这不仅有利于稳定上层集团内部的关系，减少内耗，而且有利于整个社会的稳定。

为了消除不安定因素，曹操在平定冀州后，专门下令，允许袁氏过去的同党改过自新。此外，曹操还命令不准报私仇，禁止大办丧事，违者一概严厉惩治。

对有些不利于老百姓生活、有害于人民身体健康的旧俗，曹操也注意加以禁止。建安十一年（公元206年），曹操占据并州后，下了一道《明罚令》，令中说：

听说太原、上党、西河、雁门等郡，在冬至后一百零五天的寒食节，都不烧火，吃寒食。据说，这是为了纪念介子推。伍子胥的尸体沉没江中，吴国人没有因此不喝水。纪念介子推，唯独要人们吃寒食，这岂不是一种偏向吗？况且北方特别寒冷，老人、小孩瘦弱，将会有忍受不了的灾难。这个命令下达后，任何人不准再寒食。如果有违犯的，家长要判半年刑，主管官吏要判一百天刑，县令要扣发一个月俸禄。

介子推（又作介之推），春秋晋国人，曾随晋公子重耳长期流亡在外，后来回国时见狐偃向重耳邀功，他不愿与狐偃为伍，便不辞而别。重耳即位（晋文公）后，封赏有功之臣。介子推与老母隐居绵山中，不肯出来。晋文公用放火烧山的办法，想把他逼出来，结果介子推被火烧死。晋文公为了悼念介子推，便规定在介子推死的这一天禁火寒食。后来，民间为了纪念介子推，在介子推死的这个月内不举火，吃寒食，每年都有不少人因此死亡。到东汉顺帝时，并州刺史周举改为三天吃寒食。

曹操严令禁止寒食，是认为这一习俗太落后，对老百姓的危害太大了。曹操对正面教育也很重视。他下令设置学官，发展教育事业。汉代的教育已很盛行。官学（中央的太学，地方的学、校）和私学的规模都比较大。由于东汉末年的长期战乱，使学校教育陷入停滞的状态。曹操虽然重视教育，但在逐鹿中原的前期，不具备发展教育的社会环境。当他在中原地区打败袁绍之后，统治趋向稳定时，便着手恢复废弃多年的学校教育事业。

建安八年（公元203年）秋七月，曹操下《修学令》，大意是说：

战乱以来，已有十五年了，青少年仍不见有仁义礼让的风尚，我非常痛心。现在，命令郡、国都要修文学，满五百户的县要设校官，挑选乡里优秀的青少年给他们以教育，或许可以使先王之道不致废弃，而有益于天下。

这里的"文学"，主要是儒家学说的著作。曹操认为，只有发展了儒学教育，教化的作用才能得以发挥，才能树立仁义礼让的风尚。

曹操能够在连年亲率大军征伐的同时，分出精力注意恢复发展教育事业，可见他明白教育的重要性，在民生凋敝时期实属难能可贵。

第十章

曹操

铁腕治军，严明军纪逐鹿中原

以身作则，严于律己作表率

《论语》中说："其身正，不令而行；其身不正，虽令不从。"这条千年古训，证明了一个颠扑不破、放之四海而皆准的真理：人，特别是有影响力的人，自身的素质与行为对别人有巨大的影响力。曹操虽然不是皇帝，但实际上却比皇帝还要有权威。他为什么能令出必行，让人心服口服呢？究其原因，其严于律己、身体躬行的作风起到了不可替代的作用。

在曹操之前，除《孙子兵法》外，没有其他可参考的军事理论书籍，他常常对兵书加以评说。曹操自登上政治舞台，戎马倥偬三十多年，从来手不离书，这十分难能可贵，对他也非常重要。否则，难以想象他能把那么多的文人志士聚在自己的周围，也不可能写出那么多独具特色的"建安风骨"的篇章。

曹操虽然生性奸诈多疑，但有一点比较奇怪，就是其手下众将领对曹操深信不疑。纵观曹操征伐的三十多年，他手下的一些名将没有一个在其危难之际背叛。这种对主公的忠诚之心，不能不说与曹操平日一视同仁、赏罚分明有关系。

曹操为了学习怎样治军，不仅对部下不偏不倚，公正对待，而且在熟读前人经典的基础上，亲自写了十多万字的兵书，并用以指导军事行动，这本身就足以奠定他的军事统帅地位。大凡按照他的命令打仗，往往胜多负少，其在三军中的威望自然就树立起来了。曹操理论联系实际，不断将丰富的政治、军事实践上升为理论，又用理论指导实践。因而，与同时代许多优秀人物相比，让人产生了更多的服从感、敬畏感和敬重感，这也是他比同时代群雄有更高超的领导艺术的重要保证。"一代之治，始于一代之学"。不同的时代有不同的实际、不同的难题。曹操顺应时代的要求，开一代学风，创一代业绩的史实，对我们当有深深的启迪。

在我国历史上，外戚专权、后宫干政、衙内非为而导致一个个政权衰亡的例子实在不少。曹操非常注意吸取历史上的这类教训，按照"欲治其国，先齐其家"的古训，从严治家，以治好自己家庭的实际行动，来推动整个国家的治理。曹操一生，娶妻纳妃甚多，有名有姓的就有十几个。对于众多的妻妃，曹操管理得很有条理，一不让她们乱干预朝政，二不让她们挥霍浪费。

曹操的几个儿子，有的文采出众，有的武艺超群，都与曹操手把手的调教有关。除了几个早死的外，其余都上疆场冲杀锻炼，有的战死在阵地上。这也是曹操管教有方，以身作则，才使他们个个脱离了公子王孙的声色犬马，得以青史留名。

曹操对曹植曾抱有极大的希望，在曹植二十三岁那年，他专门给曹植写了一封戒信，以自己年轻时的经历启发曹植积极进取。曹操从严治家的事迹，至今不失现实的意义。

曹操十分崇尚严明的法纪，讲究以法御军治国。他一生主持制定了很多法律和规定，一旦颁布，他就带头身体力行，以自己的模范行动带动千军万马。

曹操有"逆气病"，睡觉以后时常发作，开始用铜器盛水置床头备喝。但水易变味，就改用银器来盛水。有人不解，误认为曹操爱财。曹操听说后，立即又改用木器。曹操如此谨小慎微，对这样的小事也十分注意，为的是不给下级造成不良影响。按照那时的风俗，像曹操这样的大人物去世，送终埋葬该是相当排场，曹操对此很反感。他在死前，专门发布了薄葬命令。为了保证他的遗令落实，在生前自己制作了简单的葬衣。

曹操具有治军的智慧，也有一颗公正的心，他的治军原则是以正确与否为标准，在事实面前，人人平等，自己也从不例外。正因如此，他的部下平日也都敢于尊重事实，据理力争，不能不说这一切与曹操平日的训练有关。

曹操注重自身修养，虽居高位仍然以身作则，以自身的"正"来影响下属、激励下属。这种行为上的躬身垂范必会给人以极大的心理上的激励。这样的队伍，在关键时刻才能爆发出大的战斗力来。

割发代首，遵守军纪无例外

当今社会是一个竞争激烈的时代，谁要想在社会中站稳脚跟，就必须严格要求自己。曹操生活在"刑不上大夫"的时代，已经在这方面作出了很好的表率。

曹操为了取得战争的胜利，统一天下，极力争取天下民心。他懂得"民为邦本"的道理，每次出征，都严明军纪，防止扰民。

在一次兵伐南阳张绣的途中，曹操一路上见麦已熟，民众因为大兵将到，所以都逃避在外，不敢回家收割麦子。曹操派人四处寻访远近父老乡亲以及各处守境的官吏，并发布命令："吾奉天子明诏，出兵讨逆，与民除害。方今麦熟之时，不得已而起兵，大小将校，凡过麦田，但有践踏者，并皆斩首。军法甚严，尔民勿得惊疑。"百姓知道后，都欢喜称颂。官军经过麦田，都下马用手扶着麦子，互相传递而过，不敢践踏。看着他们远去的背影，百姓都纷纷在路边拜谢。

一天，曹操乘马正在行军，忽然田中惊起一只麻雀。曹操的战马突然受到惊吓，窜入麦中，践踏了一大块麦田。曹操于是把行军主簿找来，拟议自己踏麦之罪。行军主簿说："丞相是军队首领，岂可议罪？"曹操说："我自己制定的法令，自己却违犯了，如果不惩治，何以服众？"随即拿起剑就要自刎，众将急忙拦住。郭嘉说："《春秋》上说：'法不加于尊。'丞相总领大军，怎能自戕？"曹操沉吟良久，说："既然《春秋》有法不加于尊之义，那我暂且免死，但也要有所惩罚。"于是，用剑割下自己的头发，扔到地上说："割发以代首。"他还派人将此事传告三军："丞相踏麦，本当斩首号令，现割发以代。"

曹操这个割发代首的故事是用一个小小的计谋实现了大大的目的。当自己的战马践踏麦田时，曹操感到很为难：一方面要严守军纪，另一方面要保全自身。当郭嘉说出"法不加于尊"的古训时，曹操就坡下驴，适时演出了割发代首这精彩一幕，以严肃法令。

其实，曹操完全可以宽恕自己，但他并没有这样做。曹操用了一个小计谋——割发代首。他这样做，既维护了军队的法令，又保住了自己的性命，同时又能使其他官兵警醒。将自己的头发割下来掷在地上，表示自己受了髡刑。髡刑是古代剃去头发的一种刑罚。在封建社会，人们认为身体发肤是父母给的，毁伤了它就是不孝。因此，割发被列为一种刑罚。曹操的割发，有以发代首的意思。在封建统治者宣扬"刑不上大夫""罚不加于尊"的情况下，曹操能够表示自己不置身于法外，确实难能可贵。

对曹操的"割发代首"，后人多认为这是曹操的诈术，用以收买军心民心，实在让人不敢苟同。这是他不以己废法、不以情废法的品质。其实，曹操采取这样权变的办法也情有可原。如果曹操真的因为犯自制之法而自刎当场，有这必要吗？在东汉末年，群雄纷纷并起，军阀割据。大多趁乱胡作非为，又有谁因此而自责过呢？相比之下，曹操能"割发代首"，既说明了曹操的军纪严明，自己犯了法也不饶恕，也表明了他图霸天下的决心，这确实极为难得。

曹操出身于小吏家庭，后经自己的不断努力才走向权力顶峰。因此，他对于形形色色的人物，尤其是基层人员的心态很了解。曹操知道，决定他胜败关键的不仅仅是几员将领，更重要的是手下数以万计的官兵。为了收买官兵之心，曹操始终把自己与官兵放在同一个标准上，这种做法是曹操的过人之处。

有功必赏，厚待部下收人心

《孙子兵法》中提到：赏罚是军队管理的重要手段。后世的军事学家也指出，赏罚的有效与否在于是否公开、公平，并能够立竿见影。然而，赏罚的手段有很多，曹操的赏罚手段与众不同，他将赏罚与一个将领的荣誉结合起来，创新了赏罚形式。他深知，处于乱世，大家都是为了"居有屋，食有粟"，所以，凡有功者，必大加封赏，并尽可能让每个军士明白一个简单的道理：勇敢向前冲，绝对有好处。他的这种收买人心的做法，在群雄并起的纷乱时期，确实达到了很好的效果。

当年，曹操初登铜雀台，挂袍比箭，本是为了欢庆一番。当曹休射中靶心并且引发了一场将军之争时，台上的曹操并没有因为众将失态而生气。相反，他抓住机会，出乎众人意外地对众将均有赏赐。依常理，登台喜庆，大家高兴即可，对于突然发生的争袍之事，不能不说有失曹操本意。但是，曹操对事情的处理方式，可谓高明之举，不仅没有冷了众将领的心，相反却笼络了人心，巩固了自己在众将领中的地位。

仔细分析争袍之事，曹操挂袍，众将相争，说明在众将心目中曹操的地位非比寻常；曹操看众将争来夺去，虽行为粗鲁，有失自己的本意，却从一个侧面显示出曹军人才辈出，这让曹操非常高兴；曹操遍赏众将说明不受常理约束，不但不责怪，相反能把这种事情转化为众人皆大欢喜的局面。曹操的机智聪明和善于把握大局的能力由此可见一斑。

战争是不得已而为之的事情，有战争就会有伤亡，人都有趋利避害的本能，所以战争中难免有贪生怕死者，临阵脱逃者，进攻时后退者。要制止这些现象的发生，赢得战争的胜利，就要靠严厉的惩罚手段。

曹操认为惩罚是军令的基础，是指挥员号令三军的权威所在。因此，无论治政还是治军，都必须做到赏罚分明，分清是非善恶。只有这样，才能令行禁止，指挥有度。

曹操奉行有功者必赏的原则。最集中的一次，是建安十二年（公元207年）的大封功臣。曹操下了一道《封功臣令》说：

从我起义兵讨伐叛乱，到现在已经有十九年了。每战必胜，这难道是我个人的功劳吗？ 实在是文武官员献策出力的结果啊！ 天下还没有完全平定，我还要和文武官员一起去平定；若独自占有这些功劳，我怎能安心呢？ 现在要赶快给大家评定功劳，进行封赏。

在这个令文中，曹操认识到从中平六年（公元189年）起兵讨伐董卓到现在，十九年间所取得的辉煌成功，并不是靠他一个人的力量，而是靠众多谋士、武将们共同努力的结果，未来的统一大业，还需要靠大家的共同奋斗。功劳不能自己独贪，要由大家分享。因此，论功封赏了很多文武官员。

曹操进行封赏的态度是严肃的，也是认真的。有功劳该封赏的，本人不接受也要想办法要他接受，因为他要贯彻论功行赏的原则。

曹操远征乌桓，田畴立了大功。曹操要论功行赏，表封田畴为亭侯，食邑五百户。田畴认为自己逃到徐无山中避难，没有替自己在幽州的旧主刘虞报仇，是不义的行为，不应该享受荣誉，坚决不接受封爵。

曹操非常体谅田畴的心志，暂时没有勉强其接受。可是，曹操南征荆州回来后，觉得这样做不合适，又发布了《爵封田畴令》，令中说：田畴言辞恳切，一再辞让。历经三年，一直未能封赐。这虽然成全了一个人的高尚声名，却严重违背了论功行赏的国家制度，损失是很大的。应该按照前表封赏，不要使这个过失一直延续下去。

后来，田畴还是坚辞不受，曹操又多次做了不少说服工作。尽管最后田畴还是没有接受封赏，但这说明曹操对执行论功行赏的原则，在态度上是认真的、严肃的。

建安八年（公元203年），荀彧对于自己被封为万岁亭侯坚决推辞。于是，曹操给荀彧写信说：与荀公共事以来，您纠谬辅政，帮着举荐人才，还帮着提出计策，并进行周密谋划，已经做得太多了。立功不一定非得在战场上，希望您不要推让。

荀彧见曹操如此恳切，才接受了封爵。当公元207年给荀彧增封时，荀彧反复辞让多次。曹操又给荀彧写信说：您的计策和谋划，不只是表奏（《请增封荀彧表》）中所说的那两件事。您前后反复谦让，想学战国时的鲁仲连先生吗？这实在不是节操上通达的圣人所看重的啊。您的周密谋划，安定众人，使我多次获得荣誉，用表奏的两件事来报答您，您还推辞不接受，为什么还要多次谦恭推让呢？

在这封信中，曹操不仅肯定了荀彧的功劳，对他的过于谦让也提出了批评。最后，荀彧才接受了。

有功必赏，既有力地执行了国家的封赏制度，也极大地笼络军心，让将士们行军打仗有了盼头，同时也借此稳固了自己的权威地位，何乐而不为？

树威立信，身若正则令必行

曹操从起兵反董卓到最终登上魏王宝座，前前后后经历了无数场生死之战。曹操在许多战役中常常身先士卒，勇敢杀敌，赢得了将士的尊崇。在曹操心中，乱世中的人心可以说是最浮躁而捉摸不定的，其进退行止会带有很大的随机化、情绪化。因此，曹操懂得如何在乱世统领人心不一的人马，如果不能从自身的角度加强修养，严于律己，以身作则，有错必纠，将很难令众人信服，他人的支持也会大打折扣。

威信，就是威望和信誉，是领导者必须具备的素质。有威信的领导者，其计划、指令、任务容易被下属接受。他的指示、意见令下属信服，他领导的团体就像是一部运转正常的机器，能快速、高效地工作。否则，决不会有所作为。树立威信的要素有很多，严于律己首当其冲。古人云：人非圣贤，孰能无过？其实，圣贤也不一定无过。像诸葛亮这样比较全面的人不也有失误吗？关键是能不能像曹操那样有自知之明，有自我发落的勇气。

在曹操的官宦生涯中，威信与人情始终是一对不可调和的矛盾。要立威当然就要铁面无私，而铁面无私就会给人一种不近人情的感觉。这也是为官做人的两面性，不可避免。但曹操始终铭记这一点：将帅的威信只有从严肃纪律中来，才能真正得到大家的真心服从，这是一个既浅显又深奥的道理。

曹操常说："身不正则令不从，令不从则生变。"对于胸怀天下的曹操来说，有了这种威信，就有了感召天下、不怒自威的力量源泉。

曹操始终明白，腐败往往是由统治者的内部开始的，风气的败坏是从上层渐至下层的。所以，榜样的作用十分重要。榜样有两个方面：一是好的，可以催人奋进；一是坏的，可使世风变坏。古今中外，榜样的影响是一样的。

曹操西征关中时，在与马超对战的渭水之战中，为了在战术上对敌人形成犄角之势，也为了稳定渡河军队的军心，他不顾危险，亲自断后督军。结果引来了马超的全力攻打，险些送了性命。多亏许褚奋力杀敌，加上丁斐施计才使他得以抵达对岸。将士们看到曹操这般躬身退敌，无不感动，以一当十奋力拼杀。

作为军队的最高统帅，曹操完全有理由不冒这个险。但他经过敌我双方的实力对比，再加上目前的严峻形势，知道自己必须亲自去督军以振奋军心，才有胜利的希望。再加上一向诡计多端的曹操，往往会把事情做到举一反三。他要让全军将士都明白这一点：我曹操都这样做了，大家看着办吧。果然，他的这一行动不仅稳定了军心，更让自己在军队中的威信空前提高，而且顺利完成了渡河的预定目标，完成了对敌人的战略部署，极大地推进了战争的进程。

渭水一战，曹操几乎丧命。纵然是有不得已而为之之嫌，但在统帅作风上堪称一代风范。由此可见，如果你想从心里抓住人，只有一个办法：上下一心、同甘苦、共命运，这样的队伍才永远不会被打垮。

曹操此举虽然冒了不小的风险，却不仅在短期内完成了战略部署，而且从长远看，自己的威望确实提高不少。他的这一行为对他而言，真的是"投入少、产出多"，是完全值得的。曹操作为一军之主，能置个人生死于度外。就这点来说，他不愧为三国时期的英雄，我国历史上首屈一指的军事家、政治家。

在曹操的军营中，历来讲究依法治军，而当他自己"知法犯法"的时候，则是一个严峻的挑战。曹操当机立断，以"割发代首"之举旗帜鲜明地表明自己的态度，令部下深为敬服。于是，全军悚然，没有人再敢轻忽军令，纪律大整。

由于曹操在治理军队、治理国家时严于律己，在军民心目中有极高的威信，做到了有令必行、有禁必止，军队的士气旺盛、战斗力强。这恐怕也是他最终获得成功的重要原因吧！

严格执法，赏罚分明明法纪

曹操本人虽然奸诈多疑，但却有着崇高的威信和权威，使得众将领对他深信不疑。这也是他在军中推行严肃风纪、严令治军的结果。

曹操作为一名军事家和政治家，深知法治的作用与威力。在他刚刚执掌洛阳城北治安事务时，即执法如山，敢于碰硬。为了扩大影响面，他还拿皇帝身边的宦官蹇硕的叔父开刀，终于肃清了洛阳的治安问题。他担任济南相时，又将胡作非为的地方官和豪强恶霸严厉惩治了一番，一时间吏治清明，百姓称颂。

通过在不同职位上的政治实践，曹操充分认识到法治的重要性。因此，曹操起兵以后，把法治同军事的严肃军纪结合在一起，形成严格执法、赏罚分明的治军法则。自陈留起兵，至建安二十五年（公元220年）去世的三十多年间，曹操制定并颁布了一系列军规法令。这是他之所以能够以弱胜强、不怕强敌的重要因素。所以，即使是曹操的敌人，也不得不赞叹曹操的治军能力。

曹操治军军令严明，他带兵打仗靠的是治军的智慧。他给曹魏留下了一套严明的管理制度，魏国才不像蜀汉一样靠人治才得以维持。从这一点来讲，曹操不愧是一位真正的政治家。

曹操有着超越同时代人的法制观念。他亲自制定各种军令、法令等，并带头严格施行。其中，行军作战的具体条例有《战船令》《军令》《步战令》等。

在《战船令》中规定，登上战船前擂第一通鼓开始做准备；擂第二通鼓，什长、伍长先登上船，整理好槽桨，战士再持兵器上船，各就各位；擂第三通鼓，大小战船依次出发，前后左右不得随意交叉，违令者要斩首。

在《军令》中规定，将士在行军中可以把弓打开调试，但不准搭箭，而在军营中，不准拉开弓；行军开始时，要举直矛戟，展开旗帜。擂鼓后走出三里，才可以斜拉矛戟，卷起旗帜，停止擂鼓；军吏不得在军营中杀牲口出卖；行军时不得随意砍伐百姓的树木等。违令者量刑予以处罚。

在《步战令》中规定，临阵时不准喧哗，静听鼓音，指挥旗指向哪里，就要冲向哪里；有部队受到敌军攻击时，其他部队要前去救援；没有将军的命令，不得在军阵中随意走动；战士在将要作战时，不准抢夺牛马衣物，违令者要斩首。

由此可见，曹操对行军作战的一些规定，是明确的、具体的，而不是笼统的、抽象的，这样便于将士们掌握。在其他方面的军令条例上，基本也能事无巨细。

曹操颁布的这些法令，并非是表面上的虚文，而是每一项都要严格执行的。在实际执行中，他的态度也是非常认真的。他曾这样说："我没有听说过，让无能的人和不勇敢作战的士兵得到俸禄和赏赐，就可以建功立业，使国家昌盛。所以，贤明的君王是不会这样做的。和平时期可以崇尚德行，但战争时期要奖赏有战功的人。"他说到做到，被他奖赏的著名事例可谓俯拾皆是。

曹操还曾这样明确表示："只奖不罚不是国家的正法。将领带兵出征，打了败仗的要按律治罪，造成损失的要罢官和削去封爵。"这对那些随大流、恃功而骄的将领来说，无疑是一种有益的约束。

曹操在《孙子兵法》注中总结说："对待士卒不能一味地施予恩惠，也不能一味地进行惩罚，是奖是惩要按纪律严格执行。如果不这样，他们就像被娇惯的孩子，不服管教，这样反而会害了他们，不能很好地调用他们。"

曹操在宛城被张绣打败以后，夏侯惇属下的青州兵，乘势下乡，劫掠民家。平房校尉于禁下令，有见到青州兵胡作非为者立刻杀掉，毫不留情，以此安抚乡民。青州兵流着泪向曹操诉苦，都诬陷说于禁要造反，要把青州军马赶尽杀绝。曹操听后，非常震惊。不一会儿，夏侯惇、许褚、李典、乐进都已经到了。曹操和众人商议，若于禁果真造反，必须刀兵相见，不得手下留情。

于禁见曹操等都到了，乃引军射住阵脚，开始安营扎寨。有人告诉于禁说："青州军在丞相面前说将军你造反，现在丞相也在。你为什么不前去分辩，让丞相明察，却为何先安营扎寨？"于禁说："张绣的追兵在后，离我们很近，若不先准备，怎能御敌呢？分辩是小事，退敌才是大事，要分清事情的轻重缓急。"刚刚扎好营盘，张绣的军队就从两路杀到了。于禁起身先出寨迎战，张绣急忙退兵。左右诸将，看见于禁向前，都率兵追赶，张绣军大败，被一路追出百余里。张绣无法抵挡，只好领着败兵投刘表去了。

曹操收军点将，这时于禁才入帐叩见曹操。详细说明了青州兵肆行劫掠，大失民望，因此自己才下令诛杀。曹操说："你先不来跟我说明情况，而先安营扎寨，这又如何解释？"于禁也详细做了解释。

曹操听后很高兴，说："将军在匆忙之中，能整兵坚垒，任谤任劳，使我军反败为胜，古代的名将也不过如此啊！"于是，赐以金器一副，封益寿亭侯；同时，发布命令责备夏侯惇治军不严之过。

论功行赏，大功大奖，小功小奖，有特殊贡献的给予重奖，这样分级奖励，才会激励将士们尽力作出更大的贡献。赏和罚的手段是相辅相成的。要处罚就要迅速执行纪律，及时教育。因为赏罚的目的是鞭策警示他人，否则一旦时过境迁就失去了效用。

曹操之所以能一人掌控全局，就在于他高超的驾驭能力。他知道，高明的君主只要控制刑与德的权力即可掌控群臣。对人处罚即为刑，对人封赏即为德。作为大臣，都害怕受刑罚而喜欢得奖赏。因此，君主掌握了奖惩权，大臣们就敬畏他的管理权威而努力使自己趋奖避罚。

曹操奖得既诚恳，又大方；罚得也铁面无私，不分亲疏，公平公正，令人信服。

曹操的三子曹植才华超群，称得上曹操诸子之英，深受曹操宠爱。但由于临战前醉酒不能受命，被曹操罢免了所有官职。曹操对儿子的要求如此之严，在当时确实难能可贵。

曹操以法治军，赏功罚罪，也确实收到了提高军队战斗力，以弱为强的作用。他训练了一支无往不胜的军队，为曹氏集团统治秩序的稳固起到了决定性的作用。实际上，由于曹操严格执行法令，他的军队在作战时步调一致，行动一致，具有较强的战斗力，保证了他在军事上的胜利，军事上的节节胜利又促使他的政治地位逐步提升。

第十一章

曹操
唯才是举，求贤若渴广揽人才

第十一章 唯才是举，求贤若渴广揽人才

求贤若渴，广纳天下之良士

曹操是一位富有远见的政治家，而且颇有学识，从古人的经典著作中学到不少经验与教训，因而更加重视人才的收罗和使用，这是曹操能以英雄流传千古的原因之一。

曹操最初起事时，其集团尚小，他可以亲自处理具体军政事务，此时，他既是统帅又是谋士。待到后来兵多势广，不可能面面俱到，他便把自己置于统帅的地位，而把自己手下的将领置于将才之列。统帅和将才的区别在于：前者下达命令，后者执行命令。此时，他便更加清楚笼络人才，招贤纳能的重要性和急迫性。事实上，曹操之所以能灭袁绍、吕布等大小军阀，威逼江东、取西凉，成就大业，一个主要的原因是：他比刘备、孙权更能搜罗人才、使用人才。也就是说，曹操胜在"谋其人也"。

曹操始终把网罗人才作为一件大事来对待，每得一人才，往往忘乎所以，甚至比打了胜仗还要高兴。

建安十三年（公元208年），曹操占据荆州后，一一论功封赏，蒯越等十五人被封侯。蒯越，字异度，原为大将军何进的东曹掾。曾劝何进诛宦官，何进犹豫不决。蒯越知其必败，出奔刘表，成为刘表的重要谋士。像曹操这么爱才的人，早就想得到蒯越了。平定荆州后，即任蒯越为光禄勋，并高兴地说："不是因为得到了荆州才这么高兴，而是因为得到了蒯异度啊！"由此可见，曹操把得到人才看得比得地盘更重要，所谓"得一城一池容易，得一人

才难"。

此外，荆州名士韩嵩也得到重用。韩嵩，字德高，官渡之战时曾和蒯越同劝刘表归附曹操。刘表拿不定主意，决定派韩嵩先到曹操那里探听一下虚实。韩嵩推辞说："将军如真有打算归附曹操，派我前去可以。如果没有拿定主意，只是探听曹操的口风，最好不要派我去。因为我到许都后，如果朝廷给我一官半职，我不得不从命。这样一来，就不能再为将军效力了。希望将军慎重考虑！"

刘表仍坚持要韩嵩去。果然，韩嵩到许都后，被任命为侍中、零陵太守。刘表要杀韩嵩，但韩嵩有言在先，加上众人求情，最后只把他关押了起来。曹操到荆州后，立即把韩嵩从监狱中释放。韩嵩在养病期间，曹操就已经将大鸿胪的印绶授给他，并请韩嵩品评荆州士人的优劣，凡韩嵩推举的一律加以任用，可见其对韩嵩的重视和信任。

由此可见，曹操对人才的渴求是第一位的。随着地盘的扩张，人才的聚集，对众多能人贤士的有效管理便成了当务之急。曹操注意发挥东曹、西曹，也就是人事部门的作用。曹操"唯才是举"用人方针得以顺利执行，东、西曹的官员功不可没。

崔琰是第一个被曹操选中的掾属。崔琰博通经学，秉性耿直。他先跟随袁绍，袁绍死后托病不出来辅佐袁尚、袁谭，被关进监狱。曹操平定冀州后，任崔琰为别驾从事。他洋洋得意地对崔琰说："我昨天查看了冀州的户籍，估计可得三十万兵众，真可算是个大州啊！"

崔琰听后，没有迎合曹操，而是痛心地说："如今天下混乱，冀州百姓的尸骨还暴露在荒野。我没听到我军士慰问百姓，解救生灵涂炭，明公却在这里算计收获，这难道是百姓所盼望的吗？"曹操听了，收敛起得意的面容，向崔琰表示歉意和感谢。

崔琰德才兼备，而且正直清廉、知人善用。曹操做了魏王后，提拔崔琰为尚书，全面负责中央的人事工作。

毛玠，字孝先，陈留平丘人。他很早就向曹操提出"奉天子以令众臣，修耕植以蓄军资"的建议，并被曹操采纳。他清廉公正，也是一个德才兼备的官员。曹操很赏识他，把他安排在东曹掾的职位上。

毛玠办事公正，认真履行职责，不徇私情。他和崔琰一样，选用了不少具有真才实学而又清廉正直的人。毛玠还特别强调为官清廉，提倡节俭。在他管理下的官吏没有不以廉洁节俭自律的。连曹操都感慨地说："把人管理到这种地步，使天下的人都恪尽职守，自己管好自己，我是无事可做了！"

崔琰和毛玠在人事部门的工作可谓有声有色，没有辜负曹操的期望，可见曹操选贤任能的眼光和能力是非常突出的。可以说，崔琰的成功，是曹操用人成功的一个缩影。

不仅如此，曹操在自己的诗歌《短歌行》中提到"我有嘉宾，鼓瑟吹笙"，这也是他思才若渴而"诗言其志"的一种表现。

唯才是举，重才能而轻出身

曹操讲求唯才是举，对那些"污辱之名，见笑之行，或不仁不孝而有治国用兵之术"的人才，他都一概予以任用。

东汉时期，朝廷但凡选才用才，首先注重名节德行、家世族亲，而不是是否对国家有利，这就造成了很多名不副实的人入朝为官，人浮于事者大有人在。除了名气大，没有一点儿政绩，对国家毫无贡献。曹操看透了这种现象带来的后果，于是在他发布的几个"求贤令"中提出了大胆出格的用人标准。《三国志·武帝纪》中记载："若必廉士而后可用，则齐桓其何以霸世……唯才是举，吾得而用之"；"夫有行之士，未必能进取，进取之士，未必能有行也"；"不仁不孝而有治国用兵之术，其名举所知，勿有所遗"。

曹操用人的核心是唯才是举，就是无论其德行高低，只要有才就一律加以任用。这在当时确实是颠覆了传统，具有超前的意义。曹操的这种用人思想，很好地切合了非典型时期——乱世不拘一格的选人用人方式，说明他确实是一个善识时务、因时而变的英雄。

"唯才是举"的用人政策，为曹操汇集了不少人才。他的一些主要将领，有的提拔于行伍之中（如于禁、乐进）；有的曾经效力于敌手（如荀彧、郭嘉）；有的发现于降军之中（如张辽、徐晃）。可谓来源广泛，不一而足。

郭嘉，字奉孝，颍川阳翟人，刚开始在袁绍帐下效力，没想到袁绍鼠目寸光，而且优柔寡断，善于谋事却又难以作出决断，很难成就一番大事业。跟着他等于葬送了一生抱负，于是毅然离开了袁绍，在荀彧的推荐下投靠了曹操，给曹操做谋士。曹操很器重他，他屡屡出奇谋妙计，扭转局面，使战争的局势对曹军有利。可惜，郭嘉不幸染病早死。赤壁之战失败后，曹操曾痛哭郭嘉："如果奉孝在，不至于如此大败。"可见曹操对像郭嘉这样难得的人才不幸早死的痛惜之情。

为了网罗人才，曹操曾多次下求贤令。建安十一年（公元206年），曹操下令要求各地地方长官推荐人才，要求无论是像姜太公一样怀着"美玉的"奇才，还是像陈平那样落魄的能人，都可以辅佐治理国家。英雄不嫌出身低，只要有能力，他都会量才任用。

这个法令颁布后，孔融、祢衡等有才华的人都纷纷而来，为曹操献计献策。曹操还下令分发"意见表"，以此鼓励大家多提意见，从而广纳良言。

建安十四年（公元209年）十二月，曹操又下了他的第二道专门针对"唯才是举"法令：《敕有司取士毋废偏短令》。其中，他对"有才而无德"的功利主义用人方针作了进一步的阐述：

真正的"人才"都会有各种各样的缺点，绝不能因其"德行一般"而荒废了才能。负责人才选拔推荐的官员，应该深深体会到我的心意，使有才之士不被遗漏，国家的大政方针得以顺利推行。

曹操还具体举例说明：苏秦在历史上一直被传统儒学之士所不齿，主要是在于他的家世不好，品德可谓恶劣。但是，曹操却公开表示，这样的人是当前急需的人才。

建安二十二年（公元217年）八月，曹操再下"举贤勿拘品行"的法令，继续奉行"重才能而轻出身"的用人方针。

才德兼备固然最理想，但战乱时期不同于和平时期，退而求其次，"有才无德"的人只要善于运用，也可为国效劳，为何不好好利用呢？这样的人在特殊时期仍被委以重任，更会珍惜知遇之恩，鞠躬尽瘁。曹操对"不仁不孝而有治国用兵之术"的人委以大任，的确体现了他"为达目的，誓不罢休"的一贯风格。

这三道求贤令一道比一道具体，求贤的心情也越发迫切。究其原因，一方面，曹操的年龄越来越大，完成国家统一大业的任务却看似遥遥无期。因此，他的这种心情就在求贤令上淋漓尽致地展现出来。另一方面，三国都对人才非常重视，对人才不断争夺，再加上时间的推移和战争的摧残，人才越发难以发现。这就不得不让曹操下令让所有的部属尽力发现人才、举荐人才，特别是举荐、发现以前因为各种原因而不用的，现在隐藏在民间的那些奇才、高人们。其最终的目的就是最大限度地开辟人才资源，以满足人才不断增长的需求。

当然，曹操的"唯才是举"并不是真的放弃传统、没有底线、完全不要德行和个人素质。初平三年（公元192年），曹操入主兖州，当了州牧后，曾任命东平人毕谌为别驾。后来，张邈叛变，扣押了毕谌的母亲、弟弟、妻子儿女等亲属。曹操知道后，对毕谌说："你的老母家人被张邈扣押，你可以到张邈那边去。"

毕谌赶紧叩谢，并表示自己绝无二心，只是迫不得已而离开罢了。曹操很感动，放他去张邈那里了。后来，曹操活捉了毕谌，大家以为毕谌必死无疑。但曹操说："一个孝敬父母的人，肯定会忠于他的主公的，这种人才正是我所需要的！"不仅没有怪罪毕谌，而且还让他做了鲁国国相。可见，曹操用人还是非常重视传统道德的。

凡此种种，我们不难发现，曹操的"唯才是举"方针在现实中得到了认真地贯彻实行。就这样，一大批出身低微，甚至反对过曹操的人都聚集在曹操周围，成为曹操重要的智囊和将领。这不仅加强了曹操的实力，而且对于制止大族地主垄断政权，使更多的中下层开明人士得到了参与政治的机会，起到了推动作用，加快了北方统一的进程。

礼贤下士，诚心求访天下才

  我们常常听说这样一句话：千军易得，一将难求。从中我们可以看出对有才之人的渴望程度。历史表明，要成就事业，必须得有贤人大才相助。然而，自古有才之人常常乐于隐于山水，不露声色，以待真正有识之士真心来求。有时，甚至故意刁难相求之人，一来观察其成大事的坚定决心，二来考察对方的诚意。

  这样一来，越是大才显得越难得，越难得就越显得珍贵，就越要拥有他。唯有如此，才能做出非凡的事业来。对于难得之才，必须有一股求之不得而求的韧劲。三国中，最出名的莫过于刘备三顾茅庐请诸葛亮出山了。其实，曹操也是这样的一个人。在实践中，对于早有耳闻的名人高士，曹操总是真诚地渴慕，希望有朝一日能够拥有。

  刘备三顾茅庐请诸葛亮出山，成为千古美谈。其实，早在刘备之前，曹操已有了"三顾"之举，只不过他请的不是诸葛亮，而是许县的荀彧。

  东汉末年，曹操的兵马在山东壮大起来后，他看着自己兵多将广的阵势，满心欢喜。可是他渐渐觉察到，光有能冲锋陷阵的将士不行，还必须有才智超群的智能之士出谋划策才行。可是，到哪里找这样的人呢？他决心上泰山请教高人。

  泰山有一高僧叫明镜，听了曹操的来意，什么也没说，只是给了他一个锦囊，上写"遇怒则拆"四字。曹操虽然疑惑不解，也不敢多打扰，只好下山而去。

  不久，曹操率大军进入中原。经过许县时，他觉得这里是藏龙卧虎之地，就命大军安营扎寨。他把中军帐设在许昌城北门外一座庙里，号令士兵不得骚扰地方。可他没想到，不少新招来的士兵野性未改，连他的堂弟曹仁也在背地里带兵抢劫商家和百姓。一时间，许县被扰得鸡飞狗跳，百姓惶惶不安。而曹操却蒙在鼓里，全不知晓。

这天，曹仁急火火地进了中军帐，手握一张帖子呈给曹操。曹操展开一看，见上面写着："许下来了曹孟德，千家万户齐遭灾！"下面的落款是"许县荀彧"。曹操不禁一股怒火冲顶："这荀彧是何等人？胆子也太大了！不严惩便不能警告他人，我在许县就难以立足！"刚要命曹仁去查寻捉拿，猛然想起泰山高僧"遇怒则拆"的锦囊，赶紧找出来拆看。只见一张白纸上写着几行大字：

开口就晌午，日落扁月上。
十天头长草，或字三撇旁。
才过姜子牙，谋深似子房。

这是一首藏意诗。曹操左看看，右看看，翻腾了半天才解开其中秘诀：开口就晌午，开口系言，晌午取午，言午是"许"字；日落扁月上，日在上，扁月在下，像个"昌"字；十天头长草，十天为一旬，旬加草字头，是个"荀"字；或字三撇旁，是个"彧"字。顿时醒悟过来，高兴地说："许昌荀彧，原来有子牙、子房之才！我一定要把他请出来。"

荀彧是颍川郡人，因不满朝廷，自己的才能无法施展，索性在家过起了隐士生活。他听说曹操有一统天下的雄才大略，又善用人才，早想投奔，又怕传闻有假，所以出此计，探听虚实。自古高人难请，荀彧也不例外。

曹操派曹仁去请荀彧，荀彧故意拒门不出。曹仁非常生气，回来后添油加醋地说荀彧如何藐视曹操，建议把他杀了。曹操笑着说道："不可！杀了他等于砍了我的左膀右臂，你知道吗？"

此时正是腊月天，朔风凛冽，滴水成冰。曹操求贤心切，冒着严寒，亲自骑马到荀彧府第，只见大门落锁。等了好久，不见有人出入。曹操又急匆匆赶到荀彧的另一宅院。管家对他说，主人出门打猎去了。曹操两访不遇，只叹自己不遇大才，但并未烦恼，仍耐心等待消息。

一天，曹操访得荀彧到城东北八柏的祖坟去扫墓了，就备下厚礼，前往凭吊。曹操来到坟前，看见一个青年，风华正茂，仪表堂堂，正在专心致志读书。

曹操上前恭恭敬敬地施礼说："荀公安康！"荀彧却头也不抬，问道："先生是何人？来此做什么？"曹操说："我是谯郡的曹孟德，想请荀公共扶汉室江山。曾几次拜访，不想孟德福浅，未曾幸见。"荀彧冷冷一笑说："我是一个普通百姓，不懂治国大事，先生另请高明吧！"曹操陪笑说："久闻先生胸藏经天纬地之术，腹隐安邦定国之谋，我非先生不请。"荀彧说："我骂你，你心中不恼怒吗？"曹操连忙点头说："我一向重理不重情，荀公能指出我的缺点，多多益善。"

荀彧推说自己患有腿疾，行动不便。曹操便亲自牵来良马，扶荀彧骑上，回到军中。自此以后，曹操和荀彧终日影影不离，畅谈经营天下之策。从曹操兖州平乱、西迎献帝、官渡大捷到平定冀州……举凡军国大事，荀彧都曾提出过建设性意见，尤其在战胜袁绍集团的战役中，他的计谋起了关键性作用。曹操称其为"大贤君子"，数次上表，为其加官进爵。

曹操请荀彧的故事从一个侧面反映了曹操重视人才、礼贤下士的作风。从历史上来看，曹操对人才确是敬重三分的，这从官渡之战中许攸弃袁绍来奔，曹操来不及穿鞋，光着脚匆忙出迎的例子中也得到了印证。

多样手段，千方百计挖人才

越是能人，越不轻易出头露面。但这些人却是推动事业向前进的关键力量，拥有他们无疑会对事业有所帮助。曹操是个目的性很强的人，在这方面，他也有自己的手腕。

1.以天子名义征求

曹操自从"挟天子以令诸侯"以后，就有了广征天下贤士的政治优势。袁涣、张范、凉茂、国渊、田畴、邴原、毛玠、徐奕、何夔、邢颙、鲍勋、华歆、王朗、程昱等，皆征辟署职。

2.相互推荐

荀彧识人，他对构建曹操智囊团起到了不可或缺的作用。荀彧前后所举，"命世大才，邦邑则荀攸、钟繇、陈群，海内则司马宣王，及引致当世知名郗虑、华歆、王朗、荀悦、杜袭、辛毗、赵俨之俦，终为卿相，以数十人"。荀彧所荐还有戏志才、郭嘉、杜畿，皆身负大才，对曹操南征北战大有帮助。

3.强制手段征召

这一点是最能体现曹操强势性格的一种做法。曹操辟司马懿，司马懿借故不出。建安十三年（公元208年），曹操再辟为文学掾，敕使者曰："若复盘桓，便收之。"司马懿惧怕曹操的威势而就职，为丞相东曹属，后转主簿。曹操辟阮瑀，瑀逃入山中，曹操"使人焚山，得踽，送至，召入"，辟为司空军谋祭酒，与陈琳共管记室。虽然强征士人是古代司空见惯的获得人才的方法，但曹操的所作所为确实体现了他爱才之决心。

4.毫不介意纳降

东汉末年，战乱不断，"智能之士思得明君"。慧眼识主，主动投靠曹操的天下智能奇士也不少。

官渡之战前，曹操力量尚且薄弱时，郭嘉、桓阶、贾诩等人已经纷纷投奔而来。荀、郭两位大才，都是从兵马强壮、地广人多的袁绍营垒中投过来的。郭嘉初见曹操，就倾心悦服，对人说："真吾主也。"桓阶游说长沙太守张羡反对刘表、贾诩劝说张绣投曹操，都是在官渡之战相持且袁强曹弱之时。他们深邃的洞察力，也是其高深智谋的表现。曹操得到这些智士的效力，怎能不兴旺！

另外，曹操还使用一些"诈术"来夺得人才，最有名的是"计赚徐庶"。

徐庶，字元直，与诸葛亮交往甚密，其才气与诸葛亮相当。刘备在新野得到徐庶辅佐，为其出谋划策，几次打败曹操。曹操忙问部下是谁为刘备出谋划策。程昱向曹操汇报说："此人是颍川的徐元直，他从小好学击剑，中平末年，曾经为别人报仇杀过人。披发涂面躲避官府追拿，后来被捉住，被官吏绑在车上游街示众，后为同伴所救，更名为单福。此后更加勤奋好学，遍访名师，学得一身匡世之才。"曹操又问程昱："徐庶的才能比你如何？"程昱说："强我十倍。"曹操懊恼地说："可惜这样的贤士被刘备所得，这可怎么办呢？"

程昱大笑着说："主公不必担心，我自有办法让他来投奔主公。徐庶为人至孝，从小没了父亲，只有老母健在，他的弟弟徐康也死了，老母现在无人赡养。可把他母亲骗来，令她写信召回儿子，那时徐庶必然来了。"

曹操非常高兴，于是按程昱说的办法，派人把徐母骗至曹营。然而，徐母不仅不为曹操写信，还拿砚台怒打曹操，骂他是汉臣贼子。无奈，曹操只好让人模仿徐母的字体给徐庶写了一封信，大意是：我现在被曹操关押，只有你来投降，我才能得救，你要速速前来，以全孝道，以后咱们再想办法回家耕作，免遭大祸。

徐庶见信后，痛哭流涕，遂辞刘备来曹营侍奉老母。结果，被忠于汉室的老母痛骂一顿，说他明珠暗投，最后自缢身亡。

曹操虽然把徐庶留在了自己身边，但徐庶为母亲自缢而死抱恨终身，心灰意冷，委靡不振，从此一身的才气不得施展。

这一故事后人争议颇多，有人说是曹操奸诈的表现，有人说是曹操爱才的典型，是非难辨。曹操求贤若渴，为了争夺人才，不择手段。虽然不能为我所用，但也不能落入敌手。这也是统领千军万马的曹孟德，没有给世人一个光明正大的正人君子形象，倒落得一个自私自利、崇尚自我的奸臣形象的根本原因。

宽宏大量，宰相肚里能撑船

俗话说：宰相肚里能撑船。对领导者来讲，谋略和大度是两条优良的品质，二者相辅相成。若能熟练运用，必能高人一筹。有谋略而不能宽容待人，则显得太过残忍；空有大度而无谋略，往往难有大的建树。曹操这两点都做到了，成为了一个成功的政治家和谋略家。曹操虽然一生奸诈多疑，但在用人方面却能够宽厚待人，不翻旧账，从而赢得手下人为他拼死卖命，敌方投靠者也不在少数。这些人才也各尽其能，最终打造了一个高效运转的团队，为曹操的开疆拓土立下汗马功劳。

曹操用人不念旧恶。有一次，攻下敌人城池后，从袁绍的图书案卷中翻捡出一束书信，皆是曹营里的人暗中写给袁绍的投降书。当时有人向曹操建议，严肃追查这件事，把凡是写了密信的人统统抓起来杀掉。然而，曹操却有着更高的眼光和更宽广的胸怀。他说："当袁绍很强大的时候，我自己都不能自保，何况其他人呢？"于是，下令把这些密信付之一炬，一概不予追查。"用人不疑，疑人不用"是用人的一项重要原则。而那些私通袁绍的人何尝不感曹操的恩？不死心塌地地为曹操出谋划策、肝脑涂地呢？曹操因此而迅速稳定了军心。

曹操为何不把这些人严加镇压，而是采取如此宽宏大量的措施呢？这是因为这样做有两个好处：

第一，避免误伤忠臣。曹操既然已掌握了与敌人私通书信的名单，他对这些人已心中有数，只要以后谨慎使用，仍可发挥作用。这样，曹操对他们就掌握了主动权。而这些人与敌人私通书信，原因各不相同，其罪有轻有重，不能一概而论。如果不问青红皂白都加以严惩，必将扩大株连，造成不必要的内部混乱。

第二，不自砍臂膀。此时，群雄并起，天下大势未定，正在用人之际。曹操烧了这些书信，以示宽容，这些与敌人私通书信的人将会对曹操感恩戴德，忠心不二，死心塌地为曹操服务。事实也正是如此，这些人中有很多以后都成为了曹操得力的帮手。曹操的这一举动可谓真切体现了他灵活多变的性格。

张绣是董卓四大将之一张济的侄儿，年轻时只是一个县吏，因打败了一次黄巾军的暴乱而闻名于当地。后来，他拉起自己的队伍，投奔了叔叔张济。当时，司徒王允与吕布等人设计杀了董卓，董卓的四大将领趁机起兵，打着为董卓报仇的旗号壮大自己。张绣随军参加了对吕布的战争，并因军功升为建忠将军，封宣威侯。后来，张济在一次战斗中身亡，张绣便接替了叔叔的位置，驻屯南阳，并与刘表结为联盟。

曹操迎献帝都许后，挥师南征张绣，大军杀至宛城，张绣自知不敌，于是投降。一开始双方欢宴终日，气氛倒很融洽。没想到曹操坐收了一支大部队，有些得意忘形了，竟然收了张绣的叔婶为妾。

张绣无法面对这种侮辱，于是复反，发动了对曹操的突然袭击。曹操猝不及防，大败而逃。长子曹昂、侄儿曹安民被杀，自己也中了流矢，险些遇害。曹操缓过气来，兴兵报仇。张绣与刘表互相援助，双方攻战几年，各有胜败。曹操一时奈何不得张绣，只恨得咬牙切齿，望城兴叹。

后来，曹操要去对付更大的敌人袁绍。官渡之战前夕，曹、袁都来争取张绣这支生力军。在这节骨眼上，张绣听从了谋士贾诩的意见，再一次向曹操投诚。贾诩准确分析道：曹弱袁强，投曹才会受重视，且在此紧要关头帮曹操一把，可消除昔日宿怨。

果不出所料，曹操听说张绣来降，异常欢喜。他还让自己的儿子曹均娶了张绣的女儿，冤家变成了亲家，还拜张绣为扬武将军。在官渡之战中，张绣果然为曹操出了大力，打了袁绍又接着攻打袁谭。曹操对他的封赐也特别大方，封他的地比诸将都多。两亲家誓将袁家赶尽杀绝，又一起并肩出征乌桓，追杀袁尚。

贾诩曾经给张绣出谋划策，差点儿将曹操杀死，曹操也不计前嫌，还亲自迎接，拉起他的手说："有小过失，勿记于心。"此后，贾诩还成了曹操帐下重要的谋士，为曹操的征伐立下大功。

对于那些反对过自己，甚至辱骂过自己的人，只要有真才实学，肯转变态度，曹操也总能够宽大为怀，不予追究。陈琳在官渡之战前夕为袁绍起草了一篇讨伐曹操的檄文，历数曹操的种种"罪恶"，其中有真有假，难以分辨。还说曹操的祖父曹腾是宦官，父亲曹嵩是领养的，而曹操则是"赘阉遗丑"，揭曹操出身的老底，这是明显的人身攻击。

陈琳把曹操骂到父祖，比骂本人在感情上更难接受。但是，曹操对陈琳如此的"恶毒攻击"，在打败袁绍后抓到陈琳时，却只是责备陈琳说："你过去为袁本初写檄文，骂我也就行了，怎么往上牵扯，骂到我父亲、祖父的头上去了呢？"

陈琳赶紧向曹操赔罪，说是箭在弦上，不得不发，是不得已而为之。曹操爱才，不但没有杀他，还任命他为司空军谋祭酒。这是曹操不念旧恶的突出事例。

能够做到"得饶人处且饶人，不记他人小过失"的人确实难得，而为了雄韬伟略放弃个人恩怨更是难能可贵。由此看来，曹操还真是一个宽宏大量的英雄。

言出必行，盛待陈宫和辛毗

古语说得好：得黄金百斤，不如得季布一诺。说的是人要守信用。作为一国之主，一军之帅，都必须以坚守信用为根本。曹操虽有奸雄之称，但他同样有守信的一面，虽然有时也免不了带有某种强烈的目的性，但他言出必行、行必有果的处事作风还是给他增加了不少的光彩。

但是，曹操毕竟不是慈善家，在曹操攻下邳城，擒获陈宫时，他非常敬佩陈宫，可惜陈宫在曹操起事之初弃他而去。陈宫被抓后，一心求死。曹操答应陈宫会好好对待他的家人，之后掩泪处死了他。曹操此举自有他的深意，一方面是为了显示自己宽大的胸襟，对自己的对手施以恩惠，让天下贤士咸服；另一方面也是借此向世人表明：曹操一诺千金，是遵守信用之人。目的只有一个，都是为了拉拢更多的有识之士。

曹操一生奸诈，此行举不胜举，但其守信用的时候还是占大多数的。辛毗是三国时期韬略极深的人，在曹操做出剿灭北方袁氏势力等军事、政治重大决策方面功不可没。

辛毗最初跟着哥哥辛评在袁绍帐下效力。曹操任司空时，曾征召辛毗，辛毗没有应征。等到袁尚在平原郡攻打他哥哥袁谭的时候，袁谭派辛毗到曹操那里讲和。

当时，曹操正要征讨荆州，驻扎在西平县。辛毗见到曹操后转达袁谭求和之意，曹操听后非常高兴。几天以后，曹操又想反悔，想先平定荆州，不准备接受袁谭的求和，而想使袁谭、袁尚自相残杀。于是，曹操摆酒设宴，辛毗善于察言观色，他看到曹操神色不对，知道事情有变化，对郭嘉说起此事。郭嘉禀告曹操，曹操对辛毗说："袁谭可以信任吗？是否一定可以打败袁尚呢？"

辛毗回答说："您不要问他们是不是真的要投降，只应当研究当前的形势。袁氏本来是兄弟互相攻伐，不认为别人能在他们中间插手，只认为天下可由他们自己定夺。现在有了向您求救的一天，一切由此可知。袁尚眼见袁谭困顿但却迟迟不能攻下，这说明他也已经精疲力尽了。在外边被别人打败，在内部谋臣被诛灭，兄弟之间互相争斗，土地一分为二，连年争战，就连士兵的铠甲头盔上都长满了虮虱。加上旱灾蝗害、饥饿和灾荒一起发生，国家粮仓里也没有粮食，行人没有携带的干粮，上天报以天灾，下面人事困顿，百姓不论愚蠢还是聪明，都已经知道袁氏最终会分崩离析，这正是上天要灭亡袁尚的时候。兵法上说，即使用再坚硬的石头垒成的城墙加上百万士兵，如果没有粮食，也是守不住城的。现在如果前去攻打邺城，袁尚不返回救援，邺城就不能自己守护。若返回救援，那么袁谭会从后面追击。凭借您的武威，对付走向穷途末路的敌人，打击疲惫无力的贼寇，和疾风扫除秋天的落叶没有两样。上天把袁尚交给您消灭，您却不攻取而去攻打荆州。荆州物产丰富、人民安乐，郡国上下没有空子可钻。仲虺说过：'攻取乱国，欺侮行将灭亡之国。'现在二袁不努力考虑长远利益而把精力消耗在内部互相争斗上，可算是乱子；家中的人没有吃的，行路的人没有干粮，可算是行将灭亡了。他们过了早上不考虑晚上怎么过，百姓的生活难以为继，却不去安抚他们。您还想等到以后，以后可能会丰收，又可能会自知灭亡而改过自新，提高道德修养，那就会丧失得以用兵的最重要的条件了。现在趁着他请求救援的机会去安抚百姓，这是获利最大的时候。况且四方的敌人，没有比河北的袁氏集团更强大的了。要是黄河以北平定了，那么您就会军威大盛而天下震动，统一天下就会变得非常容易。"

辛毗这一番话说得条理清晰，头头是道。曹操连声说："说得好。"于是答应和袁谭讲和，去讨伐袁尚。

第二年攻打邺城，攻下邺城，在皇帝面前保举辛毗为议郎，算是对辛毗的报答。

曹操一开始答应接受投降，虽有过短暂的动摇，但最后还是在辛毗的劝说下遵守承诺，下定决心，攻取河北，表明他在处事上善断多谋的特色。

言出必行，这才有成大事的气概。曹操言出必行，虽然多出于笼络人心的考虑，但毕竟形成了事实上的遵守诺言，还是值得肯定的。

道义感召，争天下之才归心。

三国时期，曹操的实力最雄厚，也最善于笼络人才，却没有能够打动关羽，这是为什么呢？因为关羽更看重刘备的义气。所以，从关羽的挂印封金而去，曹操也懂得了那些为了利益而来的人才与那些为了道义而来的人才相比，后者更死心塌地，更忠诚。所以，曹操用人对于道义方面更加重视。

当年，袁绍派遣大将颜良攻打东郡，曹操调董昭担任魏郡太守，跟随曹操征讨颜良。颜良死后，曹操包围邺城。

当时，袁绍同族人春卿担任魏郡太守。他的父亲元长在扬州，曹操派人迎来。董昭写信给春卿说：

"我听说，对父母孝顺的人不会为了获得功利而背离他们去，仁义的人不会为了谋求私利背弃君王。有志之士不乘时局动乱而侥幸获取成功，聪明的人不以虚假奸诈之道而危害自己。您的父亲过去躲避战乱，不得已去了南方的百越一带。这并非疏远儿女，而是陶醉于吴会的山水。贤明的人常常见识深远，认为这样做是很恰当的。曹公怜惜他坚守志向，离群索居，所以特地派使者前往江东，迎来送往，现在快到此地了。即使你处于偏僻平静的地方，依靠有仁义道德的人，位置也会像泰山一样稳固，身体像松树那样挺拔。从道义来说，仍然应当离开百姓而去侍奉双亲。况且邾仪父开始同隐公结盟时，鲁人虽褒奖他，却没有爵位。然而凡未经君王下令，不能尊以爵位，这是《春秋》所阐明的大义。何况诛现在所依托的是一个危机之国，接受的是假托的命夸呢？

"如果与不逞之徒为伍，而自己父亲的安危却不能体恤，不能说是孝；忘记祖宗所尊幸的是汉朝，安于担任不是正道的伪职，很难说是忠。忠孝都已废除，说不上是智。再说你曾经被曹公以礼相召，你亲近同族人而疏远父母，依附袁绍而远离朝廷，为了不当俸禄而背叛知己，远离幸福而接近危亡，抛弃道义而蒙受奇耻大辱，不是很可惜吗？如果你能迅速改过，辅佐皇帝，奉养父亲，跟随曹公，则忠孝两全，也有显赫的功名。你应该做长远计划，早日拿定主意。"

这是一番明大义、识大体的劝慰之词，读来让人怦然心动。

历史上很多能人贤士出来做事，许多时候不是以重金收买的，而是出于大义和历史责任感。因为高人贤士的境界并非庸碌之辈所能猜度的，若仍以世俗的一套对待他，反而显得矫情可笑。任天下之智力，争天下之归心，最值称道的还是曹操正确对待反对自己的人，善于将对自己不利的人心凝聚为对己有利的力量。

第十一章 唯才是举，求贤若渴广揽人才

曹操起兵时，只有家族的几个兄弟和侄子做骨干，人马也不多。他曾经想留用刘备，虽然未获成功，但在任用的方式上却是正确的。只能说刘备同曹操一样是个放眼天下的英雄，不肯屈尊而已。正确的用人观，使他在短短的几年内，造就了"谋士如云、战将如林"的庞大队伍。

荀彧和郭嘉，是三国时大名鼎鼎的智囊人物，都曾是袁绍的幕僚。荀彧"度绍终不能成大业"，率先弃袁投曹。曹操得荀彧，高兴地称他是"吾子房也"。郭嘉看透了袁绍"未知用人之机"，也跑到曹操营垒，喜而赞曹操曰："真吾主也。"

官渡大战时，袁绍的重要谋士田丰、许攸，大将张郃、高览等，除田丰被袁绍杀死在狱中之外，都临阵倒戈，投靠了曹操。

此外，曹操在除掉吕布后，还得到了许多有用之才，臧霸就是此时收降的。曹操还通过臧霸收降了徐翕和毛晖。徐翕、毛晖原为曹操部将，后来背叛曹操投奔了臧霸。曹操让刘备给臧霸传话，让他把这两个人的头颅割下送来。臧霸不同意，对刘备说："我之所以能够自立，就因为我不肯去做这一类不义的事情。我受曹公生全之恩，不敢违命。但建立王霸之业的人是可以义动之的，希望将军能够替我去说明一下。"

刘备将臧霸的话原封不动地告诉了曹操，曹操大为感叹，立即召见臧霸，并对他说："这是古代大贤才能做到的事情，而您却做到了，这正是我所希望的啊！"于是，不仅不再追究徐翕、毛晖的罪过，还加以重用，任命他们为郡守。

其实，很多志向高远之士，都是可以用道义感召的。道义自古以来就是做人的根本，也是从事任何事业不可或缺的一项美德。曹操正是抓住了道义的精髓——正义和真理，于是就站在了成功的一侧。

"名不正，则言不顺。"曹操之所以能够"挟天子以令诸侯"，就沾了名正言顺的光。做任何事都打着朝廷的名义，自然得到民心的支持，这也是人才纷纷归顺的重要原因。

言而有信，率众义送关云长

刘备在徐州被曹操打败以后，跟关羽和张飞失散了，独自投奔了河北的袁绍。曹操用计夺取了徐州的下邳，把关羽围困在一座土山上，派遣跟关羽有一面之交的张辽前去劝降。

关羽迫于形势，同意归降，但提出三个先决条件：第一，自己只是投降汉献帝，不是投降曹操；第二，刘备的两位夫人要受到奉养和尊重；第三，一旦知道兄长刘备的下落，就立刻去投奔。他强调，三个条件缺一不可。曹操爱才心切，就答应了关羽的全部要求，还以汉献帝的名义任命他为偏将军。

后来，曹操跟袁绍交战。在曹操受到严重挫折的时候，关羽斩杀了袁绍的大将颜良，为曹操解围，立了大功。曹操立刻上表奏请朝廷，封关羽为汉寿亭侯，还专门铸了一枚大印送给关羽。

在随后的战斗中，关羽又斩杀了袁绍的另一员大将文丑。也正是在这次战斗中，刘备知道了关羽在曹营中。不久，关羽也得知兄长刘备在袁绍那里，并且还收到袁绍部下送来的刘备的亲笔信。他立刻就写了回信，由来人带回。

关羽把兄长刘备的消息告知两位嫂夫人以后，就准备到丞相府向曹操告辞。曹操知道他的来意，故意回避不见。关羽一连去了好几次，都无法见到曹操。他想让张辽传话给丞相，张辽也推说有病而不接见。关羽清楚他们的用意，就写了一封信，派人送到相府。然后，把历次所收受的金银都封存起来，把汉寿亭侯的大印悬挂在大堂上，带着以前的部将，护送着两位嫂夫人，向着官道进发，去投奔刘备了。

曹操知道后，不胜叹息。这时，谋士程昱谏道："丞相待云长不薄，如今他竟然不辞而别，冒犯丞相钧威，罪不容赦。如果纵容他投靠了袁绍，袁绍

第十一章 唯才是举，求贤若渴广揽人才

必定如虎添翼，我们就更难对付他了。不如现在趁他没走远，派兵追上去杀了他，以绝后患。"曹操说："不可，我早就允诺他一有刘备的消息就可以离我而去，岂能失信于人！"

曹操有意给关羽送行，急忙率兵追赶。等追上关羽，关羽见众人手中没有武器，方才放心。曹操说："云长为什么走得那么急啊？"关羽于马上欠身答曰："关某以前曾和丞相有约在先。今大哥在河北，我必须前去。多次去府上拜会，不曾谋面，实在是迫不得已才不辞而别。"

曹操说："我的所作所为要取信于天下，怎么会食言而肥呢？只是怕将军途中钱财不够用，特送黄金一盘。"关羽不受。曹操又大笑着说："云长是天下义士，我福薄不能留住你，深感遗憾。现送你锦袍一领，略表寸心。"令随从下马双手捧袍走向关羽。

关羽只恐有诈，不敢下马。他用青龙刀挑锦袍披在身上，向曹操称谢："承蒙丞相赐袍，他日我们再会。"说完，就往北疾驰而去。大将许褚说："关羽对丞相太无礼了，不如把他抓来杀了。"曹操却大度地说："他一人一马，我们这么多人马，难免他会生疑心。我既然说了，就必定会守信用。"

曹操作为丞相，对自己说过的话决不食言。这不仅是个人信誉问题，更重要的是关系到三军将士的诚信。如果他言而无信，将士们必生疑心。曹操清楚，关羽是忠义之士，心中不安欠下自己许多人情，将来必定会找机会回报的。

曹操与关羽在战场上是对立的，但从二者做人的情义上讲，是一对患难知己。尤其曹操施恩于关羽时，关羽正值落魄之时，只留一身武艺，曹操因此也落得个施恩不图报之名。这就更激发了关羽知恩图报的愿望。《三国演义》有"关云长义降曹操"的回目，说的是后来赤壁之战，曹操败走华容道，关羽果然放了曹操和其下属一命。此事虽然没有史料依据，却也合情合理。

驾驭群士，得智者以取天下

曹操当年和袁绍一起起兵讨伐董卓的时候，袁绍曾经问曹操："如果这次讨贼不成功，你以后有什么打算？"曹操反问袁绍说："那你呢？"袁绍沉思了一会，说道："我的辖区南据黄河，北守燕、代，加上拥有沙漠的腹地，然后再向南，以争天下。"曹操则说："我要让天下所有有才能、有智慧的人都为我所用，这样一来，难道还有什么办不成的事吗？"

这次谈话表明了两人经营天下的大政方针的迥然不同。他们各自拥有自己的人力、物力和经济实力。袁强而曹弱，力量相差悬殊，简直不可同日而语。但最终的结果却是强者败，弱者胜。曹操不贪求一城一地的得失，而每获得一个名士，却欣喜若狂。依靠这些谋士，再加上整编到自己队伍的黄巾军，依然打下了半壁江山。

曹操手下的谋士之多是孙刘两家不可比拟的，稍有能耐的人都会有点小脾气或怪脾气，曹操却能凭借自己高超的驾驭能力，让他们心悦诚服地为自己服务，不得不让人佩服。

反观袁绍，他的起点比曹操不知高了几个层次，拥有幅员广阔的地盘和实力雄厚的军队，拥有战略要充，也拥有众多能人谋士。到头来，他却一事无成，为什么？最大的一个原因就是不能驾驭人才，对身边的人无法量才而用。

曹操在用人的态度上，常常能选用能力超过自己的人来为自己服务，这是因为，曹操早就明白自己再优秀，也不可能做到每一项都胜过下属。

文聘原是刘琮的部下，赤壁之战前刘琮率部众投降了曹操。但文聘不肯降，一直坚守在自己的辖地。直到曹操南下过了汉水，文聘才去见曹操。

刘琮的部众虽然名义上投降了曹操，其实大多摇摆不定，形势一直不稳定。

于是，曹操趁机想好好安排文聘这个有影响力的人，以稳定荆州军民的心。他跟文聘开玩笑说："你怎么来得这么晚呢？"文聘非常严肃地说："我原来要跟随刘表一起报效国家，但我没有做到，感到非常惭愧。因此我只想守在自己的领地上，做到既无愧于九泉之下的人，也无愧于他托给我的孤儿（刘琮），我万般无奈才落到今天这个地步，哪有心思和脸面早早见你呢？"说完，他痛哭不已。

曹操一听，肃然起敬，立刻对文聘赞赏有加，并派他去做了江夏太守。他的这一举动对收服荆州降士的人心起到了积极的作用。文聘在江夏太守一职上一干就是十几年，由关内侯、亭侯、乡侯到县侯。虽然爵位上去了，但他一直在做江夏太守，替曹操守着这个咽喉要地，最终击败了关羽和孙权，为曹操的统一霸业立下了汗马功劳。

曹操拥有正确的驭人观：第一，尊重客观事实，有勇气承认自己在某一方面或几个方面确实不如下属，不要夜郎自大，更不能不顾事实而实行"鸵鸟政策"；第二，自我修炼，努力自我完善，让手下的谋士们知道自己的学识和宽广的胸襟，第三，虚怀若谷，大胆起用有才干的下属来为自己服务。

只要是人才，曹操都要为我所用、量才而用，以相互信任和激励机制架起了与人才沟通的最佳桥梁。因此，曹操手下人才的能力得到了最大的发挥。所以，曹操往往在失败的边缘能够与众将士齐心协力，共渡难关，尤其是在一个尔虞我诈的乱世，这更显示出了曹操高瞻远瞩的战略眼光和高超的驭人之术。曹操以这样的一种胸襟和作风广纳贤才，到去世前，聚集在他身边的文臣武将就有几百名，光是重要谋士就有一百多人。

用谋治人，最高境界无规矩

在整个三国时期，曹操的依法治国、依法治军一直是他的主要方针，他是具有真正大智大慧的人。在队伍不断壮大的过程中，曹操一直遵循依法治军、敢于用人的原则。争霸初期，曹操与袁绍相比，袁绍的势力大大超过曹操。但曹操对立有大功的官兵，不惜重金赏赐。每次大战前后，将士们都士气高昂。对有异才而不被别人重视的人，也常能因时因势而用，往往取得奇效。相反，袁绍善谋不断，而且任人唯亲、听信谗言，不但赏罚不明，而且难以审时度势，导致很多身负大才的人不能尽其用。最终使得部队士气低落，反被势力小得多的曹操消灭。

当年，曹操将吕布围困在下邳城中，吕布派张辽、郝萌在深夜从刘备的营寨打开一个突破口，杀出重围，向袁术求救。袁术让吕布送来女儿做抵押，才肯出兵。郝萌回来经过刘备营寨的时候，被张飞捉住。于是，刘备押他去见曹操，郝萌详细说了向袁术求救的经过，曹操大惊。如果袁术真来救吕布，里应外合，曹军腹背受敌，必会败退。

曹操越想越生气，先把郝萌杀了，又强调了军令：如果哪个营寨再把吕布或他的部下放跑了，一律按军法处置，严惩不贷。

刘备回来对关、张二人说："咱们这地方是要冲，要小心防守啊，千万不要违反了军令。"张飞不满意，嘀嘀咕咕地说："我们抓了一个敌将，没有得到奖赏，反而这样对待我们，搞不懂。"刘备说："曹操率领这么多的大军，如果军令不严明，不依军法办事，怎么能服人呢？"看来，还是刘备了解曹操用兵的特点和苦衷。

其实，曹操又何尝不想封赏张飞等人。但是，曹操手下不仅只有刘备一队大军，这是现实的形势。这次是侥幸抓住了郝萌，若不严肃纪律，难免还会有其他营寨被冲破，造成对大局不利的后果。曹操高屋建瓴，站高望远，只有先略过抓住敌将这一功，把大局稳住才是上策，这是考虑到局势作出的决定。刘备和曹操一样是世之英雄，当然比张飞明白其中的玄机了。曹操的这一审时度势的谋略，对最后成功擒住吕布起到了重要作用。

还有一次，大将曹仁违犯了曹操的军令。曹操大怒，要按照军法从事把他杀头。还没来得及执行，敌军就冲杀过来。结果，曹仁将功抵过，舍命保护曹

第十一章 唯才是举，求贤若渴广揽人才

操杀出了重围。后来，曹操也说幸亏没有把你杀掉，否则我的命也难保了。曹仁此后更是屡立战功。

两次处理军政大事，给我们的感觉是前紧后松，不是一人所为，没有定法可言。这正是曹操运用高深的谋略治人的灵活体现：前者是军队围城的关键时刻，稍有松懈就有可能前功尽弃；后者却是临时有变。可以说，对待不同时势有相应的治人手段，看似无规无矩，却是将谋略用到了化境。

一个时代，特别是在一个动荡的时代里，政令的推行要靠法律的权威，而法律的权威则需要强硬的手段来推广。所以，为政若没有威严，百姓就无所畏惧，无所畏惧则法制越乱，要达到天下大治就十分困难了，杀一儆百当然是为官者树立权威的重要方法。曹操对杀一儆百之术也是百用百灵，无怪乎他用之不厌。

但是，若曹操将此法奉为唯一准则，他就会沦落为袁绍之流而不是历史上赫赫有名的军事家、政治家了。

诸侯讨伐董卓时，眼看几员大将被华雄斩杀，大家纷纷畏惧而无人敢应战。气宇轩昂的关羽站出来请求出战，不想袁绍不问其能力如何，先问其职位。当听说关羽只是县令手下的一个马弓手时，立刻大怒，认为关羽官小不配出战，免得让对手笑话。曹操忙对袁绍说："本初息怒。此人既然敢说这种话，必定有勇有谋，不如让他出战，如果不能取胜，再责罚不迟。况且此人仪表堂堂，威严有加，对手岂可知道他的身份？"他让人为关羽温酒一杯。此时，曹操的表现又体现了他的用人谋略。

果然，关羽出战"温酒斩华雄"。曹操用人不走寻常路，不计较人才的高低贵贱，让身份低微的关羽得以有扬名的机会。这就体现了他不拘一格用人才的雄韬伟略，袁绍在这一点上可就差远了。

第十二章

曹操

知人善任,各尽其能用人所长

拿捏得当，适当放权赢主动

一个人就是精力再旺盛，他的时间和精力总是有限度的，不可能事必躬亲。这就要求在其用人过程中，必须学会适当授权。尤其是处于高层的领导人物，他们的主要职能已不再是做事，而在于成事，授权就是用人者成事的分身术。

授权，具体说，是由用人者授给使用对象一定的权力和责任，让权力的行使有相当的灵活性。越是高明的领导人，越愿意授权下级。特别是对于远离指挥中心、独当一面的负责人，更应该通过授权这一手段，来充分发挥他的独立负责作用。古语中的"将在外，君命有所不受"就是这个道理。

然而，授权不是交权，失去对权力的控制。曹操对这一点是非常有分寸的，拿捏得非常到位。看一看曹操使用人才的授权经过，对于我们加深对这个问题的认识很有益处。

张郃，原是袁绍手下的一员大将，在官渡之战中，不堪忍受谗言诽谤和佞臣的迫害，临阵投奔了曹操，被曹操任命为偏将军，封都亭侯。随曹操南征北战，屡建奇功，深得曹操的器重。

建安二十年（公元215年），曹操去汉中征讨张鲁，经过陈仓（今陕西宝鸡）时，并不直接南下汉中，而是先向西走出散关，于五月间击破在河池（今甘肃徽县）的氐人王窦茂、凉州的造反者首领韩遂。然后，才转过头来，到汉中攻打张鲁。

张鲁知道曹操一生以招降纳叛为手段，也许会对他不仅不惩罚，反而升他的官。因此，张鲁早有降曹的打算。但是，他的弟弟张卫坚决反对。张鲁拗不过张卫，就准许张卫姑且抵抗一下。

张卫选定了阳平关作为防御阵地，曹操攻了三天竟然攻它不下。后来，曹军的前锋部队走错了路，走进了张卫的军营里。曹军的一个中级军官高祚想把自己的部队集合起来，以免零零落落地在敌人营中被消灭，于是大擂其鼓，大吹其牛角制成的号。这一来，竟然引起张卫大恐慌，以为曹军有一大批人冲了进来。结果，张卫大败。

张鲁听到张卫失利的消息，立刻就想出来投降。部下阎圃劝他不可如此性急。这个时候投降，一定被曹操看不起。阎圃建议张鲁不妨做出一副抗拒到底的姿态，然后派人向曹操谈和平解决的条件。

果然，张鲁投降后被拜为镇南将军，仍然有统领军队的权力，并被封为阆中侯，食邑一万户。张鲁的五个儿子与阎圃，也都被封为列侯。

张鲁投降后，与夏侯渊一起镇守汉中。张鲁投降了曹操，这对刘备很不利。于是，刘备亲率精兵来争夺汉中。这一战，刘备的大将黄忠在定军山将曹军统帅夏侯渊杀死，刘备军团士气大振。统帅一死，曹军将士非常恐慌，唯恐刘备杀来。就在这危急关头，夏侯渊部下的司马郭淮站出来说："张郃将军是我们魏国有名的大将军，就连刘备也怕他三分。今日事急，非张将军不能安定。"遂和众将士一同推张郃为主帅。

此时，曹操远在大后方的长安，知道这个消息后非常震惊，恐怕张郃大权在握会出什么乱子。但曹操也很快镇静下来，并采取了紧急措施，以掌控形势：首先，立即派人去汉中前线，正式承认并批准了诸将对张郃的拥戴，并授予他生杀予夺的大权；其次，宣布自己要亲自去汉中，安排下一步的军事行动。

这里，有人可能提出疑问：既然已经授权给张郃，前线肯定会安定下来，那么前线的一切事务由他处理即可，曹操何必再亲去汉中呢？其实，这正是曹操善于用权的高明之处。这是因为，第一，从当时各军对张郃的拥戴情况和张郃的才能看，只有授权张郃，才能稳定局势；第二，失去了统帅夏侯渊，曹军遭到挫败。虽然军心暂时稳定下来，但是在进还是退的重大决策上，张郃是难以作出决定的。如若自己迟迟不去，前线军队必然处于进退维谷的境地，内部矛盾也会集中爆发，难免会引起新的混乱。

果然如上分析，正在张郃进退维谷之际，曹操到了前线。他审时度势，迅速稳定了局势。然后，果断下达了退兵令，全军顺利撤回。

在这一过程中，曹操的授权有三点值得称道：一是授得果断（虽有不得已而为之之意）；二是授得适度（只限于斩杀违令士兵，稳定局势）；三是及时收回（曹操亲自去前线指挥，当然局势由他掌控了）。这三点，掌握得从容不迫、有板有眼，眼见一场大乱被曹操的放权、收权一套动作化解于无形。

用人不疑，对人才委以重任

曹操在使用人才的时候，所奉行的就是"疑人不用，用人不疑"。一旦认定是人才后，就开始大胆任用人才。有魄力、有作为的领导都能大胆用人，往往对其言听计从，而人才也能屡屡成功。曹操在用杜畿作为河东太守的问题上，对荀彧和杜畿也是言听计从，就充分证明了他对人才的信任。

三国时，河东混乱，曹操听从谋士荀彧的建议，派杜畿到河东接任太守。河东的实力派卫固听到消息，立即带兵封锁了杜畿前往河东的要道。曹操知道后，非常恼怒，欲派夏侯惇征讨。杜畿忙阻拦说："出兵征讨会给全郡的百姓带来灾难，不利于明公的恩泽惠及他们。现在请让我自己去，只要我在河东待上一个月，问题就可以迎刃而解。"曹操非常信任杜畿的才能，这才按下怒火，派杜畿前去河东。

杜畿绕道偷偷进入河东，范先、卫固杀了郡官三十多人，给杜畿来了个下马威，想以此威胁杜畿。杜畿行动自若，不为所动，并对他们两人说："你们两个才是河东的真正掌权者，我还要依靠二位的势力才能当好这个太守。所以，郡里的大事还要我们三人商量后才可定夺。"

于是，杜畿假意任命卫固为都督，管理郡政，范先仍统兵，以麻痹对方。自己却放手不管，装做无心政事的样子，只是到各县去走访。实际上是去拉拢人脉，发展自己的势力。

没过多久，杜畿知道郡内诸县悉数已被自己掌控，便趁机征兵攻打卫固。曹操也趁机派兵配合杜畿内外夹击，从而迅速解除了卫固的大权。杜畿这才真正开始掌控了河东郡的实权。

杜畿治理河东，政策务实而行事得体。鼓励耕种，发展畜牧业，老百姓日子过得很富足；他还注重教育，兴办学校；重视选拔人才，加强习武练兵。治内一片欣欣向荣的景象。河东地区在他的努力治理下，逐渐安定下来。

杜畿治理河东十几年，使河东成为关中最殷实安定的一个郡。他的名望也达到了很高的程度。当时，曾经一度流行一句话："治理河东，唯有杜畿。"

曹操识人用人一向胆大而心细，从来都是谨慎使用人才，但也不放过任何一位有用之才。例如，他俘获张辽后，先要他投降，张辽不肯降。曹操于是命人将他推出斩首，张辽临死不惧，曹操就此判断此人绝对是一名非常忠诚的将才，于是立即叫停，并亲自挥剑斩断了捆绑张辽的绳索，让张辽坐在自己旁边，为他倒酒压惊，并晓以大义，表明自己爱惜人才的诚恳之心。张辽深受感动，最终归顺了曹操，日后果然成为曹操手下的得力大将。由此可见，曹操不仅对人才以礼相待，尽力纳之，而且也很会识人。

对己宽、对人严的弊病在于不能平等地对待人和事，这就是韩愈文中所说过的那种人——严于律人，宽以待己。这样做的结果就是，既不能给人施加正确的影响，对人疑神疑鬼，又不能使人与人之间的关系水乳交融，和平共处。所以，正如曹操所说的那样，任何一个政治集团上台，要想取得长期稳定的发展，必须求稳定、安民心，待巩固大局之后再施行循序渐进的改革措施。

那么，在稳定之初，首先需要有开明的政策、宽松的用人环境、可靠的诚信度。这样一来，百姓心里才会踏实，觉得有目标可奔。这样的政体当然会赢得广泛的支持和拥护。

曹操成功地任用了杜畿，这既是对杜畿的一种信任，也是对他自己的嘉奖，更是对荀彧的嘉奖。一个是大胆推荐了贤才，一个是危急时刻敢于用人，一个是以自己的智勇和能力深得厚望和敬重。何乐而不为呢？

人才推荐制是我国古代朝廷获得人才的主要形式之一，特别是在六朝以前，朝廷把它作为选拔人才的基本形式。许多贤能之士都是由别人推荐而得以著称于世的。在这里，荐才是用才的前提，能够大胆任用才是根本。

曹操就是一个鼓励部属大胆荐才，同时也是敢于对人才委以重任的人。他手下众多的人才大部分是由别人推荐而得来的，而被推荐的人又推荐新人。这样一来，就形成了一个人才来源的良性渠道，使人才从四面八方源源不断地汇聚而来，加上曹操都能不计高低贵贱，大胆选用，使人尽其才，从而拥有了一个强大的智囊团和一批英勇的将领。

知人善任，各尽其用显大智

曹操之所以能够雄霸天下，一是靠他有众多的人才，二是靠他对人才能够各用其长并能互相配合的使用方法。衡量一个领导者是否高明，不仅要看他聚揽了多少人才，更要看他如何合理地加以利用。聚才不是目的，用好人才才是根本。人才再多而不善用，不是造成怨声载道，就是反使内耗丛生。这样一来，人才越多，反作用越大，不仅没有帮到自己，反而会误了大事。

曹操对人才的使用可谓手段多多，灵活机动。有的放心大胆地使用，有的则有所控制；有的让他独当一面，有的则是数人组成一个团队，恰似一个团结的整体。这样一来，曹操对人才搭配使用，措施得当，使不同的人发挥出各自的效能。

  曹操所采用的策略就是，"仁者用其仁，智者采其智，武将任其勇，文职尽其能，择人任事，最大限度地用人之长"。曹操对合肥会战人事的精心安排，证明他确实是一位知人善任的领导者。

  建安二十年（公元215年），曹操准备西征张鲁，他料想孙权有可能趁他西征攻打合肥。于是，他就在临行前，写了一封密信交给合肥护军薛悌，在信封上特别注明：等吴兵来攻时再拆开看。等到曹操去远了，孙权果然率兵攻打合肥。

  危急中，大家拆开密信，只见信上寥寥数语："若孙权至者，张、李将军出战；乐将军守护军，勿得与战。"诸将疑惑不解。首先明白曹操意图的是张辽，他说："曹公的意思是，他远征在外，如等他来救，我们早就被打败了。现在，只有趁敌人立脚未稳，我们攻防结合，打敌人个措手不及，才能有胜利的机会。是胜是败，在此一战！"

  听了张辽一席话，李典也恍然大悟。于是立即出兵，结果杀得江南兵人人惊恐。甚至江南小儿闻张辽大名，也不敢啼哭。

  曹操对这次战役的人事安排充分体现了他知人善任的能力。这次战役中，曹操安排的三个主将张辽、乐进、李典都是曹操手下的大将，无论是资历和能力，三人都相差无几，况且都立有大功。因此，三人向来谁都不服谁，关系闹得很僵。安排这样三人守城，确实有一定的难度。

  曹操这样一封密信之所以如此安排，是对三人有了充分了解之后的精心安排。果如曹操所料，张辽见信率先表态，慷慨激昂地表示决一死战，紧接着附和的便是李典。《三国志·李典传》有这样的记载："辽恐其不从，典慨然曰：'此国家大事，顾君计何如耳，吾何以私憾而忘公义乎！'乃率众与辽破走权。"

  一个队伍只有团结才会有战斗力。曹营内战将云集，有的性如烈火，视死如归（如典韦、庞德等），每有大战恶斗，曹操总是派他们披坚执锐，冲锋陷阵；有的智勇双全，文武兼备（如曹仁、张郃等），曹操平时把他们放在重要岗位，遇有战事，放手让他们统率诸军，独当一面；有的胆识不足，优柔寡断，曹操就因人制宜，将他们搭配在合适的主帅营中，当好配角。

仔细分析，这正是曹操用人上的超常表现。三驾马车，各有自己的方向，这样绝无战斗力可言。如把互不和睦的三人拧在一起，必先有两人携手。由此可见，用兵之法，目的在于才尽其用，将帅只有用人不拘一格才能够打胜仗。

大千世界，没有性格完全相同的人。不同性格、性情的人适宜做不同的工作。领导者必须把握手下人各自不同的性格特征，来全面衡量一个人的才干，因人而异，量才而用。

对有特殊才能的人，一定要尽可能给他们最好的条件和待遇。特殊人才，特殊待遇，这是必须遵循的原则。

对能力很强的人，可采取多方面任用的方法，既能够让他们发挥多方面的、更大的作用，又可以调动他们乐于贡献、多出成绩的积极性。

人之长处固然值得发扬，而从人之短处中挖掘出长处，由善用人之长发展到善用人之短，这也是用人艺术的精华之所在。尺有所短，寸有所长。长与短都不是绝对的，任何时候没有静止不变的长，也没有静止不变的短。关键要学会怎样充分利用。

曹操就是这样灵活地掌握并运用三人的性格和能力，才取得了出人意料的效果，令人不得不佩服他的用人智慧。

抓大放小，用人才不拘小节

曹操看到东汉末年的人才选拔任用制度以所谓的德行为首，让当时的士人矫揉造作、沽名钓誉，从而使整个官场出现浮夸、虚假、华而不实的风气。他打破惯例，以"唯才是举"作为自己的用人标准，这是因为他看到，在汉末动荡时期，没有一批有真才实学的文臣猛将，是不能帮助自己扫平天下、成就霸业的。与其追求那些矫揉造作的所谓"人才"，还不如提拔那些真正有才而难免与世俗有所违背的人。曹操认为，只要有才干就应该大胆起用。所以，"大行不顾细谨，大礼不辞小让"是曹操用人的一大特点。

有人统计，曹操一生的谋士共有上百人，其中的核心人物包括荀彧、荀攸、郭嘉、贾诩、程昱等人。这些人为曹操开疆拓土、制定长远规划立下汗马功劳，但他们却并非完人，其中有些人还有很多让人愤慨的行为，但曹操却能一一容忍。

谋臣程昱在初平年间曾拒绝兖州刺史刘岱、渤海太守袁绍、幽州牧公孙瓒等割据军阀的拉拢。后来，兖州刺史刘岱被黄巾军杀死。曹操进驻兖州后，纳请程昱，程昱反而欣然前往，可见他善于识人。

曹操讨伐徐州的陶谦，陈宫、张邈等人却趁机反曹，兖州几乎全部沦陷，只剩下程昱与荀彧守住的鄄、范、东阿三城，才使曹操有了立足之地，保留了反攻的机会。曹操与吕布大战不利，便想打退堂鼓。这时，程昱劝他说："现在虽然失去大片土地，但我们还有三座城池和上万名能征善战的将士，加上您的机谋和征服四方的决心，是完全可以收复失地、成就霸业的。"程昱的一席话，在关键时刻帮助曹操作出了正确的战略选择。

后来，曹操接纳刘备，又是程昱劝曹操早日铲除刘备，以绝后患。刘备欲趁机率兵南下攻打袁术，也是程昱建议：刘备明为帮助曹操去攻打袁术，实际是想脱离曹操自立，极力劝谏曹操趁刘备立足未稳之际，就除掉刘备，最终没有被采纳，但其对曹操的忠心和敏锐的观察能力仍给曹操留下了深刻的印象。

当曹操与袁绍决战之时，程昱仅仅带领七百士兵驻守鄄城。曹操认为太少，要给他添兵，程昱却认为不可。他分析说，袁绍十几万兵马，见自己兵少，必定不屑前来攻打。如果增兵，则会引来袁绍的攻击。事实果然如此。曹袁大战，程昱不仅没有要曹操添兵，还趁机编练了数千精兵去帮助曹操，使曹操最终打垮了雄踞河北的袁氏集团。

就是这么一位善谋多智、深受曹操喜爱的谋士，却性格乖戾，难以与其他人合群。因此，很多人在曹操面前说他的坏话，甚至有人诬告他谋反。曹操对这些都不置可否，也不反驳，但给程昱的待遇却一次比一次丰厚。曹操的这一做法既平息了其他人对程昱的怨气，又使程昱放下心理负担，一如既往地为自己服务，同时表明了自己的态度，可谓非常高明。

在曹操诸多谋士中，唯独郭嘉最了解曹操，并且两人关系亲密，犹如朋友一般。据载，二人行则同车，坐则同席，其亲密程度可见一斑。在治军严明的曹操营帐里，郭嘉有很多不拘常理的行为，但在偏爱他的曹操眼里，"此乃非常之人，不宜以常理拘之"。

曹操手下有一位纪检官员陈群，曾因郭嘉行为上不够检点奏了他一本。但是，曹操却不去处分郭嘉，更不要求郭嘉改正他私人生活行为不检点的缺点。同时，他又对陈群能够严格要求群臣的行为加以嘉许。

曹操的处理方式不免有点儿和稀泥，但其实曹操是认识到，"水至清则无鱼，人至察则无徒"。对人太过苛求，要么会让人才分散注意力，要么会让臣子文过饰非，上下相欺；而同时嘉许陈群，又充分肯定了他的工作积极性，这实在是最好的处理方法。

如果说对于大谋臣，曹操会因为舍不得他们的智慧而能够忍让他们的缺点，那么，对一些有缺点的普通官员也能如此对待，则真正体现了曹操"大行不顾细谨"的用人标准。

曹操的一个老乡叫丁斐，颇有管理才能。但他爱贪小便宜，居然利用职权用自家的瘦牛换公家的一头肥牛，结果被罢了官。曹操见到他，故意问："文侯呀，你的官印到哪里去了？"丁斐也油嘴滑舌地说："拿去换大饼吃了。"曹操哈哈大笑，回过头来对随从说："毛玠多次要我重罚丁斐，我说丁斐就像会抓老鼠但却偷东西吃的猫，留着还是有用的。"于是，又起用他为官。

曹操的谋士刘晔善出奇谋，但却有一个怪脾气——从来不愿当着众人的面提出自己的建议。曹操便特事特办，经常与他书简沟通。有时为探讨问题，两人竟然一夜间传递书信几十次。曹操对于谋士的怪癖居然能够这般容忍，其用人之诚心、胸怀之大度，不得不令人叹服。

　　曹操能够透过纷繁芜杂的现象，看到不同类型人才的优点，将他们一一任用，使得他们的才干得以淋漓尽致地发挥。正是曹操这样宽松的用人环境，才能既聚拢了大量人才，又能够形成融洽的合作氛围，共同在南征北战中出谋划策，使将士们得以攻城拔寨。

　　曹操为自己笼络了一批能人贤士、文臣武将，他的这种做法始终没有改变，才使他周围得以在任何时候都是人才济济、文武一堂，不会出现人才断层、青黄不接的局面。我们看曹操集团，在任何时候，任何人才的损失都能够得到及时的补充。反观刘备集团，诸事都要仰仗诸葛亮，没有形成持续的人才选拔机制。随着岁月流转，人才逐渐凋零，蜀国也江河日下，这也许是曹魏最终吞并蜀汉的根本原因。

群策群力，靠智囊团打天下

　　对于强者来说，达到目的是最重要的，手段不过是行动向着目的过渡的一种凭借罢了。古时候，剽悍的骑手会为自己的千里马准备精良的饲料，哪怕遇到的困难再多也在所不惜。但胜利后的骑手总是马放南山，没有一个人能够与马善始善终。所以，手段永远不会成为目标。人才虽然为人所用，但却只有服务的性质，没有超越使用者的权力。曹操就是这样一个把工具和目标分得很清的人。正如他所标榜的那样："天下智囊尽为我所用。但如果智囊不能为我所用者，则不如无情地毁灭它。"

　　曹操的智囊团首先成功地为曹操谋求到了政治优势。洛阳自董卓之乱以后，早已残破不堪。汉献帝还都以后，朝廷百官朝拜都立于野草之中，无粮可吃。各州郡的州牧们都拥兵自重，谁也不肯前去勤王，过问皇帝的难处。

此时，曹操的智囊团为曹操出了很好的主意。荀彧进言说："昔晋文公纳周襄王，而诸侯服从；汉高祖为义帝发丧，而天下归心；今天子蒙尘，将军诚因此时首倡义兵，幸天子以从众望，不世之略也。若不早图，人将先我而为之矣。"曹操大喜。

荀彧的话为曹操起兵找到了很好的借口：皇帝遭受困难，江山蒙尘，正应趁此机会首倡义兵，推戴天子，以从众望，借以成就宏图伟业，这是天赐良机。这一番话促使曹操速做决策，立即派大将曹洪领兵西迎汉献帝，走出了"挟天子以令诸侯"的第一步。接着，曹操又与董昭结为好友。董昭又为曹操出一良策："明告大臣，以京师无粮，欲移驾幸许都，近鲁阳，转运粮食，庶无欠缺悬隔之忧。"于是，向皇帝奏请："唯移驾幸许都为上策。"曹操又以近粮无忧为借口，将皇帝及百官调离旧都洛阳，使杨奉等心中不服的大臣虎落平原。至此，挟天子之谋划成熟了。

曹操把汉献帝接到许都后，挟天子以令诸侯，占有了政治上的天时。他分封了自己的谋臣武将，又形成了强有力的军事集团，而且向外采取军事行动也往往打着皇帝的旗号，百姓也是一呼百应，为他后来统一北方奠定了坚实的基础。

几乎每一个高明谋略的后面，都会有一个或多个高明的谋士。作为阴阳谋略宗师的曹操身后则有着众多的军师和人才，这些人才看问题的角度各不相同，因而从不同的侧面提供给曹操许多发人深省的智策，使曹操能够跳出个人思想的局限成为一个眼光长远的谋略大师。在很多时候，旁观者比当局者更清楚眼前的形势，当局者如果善于听从别人的建议，处事就会更加明智。曹操采纳荀彧、董昭的计策，少走了许多弯路。由此可见，变集体智慧为自己智慧是曹操最大的谋略。

战争有多种多样的形式，对于战局的分析，却往往是当局者迷，旁观者清。所以，在战斗中以逸待劳坐收渔人之利是立于不败之地的军事策略之一。尤其是当战局形势尚不明朗，无法判断最终的胜负时，采取智囊团的策略应该成为一种决策制度。

曹操有一个优秀的智囊团。古往今来的许多领导者要想成就大事，都离不开形形色色的智囊。俗话说："三个臭皮匠，顶上一个诸葛亮。"我们做事业要像曹操一样不仅依靠自己，而且还要依靠别人的智慧，以求生存、谋发展。自古善于借用别人智慧的人，都具有开阔的眼界和灵活的思路。

智囊人物古已有之。我国古代就有所谓食客、谋士、军师、谏臣，这些人为当时的统治者出谋划策，安天下、镇国家、御外侵。历代统治者也都懂得，要巩固自己的基业和扩大自己的统治，单凭自己的能力是不够的，因而不少统治者广纳贤士、贤臣、谏臣。例如：秦始皇招纳李斯、韩非等人才；刘邦重用张良、萧何、韩信等贤士；刘备更是"三顾茅庐"，请求诸葛亮出山……这些历史上著名的谋士都为当时的统治者贡献了巨大的智慧。

第十三章

曹操

用兵有方，亦智亦勇出奇制胜

浑水摸鱼，曹操妙计方出逃

浑水摸鱼的原意是将水搅浑，使鱼看不清去向，再趁势将鱼捉住。后来，人们把它演变为利用对手混乱迷惘，毫无主见之机，从中渔利的谋略，运用于军事，就是一种乱中取胜的计谋。

浑水摸鱼一般可以分为两种：一种是客观形势已是"混水"，这时只要抓住时机，趁机"摸鱼"就行了；另一种情况比较复杂，需要精心谋划。因为客观上形势还比较明朗，还是"清水"，不好下手。这时，需要主动把"清水"搅浑，然后趁机"摸鱼"。

浑水摸鱼，是利用混乱时机，趁机摆脱困境的一种技巧。曹操一生经历大小战事无数，也曾数次历险。幸亏曹操有急智，每每化险为夷。

兴平元年（公元194年），曹操第二次东征讨伐陶谦。大军进入徐州后，吕布钻了一个空子，乘曹操后方空虚之机，率兵占领了濮阳。曹操听说之后，急忙回师濮阳。来到濮阳城外，城中有一位田姓的大户，给曹操送来封密信，信中说："吕布进城后，烧杀掠夺，残暴不仁，老百姓非常痛恨，请曹公今夜攻城，本人愿做内应。"还约定了攻城的暗号。曹操见信后非常高兴，认为上天要助他灭吕布。

晚上，曹操带着人马悄悄靠近濮阳城。到了约定时间，果然顺利进入城中。哪知田氏与曹操联络之事早已被吕布知晓。吕布将计就计，在城内设下埋伏，准备伏击曹操。曹操的兵马一直冲到城中心，竟没有遇见一个人。曹操何等聪明,知道中计了,心中叫苦不迭。慌忙拨马退兵,企图逃出城去。可为时已晚,只听一声炮响,东西南北四座城门燃起冲天大火,各处伏兵冲杀过来,曹操一行兵马全被冲散,各自逃命去了。

曹操单人独骑急忙向东城门冲杀,正行进时,火光中撞见吕布跃马而来。曹操一看,知道难以躲避,便急中生智,索性放慢马步,低着头继续向前走。吕布赶到曹操跟前,手持方天画戟,敲着曹操的头盔,厉声问道:"曹操在哪里?"曹操半掩着脸,假装非常害怕,哆哆嗦嗦地随手一指,说:"那边有个骑着黄马的人,他就是曹操。"吕布信以为真,催马疾驰而去,曹操趁机逃出城外。

天黑人杂,曹操用浑水摸鱼的手段死里逃生,算是保全了一条性命。其实,这不是他唯一的一次浑水摸鱼。他西征马超时,也曾有相似的经历。

出奇制胜,暗藏奇兵败张绣

一个杰出的战略家,往往能够出奇制胜,一招制敌,起到立竿见影的效果。为什么?其实就是抓住了事物的本质,绕过纷繁的枝节,直取敌人要害,干净利落地达到目的。曹操极善用兵,其对敌策略之多,常常让人难以招架。常常也能出奇制胜,有效地对付敌人。

曹操南征张绣,本想用声东击西的计谋进攻南阳城,不想被贾诩识破,贾诩将计就计,将曹操兵马打得大败。曹操退出南阳后,张绣便写了一封密信,让人速速送给刘表,与刘表相约:刘表在南阳的安众埋伏下兵马,截住曹操的退路,自己随后带着军队赶来。两路会合,前后夹击,定能一举歼灭曹操的军队。

刘表接到张绣的来信后,认为是个除掉曹操的好机会。马上派兵占领了安众,并依据险要的地形,布下数万伏兵,只等刘表前来会合。

曹操不愧为三国时有名的军事奇才,他也看中了这块险要之地。从战略上讲,此处对刘表来说是易守难攻。正因为如此,曹操料定刘表在此处必然会疏于戒备。

于是,曹操连夜在此地凿险开道,也暗暗埋伏兵马。等到天刚刚亮时,张绣带着军队赶来,准备会同刘表,前后夹击曹操。曹军却一声炮响,从背后杀出,将刘表和前来会合的张绣的军队打得一败涂地。曹操出奇制胜,一举摆脱了困境,并大胜而归。

曹操在实施此计过程中的高明之处还表现为:当张绣的追兵已经出发,而荀彧又派人通知曹操,刘表已带军队任安营扎寨时,曹操仍不肯过早暴露凭险作战的意图。这其中,一方面是要通过施行"置之死地而后生"的策略,激发将士拼死一战的勇气;另一方面是故意放慢行军速度,专等张绣的追兵快要到的时候,才迅速采取连夜凿险布兵的行动。这是因为,如果先与刘表的军队接触,待张绣率兵赶到,反而会陷入前后受敌的窘境。

由于计划隐蔽,刘表、张绣都没有察觉,时机又把握得相当准确。所以,最终达到了出奇制胜的目的。刘表因此还大为懊丧地说:"又中了曹操的奸计!"而曹操得以从容回到许都。他将此计对荀彧等人说了以后,众人都大为赞叹,连连称赞丞相善于用兵。

善出奇者,在于他能为众人之所不能,别人没能做到的,他能做到,这就是"绝招"。可以说,谁有绝招,谁就最有可能置人于死地。"人不能两次踏入同一条河流",意思是说河水在不停地流动。当你第二次踏入这条河流时,接触到的已不是原来的水流,流速、水温等已经发生了很大的变化。这就要求我们,要常出奇、常创新,才能永远立于不败之地。也就是说,在不断变化的环境中,处理情况的办法也要随之而变,用别人没有想到的方法取胜他人。出奇制胜的力量源泉在于创造性的思维。创造性的思维能创出非同一般的招法,取得非同一般的效果。

任何事物都有两重性,能以奇制胜当然好,用得巧、用得好,可获大利;

但考虑不周，运用不好，奇兵不奇，反会弄巧成拙。因此，在运用出奇制胜原则时，此问题不能不注意风险。

大抵用兵皆有奇正。在军事行动中，如果把常规的兵法运用看作"正"，把不循常理的计谋视为"奇"，奇正就要运用得当，该正则正，该奇就奇。奇正之间是相互转化的，出奇制胜必须在一定的条件下才会发挥作用，需要考虑各方面的条件，不能顾此失彼。随着外部条件的变化，再能出奇制胜的策略也会被多数人掌握，难以发挥奇效。所以，只有使常规和奇谋相辅相成，合理运用，才能发挥出它的威力。

其实，"出奇"的策略有两种可能的结果：取得出人意料的成功；导致彻底的惨败。由此可见，失败与成功有时仅一步之遥。这是什么原因？因为出奇在许多地方或情况下是带有冒险性的，但正是因为有这种巨大的反差，才体现出它的魅力。所以，出奇制胜的决策者必定也是非同一般的英雄人物。曹操在败军之际还能出此奇谋，也正说明了这一点。

最高明的行动是走敌人不曾走的路，最高明的计谋是执行敌人认为不可能的计划，这才是出奇制胜的关键所在。

关门抓贼，步步紧逼捉吕布

吕布虎踞曹操的东面，对曹操构成极大的威胁，曹操一直都在谋划如何除掉吕布。建安三年（公元198年），曹操认为时机已经成熟，于是决定兴兵进攻吕布占据的下邳。

程昱建议说："吕布现在仅有下邳一城，我们不能逼得太紧。否则，他一定会和我们决一死战。若不胜，则必定投靠袁术。如果吕布和袁术联合，那我们就难办了。"曹操点头说："那我们应该怎么办呢？"程昱早有计谋，胸有成竹地说:"我们可以用'关门捉贼'之计,一定可以打败吕布。先派一员大将,守住通往淮南的要道,切断吕布和袁术的联系,防止吕布投靠袁术。同时,也应加强对山东尚存的臧霸、孙观之徒的防范,防止他们前来捣乱。然后,我军就可以放心地攻打下邳了。"

曹操对程昱的建议非常满意,于是派刚刚来投靠的刘备带领孙乾、关羽、张飞等将士守住通往淮南的道路,自己亲自带兵攻打下邳。

曹军很快就把下邳围得水泄不通。面对曹操一日紧似一日的攻城,无奈之下,吕布派密使郭汜、王楷化装出城,向袁术求援。袁术说:"吕布先前杀死我的使者,毁掉婚约,现在又来求我,我不会上当的。"郭汜连忙解释说:"过去的事都是因为中了曹操的奸计,现我家将军已准备把女儿送来作人质。"袁术反问道:"如果吕布不是被曹操攻得太急,他会同意把女儿送来吗?"

王楷看袁术不愿出兵,只因对他没有什么相关的切身利益,于是赶紧接过来说:"您如果不发兵相救,唇亡齿寒,对您也不会有什么好处的。"袁术本来不肯答应,但听了王楷的这句话,感到了一丝忧虑。他终于答应吕布先送女儿来做人质,然后发兵。

郭汜、王楷不敢停歇,立刻回到下邳,将情况向吕布一一汇报。吕布决定亲自送女儿出城。第二天深夜,吕布把女儿用锦缎包好,外面又护上一层甲,绑到背上。然后,又对妻子严氏说:"你们放心在城里等着,我很快就会带援军回来,把你们救出去。"说完,提戟上马,冲出城门,径直向淮南奔去。

谁知走了时间不长,便被关羽、张飞拦住了去路。交战了几个回合后,吕布无心恋战,只好另择一条路,向前奔去。不想,又被刘备、孙乾拦住厮杀了一番。吕布虽是英勇,无奈有女儿背在身上,只怕给伤着,也就不敢硬冲,看看实在是突不出去,只好又退回下邳。

下邳城被紧紧地围住,上天无路,入地无门,吕布自知无法突围,又无计可施,只好整日与妻妾饮酒消愁,空耗时日。吕布的消极行为,使他的部将大为不满。他们看着一天少于一天的粮食和恐慌不安的兵士，几个人便商议说："吕布只知道和妻妾饮酒消愁，视我们如同草芥，我们不如生擒了他，开城投降曹操。"众人都表示同意，并和曹操取得了联系。

曹操知道城里有了内应，心中暗喜。第二天一早，更是下令加紧攻城。这样一来，可激化吕布和属下的矛盾，使内应尽早行动。吕布见城外喊声震天，攻势极猛，便亲自上城楼镇守。从早上一直打到中午，曹操的军队才稍稍减弱了攻势。吕布得以在城楼上小憩，不想在椅子上睡着了。宋宪、魏续趁机把他紧紧捆住，然后打开城门，放曹军入城。很快，曹军就占领了整个下邳。

曹操用关门捉贼之计，先把吕布的后路一一堵死，使其没有退路。然后围城，消磨吕布的意志，扰乱其军心。最终攻破了下邳，在白门楼上斩了吕布、陈宫。然后出榜安民，得胜回许都去了。

在古往今来的战争史上，关门捉贼之计的运用层出不穷，变化多端。小至将一两个敌人引进房间，来个地地道道的"关门捉贼"；大至将分散孤立的敌人成师、成团地分割包围，切断敌人的援军，断绝敌人的退路。关起门来打狗，紧扎口袋歼敌，往往屡试不爽。

假痴不癫，掩人耳目夺邺城

官渡之战，曹操军队以少胜多，取得了决定性的胜利。曹操无论从心理上还是气势上都得到了极大的鼓舞。于是，趁势决定一鼓作气打过黄河去。袁绍不得不退回河北，又气又急，不久染病身亡。曹操发兵攻打河北，首当其冲的是冀州重镇邺城，邺城是袁绍的老巢，墙厚壕深，防守严密。曹兵攻来后，袁军退守城中，曹兵趁机将其团团围住。但攻打了十几天，却没有什么进展。

曹操心中无比烦恼、一筹莫展，他知道时间一长军心必定受到极大影响，必须赶快想办法才行，于是召集众人前来商议如何破城。众人议论纷纷，却没有良策。正在这时，只见谋士许攸捻须而笑，对曹操说："明公，如今秋雨连绵，漳河水暴涨，水大浪急。我们何不用漳河的水来淹邺城呢？"曹操听后连连称妙，便欣然接受了这个建议。但是，他转念一想，如果大张旗鼓去挖沟决堤，会把敌军逼得太急，难免不出城与自己决一死战，倒不如先掩人耳目，不要惊动敌军。于是，立刻派兵士在城外挖沟，并吩咐兵士们一定不能挖得太深太宽，以免敌军起疑心。

邺城的守将是老谋深算的审配，他知道城中粮多兵精，而曹操劳师远征，若自己坚守不出，时间一长，曹兵自会退去，所以乐得每日看书清闲。这一天，忽然听探子报告说，曹兵正在城外挖沟，心中不免大吃一惊。他马上意识到，这必定是曹操要引漳河的水来淹城。于是，快步跑到城墙上察看情况，他看到曹军三三两两在城墙外有说有笑、不紧不慢地挖沟，而且挖的沟又浅又窄。这样的沟就是灌满水也对邺城形不成威胁，审配心里的一块石头终于落了地。他暗中嘲笑曹操，心想挖这种浅沟根本起不了作用，绝不可能威胁到邺城的安全。于是，便不再理会，只是吩咐兵士注意探查，随时汇报，便径直回府去了。一连几天，兵士们都是一样的报告，审配也懒得听了。

但是，等到水沟快要完成的当天晚上，曹操却突然加派人手，足足有十倍于白天的兵力，努力把那些浅沟加宽加深。等到天快亮的时候，沟已挖到二丈多深了。曹操一看，非常满意，就下令将漳河的水引来，洪水很快将邺城围了起来。由于城中没有防备，刹那间水就淹进了邺城，导致城内积水非常深，再加上邺城被围多日，人心浮动，百姓们争相逃命。城内的将士也都惶惶不可终日，无心守城。

此时，恰好城内有一个叫审荣的人，派人给曹操送来一封密信，表示他愿意做内应，帮助曹操攻下邺城。曹操见到来信非常高兴，并与审荣约定好了攻城时间。

到了约定的日期，曹操到得城下，果然有人打开城门。曹军士气大振，一鼓作气攻进了城，最终大获全胜。

许攸的水淹邺城之计，不能不说是一个良策。但是，狡诈的曹操更将自己的智谋发挥到极致。他把这一计策和假痴不癫一起使用。故意制造假象，掩人耳目，转移了审配的视线，使他疏于防范。这样一来，却又锦上添花，显得更加高明。

故意制造假象这一计谋，尤其在军事、游说等方面非常有用。为了转移对方的视线，游说者可以采用制造假象的方法来纠缠、迷惑对方，这种方法在日常生活中经常为人运用。当对方提出令自己不能接受的要求之后，或是为了使对方转移目标，放弃原有的立场和要求，自己便故意误解对方的意思，歪曲对方的意愿。在这个时候，对方就会立即加以澄清和修正，似乎无意之间承担着向游说者说明情况的义务，否则交谈就不能顺利进行。

这样一来，对方交谈的重点便自然而然地由游说者提出要求和条件，转到向游说者澄清和说明自身情况上去，以消除游说者的误解。其实，这种误解是游说者有意制造出来，让对方消耗精力和转移目标的。

大智若愚、大巧若拙是"假痴不癫"的最高境界。若能有意坚持自己的糊涂，扰乱对方的视听，才能拥有虚则实之、实则虚之，无谋而谋、无为而为的智慧和谋略。

以"假痴"迷惑、欺骗对手，以"不癫"暗中为将来的对决准备，寻找决策，出其不意将对手一举歼灭。"假痴不癫"实为一条屡试不爽的妙计。

以静制动，顺水推舟败刘备

用计的目的是为了击败敌人，所以，与敌交战也是一个斗智斗勇的过程。曹操在这方面向来是赢家。

第十三章　用兵有方，亦智亦勇出奇制胜

曹操料到刘备是一大威胁，于是亲自统帅二十万大军去打刘备。正行间，忽然狂风骤至，"咔嚓"一声，将军中的一面牙旗吹倒。曹操紧急下令让军士停下，叫来左右大臣武将，问大家这是什么征兆。

荀彧问："风从哪个方向刮过来的？又是把哪种颜色的旗吹断的啊？"曹操告诉他："刮的是东南风，吹折了角上的青红色的牙旗。"于是，荀彧对曹操说："此不主别事，必定是今夜刘备要来劫寨。"曹操点了点头，表示同意。忽然，毛玠急急忙忙进来禀报："刚才一阵东南风刮过，吹折了青红牙旗一面。主公以为主何吉凶？"曹操反问道："你以为如何？"毛玠说："我认为，今夜刘备肯定来劫寨。"

曹操于是对众将士、谋臣说："既然上天都已提醒我们，那我们今晚要做好防备了。"于是，分兵九队，只留一队向前虚扎营寨，余众八面埋伏。

是夜，月色微明，万籁俱寂。玄德为左路，张飞为右路，分兵两队向曹营进发，只留下孙乾防守小沛。

张飞自以为得计，于是贸然领轻骑在前，冲入曹寨。但是，曹营内人少马稀，气氛不对。忽然，四周火光冲天，一片喊打喊杀之声。张飞知道中了曹操的奸计，急忙逃出寨外。却见正东张辽、正西许褚、正南于禁、正北李典、东南徐晃、西南乐进、东北夏侯惇、西北夏侯渊，八路军马一起冲杀过来。

张飞左冲右突却无法脱身，再加上他所领的军兵不少原是曹操手下降军，见张飞大势已去，纷纷重新投降了曹操。张飞奋勇冲杀，对着徐晃的军队大杀一阵，后面乐进又赶来。张飞最终杀条血路突围，点查人马，只有数十骑而已。

想逃回小沛吧，曹兵已经堵住了去路；想去投徐州、下邳，又怕路上曹军截住去路，难以脱身。最后没有办法，只得向芒砀山逃去。

再说刘备引兵前去劫寨，快到寨门时，忽然喊声大震，后面冲出一队军马，把刘备的人马一分为二，首尾不能呼应，夏侯惇又赶来相助。刘备不敌，突围而走，夏侯渊又从后面追来。刘备回头一看，只有三十多人跟随。情知小沛、徐州都不能前往。正发愁不知往哪里去，忽然想起了袁绍曾对他说过：

"如果在别处感到不如意，随时可以来找我。"

刘备于是顺着大路往青州而去，不想路上又被李典劫杀一番。真可谓是惶惶然如丧家之犬。

刘备在未得到徐庶和诸葛亮辅佐之前，和曹操交战几乎是屡战屡败。要不是有关羽、张飞、赵云三人多次拼死保护，刘备早就不知死了多少次了。沛城一战，曹操一眼就能看出刘备用计劫营，再联想到刘备后来被陆逊火烧连营，看来刘备的用兵水平太低，无法和曹操相比。

其实，曹操早就知道刘备会来劫营，绝不是因为旗被大风吹断才知道的，而是根据用兵之法和当时的形势推断出来的，他正好利用这一现象鼓舞全军士气。

细细分析，虽然刘备的兵力在徐州成犄角之势，可以呼应。但以曹军二十万大军压顶之势，刘备要想取胜，只有趁夜偷袭，因为人数相比太悬殊。再加上以少应多的战役都应该速战速决，打对手一个措手不及，否则，等二十万大军完成部署，分割刘备势力，那就不好办了。这样一想，刘备会当夜偷袭曹寨也就不足为奇了。因此，曹操能推测出刘备劫营也就顺理成章。

曹操之所以取得这次胜利，是他充分看透并利用了刘备的计谋，顺水推舟，使刘备在得意中失败。

在军事上，对比曹操和刘备，后者不如前者。但是，当后来刘备获得孔明辅佐之后，二人配合作战，可谓天衣无缝。曹操与之交战也是连连失利，可见智谋对战局的影响是很大的。

无论如何，曹操在这一战中，以静制动、以逸待劳，把世人皆称为英雄的刘备赶走，充分展示了自己的军事天才。

在人与人之间的斗智中，各方心智水平的高低并无很大的区别。有所差别的是，看谁能把握时机，把握战局，才能掌握主动。在任何情况下，竞争的条件都在变化，关键是谁能看清条件变化，并根据自己的特点以变应变取得最终胜利。所谓以静制动，并不是不变，而是在对方变化中瞄准机会，突然由静而动，制胜对方。

背水一战，十面埋伏胜袁绍

曹操曾将"背水一战"和"十面埋伏"进行了有机的结合，使将士们极大地发挥了自己的战斗力，一举大败袁绍。

所谓"十面埋伏"，就是将自己占优势的兵力分成多路，分头埋伏，布成口袋阵，然后再佯败诱敌，将敌人诱至包围圈中，务求彻底消灭的一种计谋。至于"背水一战"的策略，实际上是斩断自己的退路，使人产生危机感，以此激励人们奋发进取的精神。

曹操在官渡大败袁绍后，迅速整顿军马，渡过黄河，紧追袁绍。袁绍认为自己仍然据有大片土地，不甘心失败，为报仇雪耻，又召集河北四州之兵，在仓亭扎寨，准备与曹操决一死战。

袁、曹两军对峙，摆开阵势，开始厮杀。第一次交锋，曹军的徐晃军团出战，部将史涣死于袁绍第三子袁尚的利箭之下。

曹操未曾破袁军却先失去了大将史涣，心中好不烦闷，知道不能硬拼。他对众谋士说："像这样对阵相互厮杀，何时才是个头啊？这样消耗下去，对我军不利啊！"

谋士程昱献计道："昔日秦末楚汉相争，高祖皇帝运用十面埋伏之计，使项羽自刎于乌江。我们何不效法古人？"

曹操说："希望先生详细讲一讲。"

程昱说："将我军退至黄河边上，背水为阵，伏兵十队，引诱袁绍追赶我军。"

左右大惊道："这样一来，我军岂不是太危险了？"

程昱笑着分析说："兵法上讲，置之死地而后生。我军没有退路，众将士必然死战以求生。如此，我军可稳胜袁绍。"

曹操认为程昱的计谋可行，就采纳了他的意见。立刻将全军分为左右各五队。左列，一队夏侯惇，二队张辽，三队李典，四队乐进，五队夏侯渊；右列：一队曹洪，二队张郃，三队徐晃，四队于禁，五队高览，许褚为中军先锋。

第二天，左右十队人马先行，预先埋伏起来。到了半夜，曹操同许褚率军前进，佯装偷袭袁军大寨。

袁绍早有防备，见曹操率军前来，大笑着说："曹操这下跑不掉了。"下令所有五寨人马，全力迎战许褚大军。许褚一战即退，佯败而逃。袁绍率军追赶，喊杀之声不绝。等到天亮，袁绍将许褚逼到河边。眼看曹军已无退路，曹操大喊："后有追兵，前面是大河，我们已经没有退路，大家不如决一死战，反有生路！"曹军闻听，士气大振，一齐奋力向袁军冲杀过去。许褚一马当先，挥刀斩杀袁军十来个将领。

袁军大乱，只好撤退。退了一段路，一声战鼓响，左边夏侯渊、右边高览两支兵马冲出，袁绍带领三个儿子一个外甥，死命冲出一条血路。

又跑了十来里，左边乐进、右边于禁杀出，杀得袁军尸横遍野。又跑了数里，左边李典、右边徐晃两支人马截杀过来，袁绍父子胆战心惊，奔入寨门，令军队埋锅造饭，准备迎敌。正要吃时，左边张辽、右边张郃，径直前来冲寨。袁绍慌忙上马，率部奔向仓亭，人困马乏，正要休息之际，不料后面曹操率大军赶来，袁绍拼命逃离。正走间，右边曹洪、左边夏侯惇，挡住去路。袁绍大叫："如果不拼死一战，我们都要给活捉了！"奋力冲杀一阵，侥幸逃出重围。

袁绍抱住儿子们大哭一场，长叹道："我经历战事数十次，从没有像今天这样狼狈的！"说完，命令部将回各地整顿军务，自己带着袁尚到冀州养病去了。

经此一役，曹军声威大振，趁机一鼓作气，屡屡北进，终于打败了强大的袁绍，为统一北方扫清了最大的障碍。

曹操将自己置于"死地"，从而爆发出超乎寻常的能量。然后，又派人先行埋伏，劫杀敌军，最终大败袁绍军团。何谓"死地"？《孙子兵法·九地篇》中有"疾战则存，不疾战则亡者，为'死地'"之说。曹操主动进入绝境，使得曹军不得不拼死作战，不仅避免了由佯败变成真败的可能，而且预先埋伏好的十队人马给紧追不舍的袁军以迎头痛击，紧紧地扎住了"袋口"。

曹操深知袁绍会轻敌冒进，所以以此来激励士气，使将士们团结奋斗，共同求生。这种"置之死地而后生"的方法，对于既定目标的实现往往有奇特的效果。

巧借时机，浇水成冰筑土城

天下计谋用之不尽，有些是精心安排，步步构思而得；有些却是因时而动，巧妙利用天时地利的神来之作。曹操也曾按照隐士娄子伯的妙计巧借天时，浇水筑城，威震马超。

汉献帝不甘心受曹操控制，密谋用衣带诏策动群臣除掉曹操，马腾也参与了行动。不想行动被曹操发觉，一怒之下杀了所有参与的朝廷大臣，其中包括马腾。其子马超为报杀父之仇，调集人马，在渭水岸边与曹操军队进行对峙。

马超屯兵渭口，不分昼夜，前后夹击。曹操在渭河内将船筏锁连成一片，建成三座浮桥，一直连接到南岸。曹仁在河边筑起大营，并将粮草车辆串联在一起，作为抵御马超兵团的屏障。

马超得到消息，便叫军士每人各拿一束干草，带着火种，准备火攻曹营。于是，和韩遂的人马一道，奋力杀到曹营跟前，堆积干草，放起大火。火势越来越猛，曹兵难以抵挡。车辆、浮桥当即被烧得面目全非，此役曹兵被打得大败而逃。

西凉军团一出马就表现不俗，使得曹操无法建营搭寨，心中十分忧虑。荀攸提议说："我军可以运来渭河沙土，筑起土城，依城固守。"

曹操依计行事，拨出三万军士，担土筑城。马超听说后，便派庞德、马岱各引五百军马，前来骚扰。沙土无法牢固黏结，筑起的城很不结实，很容易坍塌，曹操一时之间无计可施。

此时已到深秋十月，天气突然变冷，温度急速下降。加上连日来阴云密布，给曹军的筑城行动带来了极大的困难。

曹操正在寨中苦思冥想如何筑城，兵士忽然来报，说有一位老人前来面见丞相，有要事相告，曹操将其请入帐中。只见他鹤骨松姿，容貌苍古。曹操询问后才得知，他姓娄名圭字子伯，道号"梦梅居士"，是京兆人，常年隐居在终南山。

曹操向来对隐士贤人尊敬有加。此时正是无计可施之时，更是以客礼相待，并诚心向娄子伯请教破敌之策。娄子伯说："丞相想跨渭河安营扎寨，一夜之间便可乘时筑起。"曹操说："我们已筑过多次，河边全是沙地，地基不实，总是筑垒不成啊，还望隐士赐教。"娄子伯大笑着说："丞相向来用兵如神，难道不知道要利用天时？如今连日阴云密布，寒风劲吹，必然滴水成冰，水土相混后坚硬无比。所以，今晚风起之后，让兵士运土泼水，待到天明，土城肯定就会大功告成。"曹操恍然大悟，连声称妙，吩咐厚赏娄子伯，娄子伯坚辞不受而去。

到了晚上，北风大作。曹操尽驱兵士担沙土泼水，沙土和水一起冻住，随筑随冻，城墙很快就筑起来了。到了天明，土城果然建成了，曹操心中好不欢喜。

西凉探子报知马超，马超领兵前来观看，心中大惊，怀疑有神仙相助。次日，召集大军鸣鼓而进。曹操亲自乘马出营，只有许褚一人随后。曹操扬鞭大声对西凉军团说："曹孟德单骑至此，请马超出来答话。"马超乘马挺枪而出。曹操说："你欺我营寨建不成，今天一夜就已筑成，你还有什么话说，何不早早投降。"马超替父报仇心切，拍马杀来，幸好许褚挡住，曹操才得以安然回营。

曹操根据娄子伯的建议，顺应天时，浇水成冰而筑城，可以说是一次成功利用天时的例子。曹操据此得以止住战争颓势，使双方进入相持阶段，最后利用反间计终于赶走了马超。曹操自己虽然没有想到这一点，幸而他善于用人的一贯做法弥补了他的缺点，终于有人看到了对曹军有利的天时，并向曹操提出了合理建议，使曹操有机会扭转战局。

善于运用计谋的人，可以将有利条件，包括天时、地利、人和等因素综合运用，从而取得出人意料的成功，给对手以心理和实际上的打击。

在赢得胜利的三大因素中，天时是最能体现将领临阵指挥能力的突出一点，因为"人和"是平时一贯行事方式决定了的。至于"地利"，双方交战的场地也是客观情况，不能改变。唯有这"天时"是最游移不定的，往往稍纵即逝。俗话说：机不可失，时不再来。要想在激烈的斗争中永远处于不败的地位，就要时刻把握战机，采取行动，获得优势，赢取成功。

欲取先谋，兵马未动计先出

作为一名杰出的军事家，曹操一生中从来不打无准备之仗。物质准备也是事无巨细，面面俱到。粮食、辎重等无一不在考虑之列，兵力配备也是深思熟虑。他的信念就是，不攻攻不破的堡垒，不打打不过的敌人。不恼一时之气，这才是一个合格的将领。

曹操总是在战略上藐视敌人，给自己的将士们鼓气。但是，他在战术上从来都重视敌人。值得注意的是，曹操在攻击敌人之前，一定会对对方各方面的情况做周密的勘查、搜集情报，然后将敌人的信息作详细的分析，制定出周密细致的作战方案。这方面的例证在他的军旅生涯中比比皆是。

官渡之战前，曹操闻听袁绍要来进攻的消息，立即召集文臣武将共商对策。结果众人都纷纷表示袁绍来势汹汹，势不可当。的确，从当时的形势上来看，袁、曹力量对比悬殊。但是，曹操全面分析了敌我双方的情况之后认为：袁绍雄心勃勃而智谋不足，色厉而内荏，兵多而难以明确各自的目标，将领骄傲自大而心志不一。他认为，曹军是有机会获胜的。这就是在战略上藐视敌人。

根据以上分析，曹操决定采取以逸待劳、后发制人的战略方针，连施三计。先声东击西，解白马之围；其次南撤诱敌，伏击文丑；最后夜袭乌巢，烧了袁军粮草，使其不战自乱。他终于以十万兵力，击败袁绍一百万之众，创造了中国军事史上以少胜多、以弱胜强的著名战例。自始至终，曹操的主动性、灵活性、速决性等战略战术，都得到充分的施展。而决战的结果以及决战中可能会遇到的问题，战前在曹操与群臣之间的分析谋划中，也都已经有所预见，并从容不迫地采取相应措施，一一解决，真可谓磨刀不误砍柴工。

曹操在攻打马超、韩遂的渭南之战前，就已经开始谋划如何才能师出有名，如何迅速打败敌人，最终达到占领关西的目的。曹操在这方面是费了一番心思的。由于马超等人是名义上接受朝廷的封官，如果贸然出兵攻击他们，则舆论对自己不利。曹操分析后认为，如果声称进攻汉中的张鲁，是个不错的借口。因为要出兵汉中，曹军必然要经过关中。马超自然会产生怀疑，也肯定会举兵反叛。届时再出兵讨伐，就会名正言顺了。

事态的发展果然不出曹操所料，马超认为曹军是来攻打自己的，所以联合其他势力对抗曹军。这时，有人提醒曹操："关中兵战斗力强，习惯用长矛作战，不好对付。"曹操胸有成竹地回答说："我会让他们发挥不出长处来。"事实表明，曹操确实做到了这一点。他运用离间之计，掌握了作战的主动权，使敌人无能为力。这种知彼知己，以自我为中心，克敌制胜的做法，充分显示了曹操的军事谋略。

特别值得一提的是，曹操作战，眼光不限于一时一地的得失，而是把目标定得十分长远。渭南战役初期，曹操得知敌人各路兵马陆续向潼关集中的消息，非常高兴。对此，众位将领十分奇怪——为什么敌人越多，他反而越感到高兴呢？其实，这正是曹操高瞻远瞩、谋略超人之处，他早就谋划好了。曹操对众将士解释道："关中地域宽广，山川隘口众多。如果他们各路武装势力凭险自守，那我们还得要一个一个地去平定他们，没有一两年时间是办不到的，空费许多时日。他们集中一起，人数虽多，但没有统一的指挥，互相不服气，可以一举歼灭。这比起一个一个地分别吃掉他们，要省事得多，所以我高兴。"由此可见，曹操把敌人琢磨透了，所以作战时才显得胸有成竹，不急不躁。

建安二十年（公元215年），曹操西征张鲁，到了汉中看到此地多崇山峻岭，而且自己经过长途奔波"军食颇乏"，认为"不如速还"。建安二十三年（公元218年）西征刘备，曹操"先遣贾逵到斜谷观察形势"。这些都可以说明曹操非常重视具体问题具体分析，从不仓促行动。

由于每次战役开始之前曹操都能做周密的调查研究和统筹，并制订出详细的作战方案，所以，除赤壁之战等少数几次战役以外，曹操都能做到对敌军了如指掌，准确预测战争可能发生的变化，最终取得胜利。

围魏救赵，借力解樊城之危

三国前期，曹操和刘备、孙权之间相互争利，阴谋阳谋、奸诈诡计频出。其中，尤以曹操最擅长此术。三人中，只有他想到过利用刘备、孙权，而此二人却从未想过要利用曹操。这也许就是曹操的过人之处吧。

襄阳、樊城是荆州北部的军事重镇，赤壁之战后就成为曹操的领地。曹操为图江南，派重兵把守此地，以待时机。诸葛亮早在《隆中对》中就确定了"占据荆州，出兵宛、洛，兴复汉室"的计划。建安二十四年（公元219年），为了创造这一条件，刘备决定发动襄樊战役，并派出关羽组织这次大规模的进攻。关羽派两个部将留守江陵和公安，自己率领大军进攻樊城。

樊城的魏军守将曹仁赶快向曹操求救。曹操派了于禁、庞德两员大将率领七支人马前去增援。曹仁让他们屯兵在樊城北面平地上，和城中互相呼应，使关羽没法攻城。

正在双方相持不下的时候，樊城一带下了一场大雨。汉水猛涨，平地的水高出地面有一丈多。于禁的军营扎在平地上，四面八方大水冲来，把七军的军营全淹没了。于禁和他的将士不得不泅水找个高地避水。

关羽早就看清于禁在平地上扎营这个弱点。他趁着大水，安排好一批大小船只，率领水军向曹军进攻。他们先把主将于禁围住，叫他放下武器投降。于禁被围在一个水中的小土堆上，逼得无路可退，就垂头丧气地投降了。

庞德带了另一批兵士避水到一座河堤上。关羽的水军向他们围攻，船上的弓箭手一起向堤上射箭。

庞德手下有个部将害怕了，对庞德说："我们还是投降了吧！"

庞德骂那部将没志气，拔剑把他砍死在堤上。兵士们看到庞德这样坚决，也都跟着他抵抗。庞德带了三个将士，从蜀军兵士中抢了一只小船，想逃到樊城去。不料一个浪头袭来，把小船掀翻了。庞德掉进水里，被关羽的水军活捉了。

将士们把庞德带回关羽大营。关羽好言好语劝他投降。庞德骂着说："魏王手里有人马一百万，威震天下；你们的主人刘备，不过是个庸碌的人，怎能和魏王相敌。我宁可做国家的鬼，也不愿做你们的将军！"

关羽见招降无望，又怕他逃走，就命令武士把庞德杀了。

关羽消灭了于禁、庞德的七军，乘胜进攻樊城。樊城里里外外都是水，城墙也被洪水冲坏了好几处。曹仁手下的将士都害怕了。有人对曹仁说："现在这个局面，我们也没法守了。趁现在关羽的水军还没合围，赶快乘小船逃吧！"

曹仁也觉得守下去没希望，就跟一起守城的满宠商量。满宠说："洪水来得快，去得也快，过几天水就会退下去。听说关羽已经派人在另一条道上向北

第十三章 用兵有方，亦智亦勇出奇制胜

进攻。他自己没有敢进兵，是因为怕咱们截他的后路。要是我们一逃，那么我们将丢掉黄河以南的大片区域，请将军再坚持一下吧。"

曹仁觉得满宠说得有理，就鼓励将士坚守下去。这时候，陆浑（今河南嵩县东北）百姓孙狼发动起义，杀了县里的官员，响应关羽。许都以南，其他地方响应的人也不少。关羽因此威震中原。

魏王曹操到了洛阳，得到各方面的报告，心中不免有些慌张。他跟百官商议，准备暂时放弃许都，避开关羽的势头。

谋士司马懿说："主公不必担心。我看刘备和孙权两家，表面很和谐，实际上互相猜忌得厉害。这次关羽扬名天下，孙权一定不乐意。我们何不派人去游说孙权，答应把江东封给他，约他夹攻关羽。这样一来，樊城之围自然会解除了。"

曹操听了以后，认为此计很好，便派使者去见孙权。司马懿对孙、刘关系的分析非常正确，是符合客观实际的。孙、刘以湘水为界平分荆州之后，孙权表面上维护孙、刘联盟关系，实际上仍想把荆州全部据为己有。因此，他也想趁关羽大军围攻樊城的时候，一举收复荆州。正在这时，曹操的使者来拜见孙权，向孙权表达了曹操的意见和希望。

孙权正考虑趁荆州空虚发兵进攻，担心攻取荆州时曹操趁机来偷袭东吴。知道了曹操的意思后，他便马上给曹操写了一封回信，表示愿为曹操效力。信中说："不久我将派兵西上，偷袭荆州。江陵、公安两个要地连接，关羽如果失掉这二城，必定会自己逃走，樊城贵军被围困，不用救援就会自行解除。希望您保守这个机密，不要泄露，以免让关羽有所防备。"

曹操看到这封密信，非常高兴。至此，利用孙权来实现自己的围魏救赵之计就算完成了。"围魏救赵"之计，是在敌强我弱形势下的最优策略。其要点有三：分兵治之，后发制人，转移目标攻击敌人的要害。古人认为，治兵如治水，对来势凶猛的敌人应采取调动引流的办法，避其锋芒，然后分开包围，各个击破。

曹操此计重在"救"字，核心是"目标转移法"。这是摆脱困境，绝处逢生的最佳方法。

第十四章 曹操

坚忍不拔,能屈能伸英雄本色

正确定位，胸怀大志奋斗终生

人活于世间，谁都不想默默无闻，而要做一番大事业。然而，成功往往只垂青于很少一部分有方向、有头脑的人，不是人人都能成为英雄。因此，把握自己的真实水平，找到适合自己的目标，循序渐进，逐步实现自己的目标才是最重要的。

人生的作为，往往是与时代紧密联系起来的。如果你所设定的人生角色背离了时代的主体需要，那么你对历史进步的贡献以及你在历史上所留下的影响就会相对弱小。历史上不是有"昔君好文臣好武，君今好武臣已老"的喟叹吗？从大的方面来说，"治世"时代有"治世"时代的主体需求，而"乱世"时代有"乱世"时代的主体需求，如锄强济弱、安定天下等。因此，时代特征不同，需要的英雄人物的角色也有所不同。

曹操生于一个"家家欲称帝，人人欲封侯"的时代，名人英雄辈出。唯独曹操最终能够傲立于群雄，成为一代雄杰。那么，曹操是怎样称雄于乱世的呢？他成霸之业的经历清楚地昭示：要想有所成就，首先应当掌握时代特征，给自己准确定位，据此一步一步走向成功。

曹操出生在东汉桓帝在位年间，少年岁月也在桓帝时代度过，步入"弱冠"之年时，正值灵帝（刘宏）在位前期，被授为洛阳北部尉。他的后半期生活在汉献帝时期。

曹操所处的东汉末年特征非常明显：一是最高统治者皇帝大权旁落，落寞无能。桓帝、灵帝、献帝三代，一代不如一代。或由外戚掌政（如桓帝在位初期以梁冀为首的外戚掌政），或由宦官专权（如桓帝、灵帝在位时均如此），或由军阀操纵权柄（如献帝即位初期为军阀董卓操纵实权），皇帝实际上已成为傀儡。二是封建统治集团诸势力间的争斗异常激烈、残酷。桓帝、灵帝在位期间均发生"党锢之祸"，外戚、宦官、"党人"等集团势力无不阴谋诛杀异己，独掌专权。三是由于官府横征暴敛，致使大量百姓破产，无法生存，因而统治势力与被统治者之间的矛盾日益尖锐。四是大小割据军阀不但图谋久霸一方，而且梦寐以求扩大地盘，因而连年混战不休。

曹操掌握军政大权的后期，"三国鼎立"之势已见雏形。虽然仍有战争，但毕竟是相对稳定时期。而东汉末年，则是朝廷腐败、军阀混战，社会剧烈动荡，人民处于水深火热之中，社会各阶层对国家尽快走出混乱状态，实现统一的愿望非常强烈。曹操正是面对这一"乱世"来设定他的人生角色。

曹操认为，这样一个动乱之世应是一个需要济弱锄强、一统天下、安定社会、"取威定霸"的英雄时代。因此，曹操一开始就按照英雄的标准严格要求自己。曹操从开始只是梦想做一名将军，逐渐调整、提高自己的志向，到最后想要匡扶天下，成就一代霸王之业。可以说，正确的定位给了他向上的动力。

有进有退，在家闲居有远谋

一个欲成就霸业的人，必须把握好进退的节奏。当你事业略有小成，取得一些进展的时候，千万在心理上要做好跌宕起伏的准备。一步踏不到点子上，苦心经营的大厦顷刻间或许就会坍塌。

因此，有必要控制好进退的节奏。如果把握不好进退出处，也容易就此沉落下去，逐渐地淡出中心，湮灭于无形了。如何避免这种情况？我们且看曹操

第十四章 坚忍不拔，能屈能伸英雄本色

的进退之道。

曹操在镇压颍川起义军后，因军功被升迁为济南相国。曹操在任济南相国的两年中做了两件大事：一是罢贪官，二是毁淫祠。这使他的影响大增，政绩卓著，仕途可谓一片光明。

曹操在任济南相时所做的两件事，确实是他的得意之作，虽然并不后悔，但也感到后怕。因为曹操的这些动作不仅得罪了朝中宦官，而且地方豪强也对他恨之入骨。曹操不愿意为迎合权贵而丧失了匡扶社稷的大志向，也不愿意家人因为自己屡次触犯权贵而受到连累。为了避免发生不测之祸，曹操急流勇退，马上辞去了济南相的职务，请求回到宫中值宿，担任警卫，实际上是要求赋闲。

曹操的担心是非常有道理的。诸常侍和豪强怎么能容忍他如此损害他们的利益呢？曹操乞留宿卫，纯属以退为进，实非本意。朝中那些宦官和贵戚们岂能不知？他们的算盘是既要把他调离济南相位，又要把他排挤在京师以外。于是，"征还为东郡太守"。东郡太守与济南国相地位相等，用现在的话说是同级调动。且就当时的地域重要性而言，东郡太守地位和济南国相地位也不相上下。曹操通过这次调动更加验证了自己的顾虑，因此托病不去赴任。

朝廷考虑到他的贡献和能力，便再次给了他一个差事，任命他为议郎。此时，他的头脑很清醒，既要躲祸，又要保持自己的名誉。因此，对于议郎一职也是"常托疾病，辄告归乡里"。

曹操回到家乡谯县之后，"筑室城外，春夏习读书，秋冬弋猎，以自娱乐"。鉴于当时的大局动向，曹操托病归乡，实乃韬光养晦的绝好机会，也是充实头脑、自我调整的好机会。

曹操这样做当然有这一层面的考虑，但也不是唯一的原因。曹操早在做洛阳北部尉时就敢于棒杀小黄门蹇硕的叔父，那时也有遭受打击报复的危险，但却没有这样做，却是为何？何况，这时他的父亲曹嵩还大权在握，是一个有钱有势、有头有脸的人物。朝中有这样的人撑腰，曹操自然也是有这方面的顾忌。他之所以托病辞官，还有更深一层的考虑。

东汉末年，名士隐居是十分盛行的。而有大志者往往能够屈身拜贤，最著名的要数刘备"三顾茅庐"，请诸葛亮辅佐自己了。隐居在当时被认为是有才能而又清高的人的作为，可以抬高身价，成为当政者注目的对象，不失为一条扬名的捷径。

曹操常以"非岩穴知名之士"而感到非常遗憾，如果能得机会做一个"隐士"，他当然非常乐意。由此看来，曹操在《让县自明本志令》中说的另一段话也是可信的。他说：

> 去官之后，年纪尚少，顾视同岁（指同年举孝廉者）中，年有五十，未名为老，内自图之，从此却去二十年，待天下清，乃与同岁中始举者等耳。故以四时归乡里，于谯东五十里筑精舍，欲秋夏读书，冬春射猎，求底下之地，欲以泥水自蔽，绝宾客往来之望，然不得如意。

从中我们不难看出，曹操曾做过长时间隐居的准备。首先，既然"不能违道取容"，隐居当然是避开乱局、保持自我的最好选择；其次，天下乱局一时难以平定，既然不能驰骋沙场，"待天下清"后而再出来实现抱负也是上策。当然，他的落脚点是即使不得已等几年再做官也不算晚，但并不是终身隐居，这不符合他的性格。所以说，曹操"称疾归乡里"的最终目的是等待时机。而且期间更是窥视局势，一旦形势对自己有利，他就会复出。

曹操在家闲居期间，地方军阀叛乱和黄巾军余众起事不断，整个政局非常混乱，我们不得不佩服他的这种退而求其清的先见之明。机会终于来了，这年八月，灵帝为了加强守护京师、保卫皇室的力量，组建一支新军，在西园成立了统中，设置八校尉统领。西园新军可以说是禁卫军团，以备随时应付可能出现的动乱局面。灵帝选中了宦官蹇硕、武官袁绍，也选中了曹操，他被任命为八校尉之一的典军校尉之职。

其实，此前曹操最大的理想是为列侯当将军，进西园新军当将领是个极好的机会,典军校尉对曹操的诱惑力太大了。他马上结束"隐居"生活,心情愉快地进京上了任。

曹操能接近皇室并任要职,能和红得发紫的大宦官蹇硕共事,这说明他在仕途上又迈上了一个新台阶。从这一点上讲,他以退为进的策略取得了成功。这种成功一靠他本人才能出众,二靠他在政治上已经树立了良好形象,博得了好的威名。

曹操的一生和其他成大业者一样,有进有退,都能很好地把握进退的关键。曹操以曲求伸策略的胜利,使他的目标及早地实现,促使他的政治欲望逐渐膨胀起来。当初只打算做一郡太守,现在却想凭着手中的兵权,为国讨贼,以便获得封侯做征西将军,死后在墓道前的石碑上刻上"汉故征西将军曹侯之墓"。志向的高远,城府颇深的官场谋略,这一切都表明,曹操的政治作为将无可限量。

高瞻远瞩,谋长远收拾群雄

人生天地间,一方面要有一种登高望远、高屋建瓴的长远眼光;另一方面,还要注意从小处着手,不至于眼高手低。这在曹操的整个军政生活中有着鲜明的体现。其中,能集中体现这一点的是在赶走吕布后,面对复杂的军事形势,他的战略部署与行动。

曹操打败吕布后,他所处的形势比较危急。北面是强大的袁绍,东面是力量仍存的吕布,西面是拥有凶悍西凉兵的马腾、韩遂,南面则是张绣和刘表。四周强敌对曹操形成了一种包围的态势。

他们虽然都对曹操构成了威胁,但具体情况却程度不一。袁绍虽然势力强盛,但还保持着同盟关系,曹操不可能首先对他用兵。关中的马腾、韩遂相互攻伐，一时无力东顾，对曹操暂不构成威胁。东边的吕布虽然是被赶走的，但力量并未被削弱，是曹操最大的威胁。曹操有意消除这一威胁，但南边的张绣却蠢蠢欲动，如果一旦对吕布用兵，张绣有可能袭击后方，后果将不堪设想。

在做了一番分析之后，曹操决定采取由近及远、先弱后强的方针，趁张绣立足未久、根基不牢、力量还不很强大时对他加以征伐。果然，张绣如他所料，很快就投降了。

大处着眼不仅仅是笼统地了解一下大局即可，而且还要能看到每个具体环节之间的因果关系。这是高瞻远瞩地做出长远规划的必备能力。

早在曹操第一次南征张绣回到许都后，就开始考虑东征吕布了，并且积极为此创造有利条件。曹操派关中诸将征讨梁州军阀李傕，李傕战败被杀。这期间，曾和李傕合伙控制献帝的另一军阀郭汜也被部将杀死。同时，曹操还采取措施稳住西方的马腾、韩遂，派老侍中兼司隶校尉钟繇持节督关东诸军。钟繇到达长安后，写信给马腾、韩遂，晓以利害，劝他们不要轻举妄动。马腾、韩遂表示服从朝廷，并遣子入侍。

曹操用离间计使吕布与袁术火拼，袁术战败，曹操起兵讨伐。袁术败退到淮水以南，曹操派刘备等截击袁术，以防他投靠袁绍。袁术只好掉头向淮南。当他逃到离寿春四十公里的江亭时，一病不起。而且军队连粮食都没有，只能用麦屑充饥。时值盛夏，天气炎热，袁术想喝一口蜜浆也办不到。袁术叹息一声："我袁术怎么落到了这个地步啊！"然后，吐血而亡。袁术一支的威胁算是彻底烟消云散了。

自此，曹操的形势变得明朗起来。南方张绣势力减弱，袁术军团一蹶不振，西方马腾、韩遂也表示效忠朝廷。于是，曹操开始准备率领大军东征吕布。

东征时，曹操阵营内部将领们意见也不一致。有些人认为，虽然袁绍正在讨伐公孙瓒，一时无暇南顾，袁术也无力进行反扑，但须提防张绣和刘表联合。如果大军东征吕布，他们就近袭击许都，形势将会非常危险。

军师荀攸对此不以为然，他分析说："刘表、张绣刚打了败仗，势必不敢贸然前来进攻。吕布骁勇，又与袁术勾结，如果得到淮、泗之间的大片土地，时间一长，响应他的豪杰就会日渐增多。现在，我们趁他立足未稳、人心不一的时候去攻打他，必然能够成功。请主公放心好了。"

曹操非常认可荀攸的看法，当即决定东征。形势的发展不出所料，曹操终于在下邳城（江苏睢宁县西北）打败吕布。曹操的势力随即又向东扩展到了江苏徐州一带。

在曹操徐徐实现自己的战略、不断取得成功的时候，北方的袁绍也在河北地区努力扩张。等到打败了公孙瓒时，袁绍已经占据了冀、青、幽、并四州，将黄河以北地区控制在自己手中，成为北方唯一能与曹操抗衡的强大势力。

避开锋芒，静养羽翼待高飞

人贵有自知之明，其实就是能够明确自己的实力、自己的势。势不如人时可以妥协，暂时满足对方要求，待危机过去，再寻求他策。这是在不利形势下所实行的一种"退让政策"。要做到这一点，必须从当时形势出发，权衡利弊，克制态度，牺牲眼前利益以救大局。如果没有高瞻远瞩的能力，也难以有这样行动的魄力。

曹操不乏英雄气概，但他也有自知之明。他迎献帝许县后，虽然有了政治优势，但自己的势力还难以驾驭它，他当时还不能"挟天子以令诸侯"。相反，倒成为世人注目的人，也可以说成为众矢之的。与袁绍等军阀相比，仍然处于劣势。因此，曹操采取避开锋芒，壮大自己的方略，最终将袁绍打败。

对于曹操的得势，袁绍有些后悔。他摆出盟主的架势，依仗自己兵多将广，以许县低湿、洛阳残破为由，要求曹操将献帝迁到鄄城，因为鄄城离袁绍所据的冀州比较近，便于控制献帝。可是，曹操岂会在重大问题上让步？他断然拒绝了袁绍这一要求，而且还以献帝的名义写信责备袁绍只顾发展自己的势力,而不勤王。袁绍无可奈何地为自己开脱。

曹操又以献帝的名义任袁绍为太尉,封邺侯,实际上是试探。袁绍见曹操任大将军,自己的地位反而不如他,拒不接受任命。

曹操有自知之明,知道自己这时的实力还不如袁绍,他不能在这个时候跟袁绍闹僵,决定暂时作出让步,把大将军的头衔让给袁绍。自己任司空(也是"三公"之一),代理车骑将军(车骑将军只次于大将军和骠骑将军),以缓和同袁绍的矛盾。但由于袁绍不在许都,曹操仍然总揽朝政。

羽翼未丰,不可高飞。曹操深知自己势力还不够,暂不能够太过于表现自己。因此,对袁绍的要求尽量满足,对朝廷的封赠表现出"力所不及"的谦恭。等到羽毛一丰满,他就大张征伐,无所顾忌了。

当对手比你强大时,不去碰硬,借机发展自己的势力,是可行的。但不可因此而失去原则,丧失独立性,要时刻把握自己的命运。

曹操因有自知之明而屈从袁绍,私下里对发展自己一刻也不放松,终于在官渡一战彻底打败了袁绍。

曹操用后发制人打败袁绍后,又以大英雄的心胸举止,对袁绍可谓仁至义尽,借机还弘扬了自己的好名声。

官渡之战后不久,袁绍身亡。曹操攻破邺城时,即令:没有他的将令,不得擅入袁宅。当曹操完全控制了邺城后,做了一件常人无法理解,但于英雄又极富传神色彩的事:泪祭袁绍。

他亲到袁绍墓前致祭,痛陈时世艰难,生灵涂炭之苦痛,历数他与袁绍相知相交,相约救民于水火的人生历程,又赞扬了袁绍的英雄业绩。说到情切处,难免唏嘘嗟吁。

董卓乱国,袁、曹结盟,其艰难周旋,共当祸福。这其间,他们共同患难。等到后来各成气候,各人心目中又都有一个远大的目标,于是又互不容忍,乃至相互攻击,连兵血战。这并不是有什么化解不了的世仇宿怨,不过是彼此都要伸张自己的意气、志愿而已。到最后,胜负既明,国破家亡。曹操虽成大功,但这并不是当初他们相约时所愿看到的。因而惺惺相惜,衷心感动,自然而然伤神陨涕，这就是所谓慷慨英勇之风，当然不会被心胸狭窄、小有所成则得意洋洋、幸己成而乐人祸之辈所理解了。

坚持不懈，静观其变控局势

人们常说：当局者迷，旁观者清。为什么？恰恰是因为身处其中，精力都着眼于某个局部，难以观全局。而旁观者因为身在事外，头脑冷静，更能看清事物的来龙去脉。所以，当你身处困惑之时，千万要慎之又慎。曹操也有过这样的情况，他总能够冷静思考，等待时机，选对路线，屡屡化险为夷。

官渡之战，袁绍气势汹汹，兵强将广。曹操设计斩杀颜良、文丑后，袁绍大怒，不顾谋士的劝阻，挥师南征曹操，急于与曹操决一雌雄。

曹操虽连胜两仗，但袁绍的实力还没有被破坏，军队士气仍然高涨。所以，曹操主动撤退到官渡（今河南中牟东北）一线设防，寻找机会破敌。

曹军撤至官渡后，与袁军相持不下。两军你来我往，曹军虽然不断取得一些局部胜利，但时间一长，军需匮乏、军力不足的弱点就逐渐暴露出来。若不能短时间内击退袁绍，曹军形势将会非常危急。

此时，荀攸见袁军后方补给线拉得很长，是袁军的一大弱点，便对曹操说："袁绍运送军粮的军队很快就要到了，但袁绍不会用人。护送车队的将领韩猛虽勇猛善战，但有轻敌冒进的毛病，可趁此机会去袭击他，一定能够成功。"他还建议派大将徐晃去完成这个任务。

曹操接受荀攸的建议，派徐晃率军袭击袁绍的运粮大军，果然大获全胜，烧了袁军大量的补给粮草。

正在此时，原来降曹的汝南（今河南平舆北）黄巾军首领刘辟投靠了袁绍，在许都一带滋扰百姓。袁绍还派出刘备前去配合，打算趁机攻打许都。

刘备南下后连续攻下几座县城，加上一些地方起兵响应，弄得许都以南地区人心惶惶。曹操对此十分忧虑。曹仁建议说："目前大军滞留官渡，许都以南地区有事，我军来不及做出反应。而刘备恰在这时以大军压境，军民暂时叛离我们也是可以理解的。现在刘备刚刚接手指挥袁军，想必不会得心应手。我们应当趁机率军出击，打败刘备是不成问题的。"

曹操听了曹仁的话，立即派他带兵南击刘备，果然没费多大力气就把刘备和袁绍派来的援军打败。不但解了许都之危，使曹军没有了后顾之忧，还使得袁绍再也不敢分兵出击了。

一波尚未平息，打击接踵而来。虎踞江东的孙策趁曹操正在官渡同袁绍对峙之机，企图袭击许都，劫走汉献帝。消息传到曹营，众人都大惊失色。

郭嘉建议道："孙策是英雄豪杰，能使人为他效力。但他轻敌而无戒备，即使有百万大军，也不过如同一人独行中原一般。如果派出刺客刺杀他，一人就能对付。"听了郭嘉的话，众人才稍稍安定下来。

不久，从江东传来消息说孙策果然被太守许贡的门客刺死。江东袭击许都的计划也落了空。郭嘉从孙策的性格特点上分析出他的弱点，料人料事之神明，令曹操更是刮目相看。

但弱小的曹操毕竟在军、粮各方面都处于下风。特别是军粮匮乏更是无时无刻不让曹操着急。曹操感到这样拖下去不是个办法，加上后方常常受到滋扰，就有了撤回许都的想法。为此，他特地向留守许都的荀彧征求意见。

荀彧很快就给曹操回信说："袁绍把所有的人马都集结在官渡，要与明公决一死战。您以最弱小的力量抵抗最强大的力量，如果不能制服对方，一定会被对方趁机制服，这是争夺天下的最关键的时刻。现在虽然军粮短缺，但还不是十分危急，明公只以十分之一于敌人的军队，占据咽喉之地，坚壁固守使敌人无法逾越，历时已经半年。如今敌人的弱点已渐渐暴露，他们的力量正在耗尽，相持的局面很快就会过去。这正是取胜的大好时机，千万不可失去啊！"

看过荀彧的信，曹操茅塞顿开，深受鼓舞，但为慎重起见，他又就同一问题征询了贾诩的意见。贾诩分析认为，我军之所以不能在半年之内安定局面，是为了万无一失。现在只有等待时机，时机一到，局面就会为之一变。

荀彧、贾诩都建议曹操要坚持下去，等待时机。这是十分高明的，他们看透了袁、曹双方，因而把握住了大势。

强弱对比是可以随着时间而变化的，因为强中必有弱的因素，弱中也蕴藏着强的能量。要它们表现出来，只在时机。找出并抓住时机，人生事业便可有神来之笔。摆在曹操面前的这个时机，曹操竟差点与它失之交臂了。荀彧的一封信和贾诩一席话使曹操下定了坚持下去的决心，从而抓住了时机，最终赢得了胜利。

曹操下定决心后，就一直在等待有利的时机。就在他急需机会的时候，机会果然来了。

袁绍的谋士许攸因不满袁绍而连夜投奔了曹操，曹操非常高兴地接见了他。许攸给曹操献计说："现在袁绍有一万多车军粮囤放在故市和乌巢，防备并不严密。可派一支精兵袭击，出其不意以火烧粮，不出三天，袁绍必然全军溃败。"

许攸的计策，与曹操寻找战机、出奇制胜的战略意图完全符合。曹操听后，大喜过望，立刻传令让曹洪、荀攸留守大营，自己亲率五千步骑连夜把袁军屯在乌巢的粮草烧了。

袁绍军团在内部相互猜忌，外部粮草尽失的情况下一片混乱。曹操乘胜全面出击，袁军不战自溃，只带八百骑兵渡黄河逃命。

我们看这次战役，曹操在最危急的关头，也曾打过退堂鼓，但最终还是理智占了上风，坚持到了最后。这其实也是曹操的意志品质的胜利。

以屈求伸，风云三国真英雄

《扬雄传》中有："君子得时则大行，不得时则龙蛇。"表明能屈能伸方能成为叱咤风云的人物。屈是为了更好地伸，是为了积蓄伸的力量。不屈难以伸展，不屈则力从何来？以屈求伸，是力量薄弱、身处逆境中的胜利之道。

从古至今，无论取得多大成就的人，不可能总是高高在上，颐指气使，每人都有他屈身的时候。就屈身而言，有的人只对他的荣辱成败起决定作用的少数人屈身，有的人则可能向多数人的利益而屈身。你可以钦佩或鄙夷某一种"屈身"行为，但要学会区分不同的"屈身"行为，因为这是区分一个人能否有所作为或成就的关键因素。

委曲求全可能是形势使然，也可能是为了使自己的事业更上层楼而采取的策略。曹操的屈身之举，可以说二者兼备。

各路诸侯讨伐董卓时，曹操没有自己的根据地，但他不因此而垂头丧气，而是屈身在陈留太守张邈的身边，起兵后在给养等方面也需仰仗张邈的接济。因此，在起兵之初，曹操屈身以事之，并主动接受他的节制。不久，曹操随张邈来到酸枣前线，代理奋武将军之职。和后来成大事的其他人一样，曹操一方面屈身于张邈，受他的领导和节制，另一方面也在趁机积蓄自己的实力，以为后来开辟自己的天下打基础。

曹操前往酸枣途经中牟时，该县主簿任峻率众前来投附。曹操非常高兴，任命他为骑都尉，并将自己的堂妹嫁给了他。

骑都尉鲍信和他的弟弟鲍韬也在这时起兵响应曹操。鲍信是个颇有见识的人。董卓刚到洛阳时，他就劝袁绍说："董卓拥兵自重，心怀篡逆之心，如不早想办法对付，朝政将会被他控制。应当趁他新到而疲劳的机会，发兵袭击，可一举将其擒获。"但袁绍畏惧董卓，不敢发兵。鲍信见袁绍不能成事，便回到家乡泰山，招募了步兵千人。曹操刚起兵，鲍信便起兵响应，同时来到酸枣前线。曹操和袁绍推荐鲍信为破虏将军，鲍韬为裨将军。当时，袁绍的势力最大，不少人趋奉他，只有鲍信对曹操说："有大谋略的人在世上找不到第二个，能统率大家拨乱反正的，只有您一个人。而那些刚愎自用的人，即使一时强大，最后也是要以失败告终。"于是，他同曹操倾心交往，曹操也把他当做知己看待。

曹操对自己所"屈身"的人也总是尽心尽责，勇敢承担自己所应当承担的任务，希望共同支撑危局，共图大业。但是，要成大事也不能久居人下，因为其志向和行事风格也不可能完全一致。因此，也不会一味屈就，还是要坚持自己的信念，不卑不亢。

当曹操在汴水失利、招募兵员，重新建立起自己的武装队伍而北归后，不是返回酸枣，而是渡过黄河，赶到河内，同驻扎在那里的联军盟主袁绍接触，企图游说袁绍出兵，使局面改观。但结果仍令人失望，他在许多问题上也常常不能同袁绍取得一致，甚至完全针锋相对。从此，他对袁绍更加不满，并产生了伺机消灭袁绍的想法。后来，随着袁绍发展个人势力，曹操更加坚定了自己的想法，并加快了发展个人势力的步伐。

随后，曹操同袁绍的关系则更是若即若离。到曹操迎天子于许都，袁绍由曹操的"上级"变为他的"下级"时，曹操鉴于自己的实力，没有和袁绍闹翻。直到建安四年（公元199年）的官渡之战，双方终于不可避免地正面交锋了。

世上没有一个只"伸"不"屈"的真英雄，只有他向谁屈，什么时候屈，什么地方屈的问题。有时候退一步，也就退出了繁杂的圈子，很好地保全自己，这比进十步更有利。时机一旦成熟，也更容易发力，自己的事业也会更进一步。一个像曹操一样能伸能屈的人，是永远不会败的。

深藏不露，避树敌坚不称帝

过早地将自己的底牌亮出去，或在不足以制胜的情况下出手，往往会在较量中失败。羽翼未丰满时，不可四处张扬。君子更要善于保护自己，要学会待时而动。

　　曹操处于东汉末年，天下大乱、群雄四起之时，可谓"家家欲为帝王，人人欲为公侯"。当曹操逐一清除了来自各方面的阻碍，名声日隆，完全具备取代汉室登基的条件时，按说此时逼皇帝禅让，对他来说易如反掌。可曹操直到临终之时，也没有称帝。是曹操忠于汉朝吗？恐怕未必，实在是当时的形势使然。

　　曹操独揽大权却又不做皇帝，反映了他的清醒、明智与沉着。我们知道，随着汉献帝越来越被边缘化，曹操取而代之的意图也越来越明显，这就招致了政敌的不断攻击。如周瑜骂他"名为汉相，实为汉贼"；刘备说他"有无君之心""欲盗神器"。如果听之任之而不加辩解，贸然称帝，袁术就是一个活生生的例子。曹操不仅可能丧失"挟天子以令诸侯"的政治优势，而且还可能成为四方诸侯征讨的对象。同时，内部的汉臣势力也会起来反对。

　　赤壁之战后，天下三分的局势已成定局。孙、刘对北方虎视眈眈，而以马超为首的关中诸将又心怀不轨，这都是曹操的心腹大患。在这种情况下，内外政敌加紧了对他的攻击，企图动摇他的政治基础，有的甚至要求他交出兵权，以削弱他的实力。为了反击政敌，安抚内部拥汉派势力，继续保持自己"挟天子以令诸侯"的政治优势，曹操只得将自己的代汉意图更深地隐藏起来，更加表明自己对汉室的忠心。

　　他还曾专门上书《让县自明本志令》，以此表明他忠于汉室的决心，说他当时的最高愿望只是做征西将军并能封侯，死后在墓碑刻上"汉故征西将军曹侯之墓"十个字。旨在表明自己从年轻时起就志望有限，而且只想为国立功，并无个人野心。曹操回顾了他举义兵、讨董卓以来的经历，旨在表明自己为阻止别人称帝称王而戎马一生，又怎会再去称帝呢？令文的第三部分说明自己一来深受汉恩，已经超过三世，二来汉无负于自己，所以自己对汉室的忠心是毋庸置疑的。令文的最后一部分则针对政敌对他的攻击，明确表示不会放弃兵权，回到他的封地武平侯国去。这既是出于对自身及子孙安全的考虑，更是出于对国家安全的考虑，而且他将所封的四县交出三县，食户从三万减去二万，以减轻自己所受的各方压力。

其实，曹操作为一代枭雄，又何尝没有称帝之心。他之所以深藏不露，只是在等待时机而已。

建安十八年（公元213年）五月，曹操被封为魏王，加九锡。这时，关于曹操有"不逊之志"的议论又风行起来。于是曹操又写了诗作《短歌行》。诗中以周公吐哺自比，表明自己虽然被封为魏公，加九锡，但仍会谨守臣节，遵奉汉室，决不会做出危害汉室的事情来。

建安二十四年（公元219年），孙权向曹操上书，劝曹操称帝，自己北望称臣。曹操将信出示给群臣，大笑着说："孙权这小子这是在火炉上烤我啊！"

曹操明白，他如果以魏代汉，必招致各方面反对，就像在火炉上挨烤一样。其实，曹操把这封信公开给大臣，并说了一些表白心迹的话，一来是为了揭露孙权的真实用心，二来也是试探一下群臣的态度。群臣对曹操的用意自是心领神会，纷纷上表表示"以魏代汉，正是其时"。曹操听了大家的建议后，冷静地说："若天命在吾，吾为文王矣！"

曹操这句话，实际上已表明了他心中的代汉意图，只不过是像当年周文王给周武王奠定基业那样，积极创造条件，让自己的儿子去做皇帝。

曹操知道自己政敌太多，而且多次明确表示不称帝。有了这块挡箭牌，自己乐得大权在握，其隐忍功夫之深确实了得。

保持信念，人生低谷不消沉

人生于世，不如意事十之八九。受伤的时候总比高兴的时候多，这伤既有肉体的，也有心灵的。这些伤害不仅是一种对人身的折磨，更是一种对生命的摧残，但却不可避免。这时，是垂头丧气任由命运捉弄，还是默默承受，等待自身强大的那一刻？曹操虽是一代枭雄，但也是血肉之躯、感情丰富的人，也有伤心透顶，甚至进退不由自主的时候。此时，曹操的做法是"忍着，哪怕有人拿刀在你心头剜肉"。一次次的忍耐、坚持，使他一次次摆脱困扰，重新抖擞精神，迎接更大的挑战。

赤壁大战，曹操以压倒多数的优势兵力进攻东吴，却大败而归。对一向自比军事天才的曹操，实在是颜面扫地。更大的打击又一次袭击了他，一向最心爱的幼子曹冲在一场疾病中夭折。曹冲年幼聪慧机智，曾经巧妙地称出了大象的重量，曹操当然非常高兴。可惜曹冲年幼早夭，再加上战败后心情不佳，曹操怎能不伤感哀叹。

他曾经在很长的一段时间里意志消沉、低迷，对公务心不在焉。他对曹冲的怀念，甚至使他有了荒唐的决定：曹操请求司空掾（司空府秘书）邴原，将其早亡的女儿和曹冲合葬，给他们配阴婚。

邴原很清楚，如果曹操继续这样下去，局势将会难有进展，对大局不利。于是，他冒着风险表示反对："给自己早夭的子女配阴婚，即使出于对他们的怀念和关爱之情，也是违背常礼的。一般人这样做倒是无可厚非，我邴原之所以能坦然效力于明公，幸而明公也能信任我，在于彼此严守礼节。如果我破例接受明公的恩典，那就违背礼节了，这会让我们落于俗套，请明公三思而行啊。"

曹操觉得邴原的顾虑很有道理，并且也明白了邴原委婉地规劝自己，不能因私忘公，要以国事为重。从此，曹操便又是那个精力充沛，诡诈弄权的奸雄了。

建安十四年（公元209年），曹操决定回乡度假，也趁此机会重新思考今后的战略方针。临行时，他盼咐荀攸、程昱、于禁等将领，强化水军的编排训练。他认为，赤壁之战失利的主要原因在于北方士兵不习水战。所以，只有强化水军的作战训练，以图东吴。大有卷土重来、报仇雪恨的气势。

而东吴方面，赤壁之战后，孙权和刘备的军队声威大振，信心暴涨。周瑜军团镇守江陵，程普军团在江夏布阵，吕蒙军团驻屯浔阳，整个长江流域、

第十四章　坚忍不拔，能屈能伸英雄本色

荆州、扬州的广大地区，已完全纳入孙权的势力范围。另一方面，刘备也在赤壁之战后攻占了长江以南的荆州地区，并在刘表去世后，由孙权推荐出任荆州牧，在长江南岸的公安设立指挥中心。

东吴的一系列动作，让曹操以为是欺负他新败，是对他的轻视与挑战。虽然此时北方水军训练未成，关中地区和北方诸郡的局势也是起伏不定，按照常理不宜贸然发动战争。但为了鼓舞士气，保持军队的战斗力，曹操亲率水军南下，从涡水入淮水，进入淝水的沿岸的合肥摆开阵势。

孙权见曹操亲率大军南下，而周瑜此时又病情危急，难以率军，于是亲率大军到合肥布防，和曹操形成对决之势。曹操本来就是为了鼓励军队的士气，没有开战的意图，又见孙权态度坚决，匆匆观察了前线东吴军的布防后，便率军返回北方训练基地了。

建安十五年（公元210年），这一年，表面上是难得平静的一年。但背后双方其实是气氛紧张，南北情势更加危急。特别是在第一线直接和曹军对峙的周瑜军团，更是丝毫不敢松懈。

这一年，一个对曹操有利，而让东吴悲痛万分的消息传出：病情一直不见好转的周瑜，因病情恶化而去世。他死前推荐鲁肃接任江陵军团主帅，并兼东吴西军总指挥。

周瑜死后，东吴军队的士气遭到沉重打击。幸好继任的鲁肃气度恢弘而稳重，他是当代名将中少数具有远见及政治头脑的军事家。他秉承了周瑜的战略思想，决定再度联合刘备，共同对抗曹军的威胁。在他的劝说下，孙权将荆州以北三郡（包括江陵）全部借给刘备，并由刘备军团负责西方前线的防务，两家合力抵抗曹操。

曹操虽派人数次南下窥察，但每次都发现两家防守严密，配合默契，认为无机可乘，短期内绝难击破孙刘联军。于是，决定暂时放弃南下统一中国的意图，全力治理势力范围内的事务，并安定关中地区，以便为南征积蓄力量。

不信天命，实事求是成大事

曹操曾说，"天地间，人为贵"，表明了他不信天命，以人为本的思想。也许充满英雄气概的人都不相信天命，曹操是一个无神论者，是一个不信天命，只重人事的人物。

虽然曹操之成就多少有些运气，甚至天意的功劳，如渡黄河那次诸葛亮说曹操是"殆死潼关"，意思是说曹操差点儿就没命了。虽然如此，曹操却是不信天命的。他在《让县自明本志令》中公开宣称自己"性不信天命之事"。他认为天就是"阴阳四时"，并没有自己的思想和意志。他的《董逃歌》中提到：

> 德行不亏缺，变故自难常。郑康成行酒，伏地气绝；郭景图命尽于园桑。

郑玄是东汉的经学大师，在当时一般人看来他是德惠天下、没有什么"亏缺"的。郭景图生平不详，既与郑玄相提并论，看来也是一个"德行不亏缺"的人物。可是，"有德"的郑玄却在酒席上劝酒时倒地气绝，郭景图也在园桑中突然命尽，这是为什么呢？曹操的这首诗说明了人的寿命同德行无关，德行好也无法给你任何保护，这充分表达了曹操"不信天命"的观点。

曹操的《秋胡行》中还提到："二仪合圣化，贵者独人否？"这也是"天地间，人为贵"的意思。曹操不信天命，因而自己虽有一统天下的雄心，却并不以皇帝自居，不刻意神化自己。相反，有很多史料提到他尊重事实，勇于自我批评，消除大家的疑虑。如他西征马超、韩遂时，曹操与韩遂在战场上相见，对敌方围观的士兵说："你们都要看看我曹操长什么样，其实我也没有长四只眼,两张嘴,是个正常人,只不过智谋多罢了!"

建安十九年(公元214年),曹操派毋丘兴任安定太守,临行前嘱咐毋丘兴不要主动派人到羌人中去。毋丘兴却没有照办,果然出了差错。事后,曹操在总结时说:"我只是比常人智慧多一些,经历的事比别人多罢了。"但他这智慧却是从摸爬滚打中一点一滴获得的,说明曹操是务实的人。

曹操不仅不信天命,也不信神。如他的《善哉行》就对世人被神仙欺骗感到痛心和无奈。《秋胡行》中则说:"赤松、王乔,亦云得道。得之未闻,庶以寿考。"对赤松、王乔得道成仙的说法提出了疑问,认为他们不是真的得道成仙了,或许只是寿命比较长而已。曹操大量招聚方术之士,其目的也并不是要从他们那里获取长生不老术,只在于拯救他们,甚至只是为一种调笑罢了。这从曹植的文中得到印证。

> 世有方士,吾王(曹操)悉所招致……本所以集之于魏国者,诚恐此人之徒,接奸诡以欺众,行妖恶以惑民,故聚而禁之也。岂复欲观神仙于瀛洲,求安期于边海,释金辂而顾云舆,弃文骥而求飞龙哉!自家王与太子及余兄弟,咸以为调笑,不信之矣。

另外,在治军的过程中,曹操对装神弄鬼的做法也深恶痛绝,予以严厉打击。

曹操在征讨河内、获嘉时,从俘虏口中得知,有一个叫宋金生的人,自称神仙,告诉守军鹿角无须把守,他派狗替大家防守。如若不然,就会在夜里听到军队行动和兵器撞击的声音,天明后会看见地上有老虎的脚印。曹操觉得这会扰乱军心,立即派人将宋金生捉住杀死,表明了他对装神弄鬼行为的痛恨态度。曹操还在《孙子·九地篇》注中说:"禁妖邪之言,去疑惑之计。"《用间篇》注说:"不可以祷祀而求,亦不可以事类而求也。"这也都表明了同样的态度。

曹操不信方术,但对方士延长寿命的养生术还是比较推崇的。

人生的时光有限,曹操非常清楚这一点。《精列》说:"厥初生,造化之陶物，莫不有终期。"他的《秋胡行》中说："存亡有命，虑之为蚩。"而那首著名的《龟虽寿》中有："神龟虽寿，犹有竟时；螣蛇乘雾，终为土灰。"这都表达了同样的意思。

曹操认为，人虽不能成为神仙，不能长生不老，但通过自身的保养是可以延长寿命的。所以《龟虽寿》中说："盈缩之期，不但在天；养怡之福，可得永年。"

曹操是个实事求是的人，长期的政治斗争和军事斗争的磨炼，使他明白了办事必须从实际出发才能有所收获的道理。

中国向来注重礼节，更有尊重贤士的优良传统。对祖先祭祀，为有德行的先辈立庙堂，曹操也并不反对。他在《褒赏令》云：别部司马请立齐桓公神堂，使记室阮瑀议之。较之保守、不知变通的人来说，曹操又是开明的。如在《春祠令》中，曹操主张改革祭祀宗庙的仪式：人们认为祭庙上殿应脱鞋，他接受皇命，可带剑穿鞋上殿，如果祭告宗庙上殿脱掉鞋子，那就是尊重先人而违背王命，尊敬父祖而轻视君王，所以他不敢脱掉鞋子。又临祭时到水盆旁要做洗手的样子，他认为，浇水洗手是为了表示对神的敬意，因而要亲自浇水洗手。由此可见，他并不反对祭神和敬神。

曹操不信"天命"，从某种意义上说是他人格魅力的体现，也是形势的需要。身为汉相，同时也想开创一代江山。既有此心，当然不能相信天命。因为通常所谓"天命"的最主要含义是"受命于天"。所以，如言天命，首先面对的就是汉朝的延续问题。

别人可以大谈汉将废，魏将兴，但曹操不能。因为这样一来，他的篡汉野心就暴露无遗了，天下的形势将对他极为不利。由此可见，从某种意义上看，曹操不信天命，也不谈天命之事，部分是出于政治因素的考虑。因为"天命"与"政权"紧紧相连，反对者们由曹操的"性不信天命"，已经猜出他"有不逊之志"。政敌对他的攻击，多少也有这方面的原因。

总之，曹操说他"性不信天命之事"，这一原则是贯穿其一生的。因为不谈天命，便没了束缚，更利于大展拳脚，驰骋天下。这正是曹操作为一名杰出政治家，具有高瞻远瞩的政治眼光的真实体现。

第十五章

曹操

倡导文学，兴学重文教化天下

多才多艺，好文尚武善治土木

我们历来称曹操是一个政治家、军事家，因为他凭一人之力奠定了魏国的基础，备受后人景仰。其实，历史上大凡超群的人都是一个多才多艺的人，曹操也不例外。

1.善音律

曹操的音乐水平是很高的，和桓谭、蔡邕有一拼。桓谭，字君山，官拜议郎给侍中，东汉初期的哲学家、经学家，他的父亲曾为太乐令。史称"谭以父任为郎，因好音律，善鼓琴"。蔡邕，字伯喈，官至左中郎将，东汉末年文学家，史称"妙操音律"。桓谭、蔡邕都是著名音乐家。

首先，他很喜欢采用乐府诗的曲调作诗和调。曹操流传下来的诗有二十余首，大都是按照乐府曲调写的。如《精列》《陌上桑》属乐府的《相和歌·相和曲》，《秋胡行》属《相和歌·清调曲》，《善哉行》《步出夏门行》属《清商曲·瑟调》，等等。曹操"登高必赋，及造新诗，被之管弦，皆成乐章"。可见他作的诗，是可以用乐府的曲调伴奏的歌曲。曹操喜好音乐，他不仅从中得到愉悦，同时也激发了他歌以咏志的激情。我们之所以还可以看到曹操那直抒胸襟的磅礴诗篇，应当说是与其爱好音乐有着不可分割的联系。

其次，曹操喜欢歌以言志。曹操常说"诗言志"。他在苦闷和高兴的时候，常常是一边喝酒，一边唱歌。诸如《短歌行》："对酒当歌，人生几何！譬如朝露，去日苦多。慨当以慷，忧思难忘。何以解忧，唯有杜康（酒）。"这反映的是苦闷时的情况。《善哉行》："朝日乐相乐，酣饮不知醉。悲弦激新声，长笛吹清气。弦歌感人肠，四座皆欢悦。"这反映的是心情愉快时的情况。他还喜欢用音乐招待客人，"我有嘉宾，鼓瑟吹笙"。曹操的诗中常提到"歌以言志""歌以咏志"，也是他的一种情绪反映。

曹操非常喜欢音乐，甚至希望死了以后还能听到美妙的歌声。因而生前便留下遗嘱："吾婢妾与伎人皆勤苦，使著铜雀台，善待之。于台堂上安六尺床，施繐帐，朝晡上脯精之属，月旦十五日自朝至午，辄向帐中作伎乐。"可见其对音乐的喜好之深。

再次，重视音乐人才。曹操一生爱才惜才，尤其对和自己有共同爱好的人，多会加以重用。如阮瑀、杜夔等都得到他的特别器重。阮瑀，建安七子之一，能写一手好文章，已如前述。而且由于他是蔡邕的学生，"善解音，能鼓琴"，很有音乐修养。有一次，曹操招待宾客，因瑀不主动同自己说话，很不高兴，"使就伎人列"，将其同伎人安排在一起。谁知，阮瑀竟然抚弦而歌，音声殊妙。曹操听后，非常高兴。

杜夔，字公良，河南人，汉末以知音为雅乐郎，因躲避战乱而逃到荆州。曹操平荆州后得到了杜夔，任命他为军谋祭酒，参太乐事，让他搞音乐创作，可谓人尽其才。

2.精通书法

曹操的字历来被名家称颂。南朝梁人庾肩吾在《书品》中把书法家分为上、中、下三等，每等中又分上、中、下，共九品，曹操被列入中之中，誉称"魏主（操）笔墨雄赡"。唐朝的张怀瑾著有《书断》，把书法按好坏分为神、妙、能三品，称曹操"尤工章草，雄逸绝伦"，将其列入妙品。可见在唐人眼里，曹操的字也是得到很高的评价。

曹操喜好书法，对他的儿子们亦有影响。据说，曹植的字写得就很好。张怀瑾《书断》称，曹操的儿子曹植"亦工书"，甚至还影响到对于部属的任命和选用。

当时，有两个很有名气的书法家，一是钟繇，一是梁鹄。钟繇在曹操秉汉政之前已是侍中尚书仆射。曹操掌握朝中大权后，以繇持节督关中事，屡有功劳，拜前军师，后迁相国。可见，钟繇是个很有政绩的人物。钟繇不是以书法升迁，但其书法对于当代和后代都产生了很大的影响。在书法史上，钟繇与张芝并称"钟张"，与东晋王羲之并称"钟王"。这样的书法成就当然会让同样喜欢书法的曹操另眼相看。

梁鹄善书，曹操将梁鹄的字挂在帐中、钉在墙上。还曾让其题写魏宫殿的所有匾额。可见其对于好的书法是何等欣赏。

曹操甚至对官员提出严格的书法要求。下行上达的文书，字若写得不好，有关人员是要受处分的。如果曹操本人的字没有几分傲人之处，向来法度严厉的曹操也不会有这种要求。

曹操的字存世很少，但既然唐人还对曹操的字有所评论，不难看出，当时还有很多人学习、研究他的字体。

3.善土木

王沈《魏书》说曹操"及造作宫室，缮治器械，无不为之法则，皆尽其意"。这说明，他是一个水平相当不错的建筑"工程师"。事实也确实如此。

建安十五年（公元210年）冬，曹操在邺城建成铜雀台。建铜雀台，一是为了表明他将以邺作为新的重要政治中心和自己的长居地；二是为了通过实际的形象展示势力。所以，他对此台的建设也颇为上心。

铜雀台高十丈，周围殿屋一百二十间，楼顶建置大铜雀，舒翼若飞。建筑之精美，今已不见。但曹植的《登台赋》中书尽其巍峨壮观："建高殿之嵯峨兮，浮双阙乎太清。立冲天之华观兮，连飞阁乎西城。"可见曹操对铜雀台是下了真功夫的。

铜雀台是曹操的建筑艺术代表作。另外，还有金虎、冰井二台和晚年在洛阳动工的建始殿等，都是他亲自规划的。由此可见，曹操对土木工程也颇有研究。

此外，曹操还有许多方面的技能。他一身好武艺，"才力绝人，手射飞鸟，躬禽猛兽"。围棋下得也很好，可与世之高手相弈。打过铁，能"与工师共作卑手刀"。不仅如此，他还能将所学与战争相互结合，运用到实践中。作战时，常常因时因地之宜而兴水土之建，或作地道，或为沟渠，或树栅为甬，或集沙成垒，无不尽其妙、成其用。

文坛盟主，建安文学倡导者

钟嵘《诗品》记载："降及建安，曹公父子，笃好斯文。平原兄弟（植曾封平原侯），郁为文栋。刘桢、王粲，为其羽翼。次有攀龙托凤，自致于属车者，盖以百计。彬彬之盛，大备于时矣。"由此可见，当时在邺城的文人集团已经颇具规模。

那么，为什么会出现这样一个青史垂名的文人集团呢？曹植在给杨修的《与杨德祖书》中提到："昔仲宣（王粲）独步于汉南，孔璋（陈琳）鹰扬于河朔，伟长（徐幹）擅名于青土，公幹（刘桢）振藻于海隅，德琏（应玚）发迹于北魏，足下（指杨修）高视于上京，当此之时，人人自谓握灵蛇之珠，家家自谓抱荆山之玉，吾王（指曹操）于是设天网以该之，顿八纮以掩之，今悉集兹国矣。"

这就是说，邺城之所以群贤毕至，是与曹操广泛罗致分不开的。曹植感叹曹操的手段是布下天罗地网。虽然有些夸张，但以曹操的行事风格，也是颇有道理的。自然，曹操的两个儿子曹丕、曹植兄弟在这个集团的形成中也发挥了相当重要的作用，但曹丕同七子的关系较之曹植与七子的关系更为密切。所以，读其怀念诸子的文章，尤其令人感伤。曹丕在给吴质的信中写道：

> 昔年疾疫，亲故多离其灾，徐、陈、应、刘，一时俱逝，痛何可言邪？昔日游处，行则同舆，止则接席，何尝须臾相失。每至觞酌流行，丝竹并奏，酒酣耳热，仰而赋诗。当此之时，忽然不自知乐也。谓百年已分，可长共相保，何图数年之间，零落略尽，言之伤心。

信中语句言辞生动、情真意切，曹丕的核心作用和组织作用可谓跃然纸上。诸子也有自言其当时同曹丕通宵达旦在一起赋诗的，如刘桢《增五官中郎将》诗说："凉风吹沙砾，霜气何皑皑。明月照缇幕，华灯散炎辉。赋诗连篇章，彻夜不知归。君侯（曹丕）多壮思，文雅纵横飞。小臣信顽卤，黾俛安能追。"这说明，诸子不仅佩服曹丕，而且觉得同他在一起为文赋诗非常快乐，所以是自觉地团结在他的周围。

曹氏父子与建安诸子共创建安文学，曹操当仁不让是奠基人和带头人。曹操把这些有才能的文人网于身边、置于麾下，不仅为他们提供了创作条件，而且言传身教，或令其与自己的儿子共题作文，或以自己的诗作示众。因此，我们清楚地看到，建安时代的文风，虽然从根本上说是时代使然，但也与曹操的提倡和无形的影响有着密切的联系。所以，我们不妨说，所谓"建安风骨"，首先就是曹操的诗文风骨。

七子之中，孔融最年长。他学识渊博，文才最好，虽然在建安中期被杀，但其文学影响深远。曹丕说："孔融体气高妙，有过人者，然不能持论，理不胜词，以至乎杂以嘲戏；及其时有所善，扬（雄）、班（固）俦也。"曹丕肯定了孔融的文章，但同时也指出了孔融文章的重大缺点，即"理不胜词"。通俗来讲，孔融的文章虽然写得辞藻华丽，但喜欢强词夺理，还"杂以嘲戏"。

但就其流传下来的仅存作品我们也能看出，孔融诗文之中亦不乏豪直之气，也颇具建安风格。

建安九年（公元204年），孔融写给曹操的《论盛孝章书》，就是一篇杰出的散文作品：

> 岁月不居，时节如流，五十之年，忽焉已至。公（操）为始满，融又过二。海内知识（指相知相识的人），零落殆尽，惟会稽盛孝章尚存。

话虽不多，但感叹时间如白驹过隙、暮年忽至的沧桑之感却跃然纸上。孔融的这篇文章比曹操的"烈士暮年，壮心不已"早三年，而孔融又比曹操大两岁。也就是说，两人都是在五十岁时发出类似的感慨，让人不免联想到两人在思想上的相通之处。

王粲，字仲宣，"善属文，举笔便成，无所改定，时人常以为宿构，然正复精意覃思，亦不能加也。"他的诗文较孔融表现出更多的"悲凉沧桑"的气息，因而也更多地与曹操的作品相通，或者说受曹操影响较大。王粲的代表作有《七哀诗》和《登楼赋》等。

> 西京乱无象，豺虎方遘患。复弃中国去，委身适荆蛮。亲戚对我悲，朋友相追攀。出门无所见，白骨蔽平原。路有饥妇人，抱子弃草间。顾问号泣声，挥涕独不还。未知身死处，何能两相完？驱马弃之去，不忍听此言。南登霸陵岸，回首望长安。悟彼下泉人，喟然伤心肝。（《七哀诗》）

王粲在建安七子中成就最大，但风格也最类似曹操。原因当然是多方面的，南朝宋人谢灵运《拟魏太子邺中诗序》曾分析说："王粲，家本秦川，贵公子孙，遭乱流寓，自伤情多。"这表明是时代特点及其自身经历所决定的。

第十五章 倡导文学，兴学重文教化天下

其二，当是邺城文人的共同"风骨"，是当时的一种风气，而曹操以其一贯的霸气和至高的权威，自然给了这一文学风气施加了最大的影响。

阮瑀，字元瑜，曾与陈琳同为曹操的司空军祭酒。"太祖尝使瑀作书与韩遂，时太祖适近出，瑀随从，因于马上具草，书成呈之。太祖揽笔欲有所定，而竟不能增损。"这说明：第一，阮瑀的文章写得好，言简意赅，想增加一个字或删掉一个字都是不容易的；第二，阮瑀深能体会曹操的思想，并且颇善曹操为文风格。

陈琳，字孔璋。先依袁绍，后归曹操，因曾做《讨曹檄文》而颇受曹操赏识。陈琳有名的诗作当为乐府古题《饮马长城窟行》：

> 长城何连连，连连三千里。边城多健少，内舍多寡妇。作书与内舍，"便嫁莫留住。善事新姑嫜，时时念我故夫子。"报书往边地，"君今出语一何鄙！""身在祸难中，何为稽留他家子？生男慎莫举，生女哺用脯。君独不见长城下，死人骸骨相撑拄！""结发行事君，慊慊心意关。明知边地苦，贱妾何能久自全？"

此诗辞气俊爽，如孤鹤唳空，翩堪凌霄，声闻于天。可见，陈琳为文、作诗几近汉响，又有邺下之风，因多曹氏之韵。

刘桢，字公干，应场字德琏，皆有文名，因而都受到曹操的重用，都被任用为丞相掾属。

徐干，字伟长，是唯一没有做官的"建安七子"之一。所以，曹丕在《与吴质书》中说："观古今文人，类不护细行，鲜能以名节自立。而伟长独怀文抱质，恬淡寡欲，有箕山之志，可谓彬彬君子矣。著《中论》二十余篇，辞义典雅，足传于后。"

除了世人熟知的建安七子之外，颍川邯郸淳、繁钦、陈留路粹、沛国丁仪、丁廙、弘农杨修、河内荀纬等人的文章都是非常出众的。此外，还有丁仪兄弟、杨修等也颇负盛名。

总之，建安时期是我国文学史上的一个黄金时代，取得了斐然的成就。国家未曾一统，于战争不断时期能取得这样的成绩，不得不说是曹操立的大功，他是公认的建安文学的组织者和领袖。

诗人风骚，绝世诗篇传后人

曹操不仅是建安文学的倡导者、建安文人的组织者，而且也是建安文坛的主将。他有很高的文学艺术修养，特别是在诗歌方面，其造诣和成就更为突出。

在汉代，诗歌主要是用四言。曹操不仅善于作四言诗，也提倡用五言作诗，并奠定了五言诗在中国古典诗歌中的地位。

曹操的《观沧海》《龟虽寿》《短歌行》（"对酒当歌"）是四言诗中的精品之作。此外，像《秋胡行》其二，也是有积极意义的作品。诗中说：

不戚年往（不因年老而悲戚），

忧世不治（只是对这混乱的社会忧心不已）。

存亡有命（生死是自然而然的事），

虑之为蠢（若一直考虑这样的事，实在非常愚蠢）。

这首诗大概作于公元215年西征张鲁之时，这时曹操已经六十岁。这几句诗表达了曹操济世忧民、壮心不已，将生死置之度外、积极奋发的精神。

曹操是中国历史上第一位着重用五言诗来反映社会现实和抒发自己感情和抱负的诗人。像前边有关章节中已经提到的《薤露》《却东西门行》《苦寒行》等，都是内容深刻、意境雄浑、语言质朴的佳作。

《薤露》（后半部分）写了董卓之乱造成的严重恶果；《却东西门行》写了从军征战的漂泊之苦和怀乡之情；《苦寒行》写了山地风雪行军的艰苦和

内心的感受。这些都是揭示社会离乱，描写军旅生活的现实主义诗篇。特别是《蒿里》和《薤露》二诗，可以说是曹操诗歌的代表作。

《蒿里》诗的内容是：

> 关东有义士，兴兵讨群凶。
> 初期会盟津，乃心在咸阳。
> 军合力不齐，踌躇而雁行。
> 势利使人争，嗣还自相戕。
> 淮南弟称号，刻玺于北方。
> 铠甲生虮虱，万姓以死亡。
> 白骨露于野，千里无鸡鸣。
> 生民百遗一，念之断人肠。

这首诗真实地反映了汉末从外戚、宦官斗争到董卓之乱，军阀混战，对社会和人民造成严重灾难的历史事实。群雄争霸，很少有人体恤民情，为黎民百姓着想。《蒿里》这首诗是曹操内心切实感受的反映，表达了曹操尽扫群雄、安定社会、维护统一的决心和愿望，是东汉末年真实的历史写照。

这首诗把曹操个人经历和思想观点的记述同客观现实的揭示描述紧密地结合起来，这是曹操现实主义诗歌的显著特色。

《苦寒行》是曹操最为脍炙人口的诗作之一。

> 北上太行山，艰哉何巍巍！羊肠坂诘屈，车轮为之摧。树木何萧瑟，北风声正悲！熊罴对我蹲，虎豹夹路啼。溪谷少人民，雪落何霏霏！延颈长叹息，远行多所怀。我心何怫郁？思欲一东归。水深桥梁绝，中路正徘徊。迷惑失故路，薄暮无宿栖。行行日已远，人马同时饥。担囊行取薪，斧冰持作糜。悲彼《东山》诗，悠悠令我哀。

此诗写的是建安十一年（公元206年）正月，曹操自邺出发北上太行山征讨高幹的事。诗中对于征人之苦的描写，透露着现实主义风格。肃杀的天气、险峻的地势与人的心情融合在一起，令人身临其境。诗中结尾处表达作者感于战争之苦，渴望以战止战的意愿。

由此可见，曹操很善于从纷乱复杂的事件和变幻不定的人事关系里面提炼材料，集中典型，且文字质朴，言近实录而不乏文采。曹操崇尚现实主义，并且对后世文学创作产生了积极影响。

除此之外，曹操也有颇具浪漫主义的诗篇传世。他的一些抒发理想的诗作和仙游诗，大都以浪漫主义的手法表达自己的理想和心情，因而增强了诗作的感召力。比如，《对酒》表达自己的理想，使一个吏不呼门、主贤臣良、民无所争、路不拾遗、恩泽惠及世间万物的美好社会跃然纸上。而《气出唱·一》写道："驾六龙，乘风而行，路下之八邦。历登高山临溪谷，乘云而行。"腾云驾雾，云游八方，又何等逍遥。这些描写都是虚无缥缈的，但它透露着一种对积极人生的向往。一股壮志难酬的忧愤之情隐含其中，颇有艺术感染力。

曹操还经常"以诗言志"。他的诗中常有的"歌以言志""幸甚至哉，歌以咏志"等，并不是虚词，而是包含着实际内容。其一，它表明诗中所言完全是发自内心的；其二，它反映了诗人的文艺思想，即崇尚中国古来即有的"诗言志"的传统观点，并将其贯彻在自己的诗作中。这一点，我们从所有曹操的诗作中，甚至包括仙游诗在内，都能清楚地看到或体会到。其中，最能体现他以诗言志的是《龟虽寿》中所写：

老骥伏枥，志在千里。
烈士暮年，壮心不已。

曹操在这里做到了内容与形式的完美统一，因而产生了极大的感染力。

文姬归汉，历代文坛传佳话

建安时期有一位著名的女文学家蔡琰，字文姬，陈留圉（今河南省杞县南）人，是东汉末年名儒、曹操的老友蔡邕的女儿。蔡琰精通音律，博学多才，尤以诗歌见长。

有一次，蔡邕在弹琴，蔡琰在另一房间听。蔡邕不小心把第二根琴弦拨断了，蔡琰马上说："是第二根弦断了。"蔡邕又故意拨断了一根弦，她又马上说："这是第四根弦断了。"蔡邕非常高兴，便重点培养她在文学、音乐方面的才能。

董卓被王允用计杀死后，蔡邕觉得董卓虽然是贼臣，但对自己还可以，不由得叹息了一声。王允知道后，立即把他抓了起来。蔡邕表示认错，愿意以刑余之身去完成《后汉记》这部史书的撰写工作，朝廷许多大臣也都替蔡邕说情。王允不同意，甚至认为当初汉武帝没有杀死司马迁而让《史记》这样的"谤书"流传于后世，也是错误的。蔡邕最终还是死于狱中。

蔡琰一生命运多舛。她先嫁给河东人卫仲道，不久卫仲道死去。她无儿无女而又年轻守寡，只好回到娘家。父亲死后，关中军阀混战。百姓四处流徙。蔡文姬也跟着难民流亡，被凉州军中的"胡兵"掳去，辗转流落到南匈奴，嫁给南匈奴的左贤王，生下两个儿子，后留在了南匈奴。

建安十二年（公元207年），曹操派出使者出使南匈奴，提出要把蔡文姬用厚礼接回去。蔡文姬知道后非常激动，恨不得马上就动身回家。可是，左贤王只答应让蔡文姬回中原去，但不准二子同行。蔡文姬有机会回中原的故乡，当然很高兴。但要她离开亲生骨肉，不免悲痛。最后，她还是毅然地回到中原。

蔡文姬回到邺城后，曹操见她孤苦伶仃，又把她嫁给屯田都尉董祀，为她重新组建了一个家庭。

后来，董祀犯法被抓，按律当处死罪。蔡文姬不顾一切跑到曹操那里去求情。当时，曹操正在府中大宴宾客，公卿名士齐集一堂。曹操听说蔡文姬求见，知道在座的不少人都跟蔡邕相识，便对众宾客说："蔡伯喈（蔡邕字伯喈）的女儿在外面要见我，正好请她进来让大家见见面。"

蔡文姬来到堂上，披头散发，脸色苍白，身体瘦弱，光着双脚，众宾客见了莫不感到惊讶。她跪在曹操面前，叩头请罪，言词哀婉。曹操听完她的申诉，点了点头说："你的申诉情真意切，令人同情。可是，判罪的文书已经批下去了，这有什么办法呢？"

蔡文姬见曹操态度有所松动，便继续哀求说："明公养马万匹，将士众多，为什么不派人骑快马追回呢？"曹操听了，深为感动，立即写了赦免令，派人飞马追回文，赦免了董祀的死罪。

曹操尤其重视蔡邕原来的藏书，便问蔡文姬："听说夫人家中过去有不少藏书，几经战乱，现在还保存多少？您还能把那些书的内容回忆出来吗？"

蔡文姬回答说："我父亲生前留给我的书有四千多卷，但几经遭难，散失得一卷也没有留下来。现在我能够记诵的，只有四百多篇。"

曹操向来喜欢读书，听说这么多书都散失了，深为可惜。听说蔡文姬还能背出那么多，就高兴地说："好，好，我马上就派人到夫人家中，帮助您把背诵出来的内容都抄记下来，传于后世。"

蔡文姬回答说："《礼记》上说，'男女有别，礼不亲授。'还是请明公给我一些纸笔，让我自己在家中抄写吧，写好后一定奉上。"曹操点头同意了。不久，蔡文姬果然把她记住的几百篇文献都抄整下来，送给曹操，曹操十分满意。

蔡文姬不仅是我国古代一位博学多才而又聪明过人的才女，也是建安时期的著名女诗人，她的代表作是《悲愤诗》。

第十五章 倡导文学，兴学重文教化天下

汉季失权柄，董卓乱天常。志欲图篡弑，先害诸贤良。逼迫迁旧邦，拥主以自强。海内兴义师，欲共讨不祥。卓众来东下，金甲耀日光。平土人脆弱，来兵皆胡羌。猎野围城邑，所向悉破亡。斩截无孑遗，尸骸相撑拒。马边悬男头，马后载妇女。长驱西入关，迥路险且阻。还顾邈冥冥，肝脾为烂腐。所略有万计，不得令屯聚。或有骨肉俱，欲言不敢语。失意几微间，辄言弊降虏。要当以亭刃，我曹不活汝。岂敢惜性命，不堪其詈骂。或便加棰杖，毒痛参并下。旦则号泣行，夜则悲吟坐。欲死不能得，欲生无一可。彼苍者何辜，乃遭此厄祸。边荒与华异，人俗少义理。处所多霜雪，胡风春夏起。翩翩吹我衣，肃肃入我耳。感时念父母，哀叹无穷已。有客从外来，闻之常欢喜。迎问其消息，辄复非乡里。邂逅徼时愿，骨肉来迎己。已得自解免，当复弃儿子。天属缀人心，念别无会期。存亡永乖隔，不忍与之辞。儿前抱我颈，问母欲何之。人言母当去，岂复有还时。阿母常仁恻，今何更不慈。我尚未成人，奈何不顾思。见此崩五内，恍惚生狂痴。号泣手抚摩，当发复回疑。兼有同时辈，相送告离别。慕我独得归，哀叫声摧裂。马为立踯躅，车为不转辙。观者皆嘘唏，行路亦呜咽。去去割情恋，遄征日遐迈。悠悠三千里，何时复交会。念我出腹子，胸臆为摧败。既至家人尽，又复无中外。城郭为山林，庭宇生荆艾。白骨不知谁，纵横莫覆盖。出门无人声，豺狼号且吠。茕茕对孤景，怛咤糜肝肺。登高远眺望，魂神忽飞逝。奄若寿命尽，旁人相宽大。为复强视息，虽生何聊赖。托命于新人，竭心自勖励。流离成鄙贱，常恐复捐废。人生几何时，怀忧终年岁。

长诗从董卓凉州军的残暴及蔡琰被凉州军的乱兵所虏写起，然后写被匈奴兵掳走的处境之悲惨，从而揭露了凉州军和匈奴兵的残暴，反映了被虏者的悲惨遭遇和不幸的生活。诗中还写了自己在匈奴时的思乡之情。而当听说曹操要赎她回汉，左贤王又不同意孩子同归时，用"见此崩五内，恍惚生狂痴。号泣

手抚摩,当发复回疑。"的字句把同亲生骨肉生离如同死别的痛苦、矛盾心情淋漓尽致地展现了出来。最后写她再嫁董祀,算是有了一个归宿,"托命于新人,竭心自勖励。"但也隐隐透出因感到自身"鄙贱"而怕遭到遗弃的意思。整首诗描写可谓情真意切,句句是作者的血泪而成。

《悲愤诗》通过对自己惨痛遭遇的回顾,反映了东汉末年动乱的社会现象和广大人民在动乱中流离失所、家破人亡的悲惨命运,是一首具有强烈感人力量的抒情诗,有很高的艺术水平,是建安文坛上一篇现实主义佳作。

蔡文姬的诗体现了真挚的感情,哀怨时如泣如诉,愤懑时汹涌澎湃。这种风格对后世也产生了深远影响。

曹操把蔡文姬赎回来,既是他爱才惜才的一贯作风,也是有感于蔡邕无后而痛心,却也为保存古代典籍文献作出了贡献。蔡文姬有机会成为我国诗歌发展史上第一位杰出的女诗人,不能不说有曹操的功劳。因此,历史上把"文姬归汉"传为美谈。

第十六章

曹操

英雄寂寞，千古功过谁人评说

第十六章 英雄寂寞，千古功过谁人评说

以身垂范，事必躬亲倡节俭

曹操戎马一生，叱咤疆场。虽然官至丞相并受封魏王，朝廷内外没有不顺从其权威者，可谓功成名就。但他依然严格要求自己，甚至影响到身边的人。这也许应该归因于他起于微末，从小没有奢华的生活习惯，所以造就了凡事以节俭为主的行事风格的原因吧。

曹操一生俭朴节约，对吃穿不甚讲究，而且还要求家人也这么做。魏明帝曹睿时，尚书卫觊在上表中说："武皇帝（曹操）之时，后宫食不过一肉，衣不用锦绣。"曹操也曾在《内诫令》中说："我的那些衣被都已经使用十年了，只要每年把它拆洗缝补一下还可以用。"曹操使用的被子、床褥之类的东西，只要暖和舒适，并没有什么刺绣等花饰。他所用的器物也大都讲究实用，不追求奢华。他用的帷帐屏风，坏了也是缝补之后再使用，从不轻易更换。

他在《内诫令》中还告诫官吏和家人说：

官吏和百姓多制作刺绣衣服，穿丝织的鞋子不得用朱红、紫、金黄等颜色。以前，我在江陵得到的各种花色的丝鞋，把它给了家人，和他们约定，穿完了不准再仿作。

朱红、紫、金黄几种颜色代表尊贵，所以曹操才下令不能随便使用。关于家人穿各种花色的丝鞋是在特殊情况下允许的，平常是不可以的。这些细节体现了曹操的节俭精神。

不仅如此，曹操的节俭作风还影响到他的夫人和后世子孙。到曹丕称帝

253

时，曹操的夫人卞氏仍然坚持这种习惯，还严格要求自己的外亲也遵照执行，并告诫他们说："居处当务节俭，不应当奢望赏赐。外人或许会说我对你们太刻薄，其实这是我一贯的主张。我侍奉武帝四五十年，已经养成了节俭的习惯，是不能随便改变的。"

在使用器具方面，曹操向来怀旧，"不好鲜饰严具"。"严具"就是箱子，主要用于盛放日常生活用品。曹操明确表示不喜欢装饰鲜艳的箱子，原先所用的是新旧皮混合而制作的皮箱，中间用黄皮镶嵌。后来，因为兵荒马乱，这件皮箱也丢失了。于是，改用方形竹箱，用黑皮罩在外面，里面用粗布衬托，同时加上漆，他觉得这样已经很好了。

曹操对一些琐碎小事也十分注意，如他不准家里熏香。平定河北之后，曹操下令不准家中熏香。后因三个女儿嫁给献帝，要为她们熏香，才破了例。之后，曹操再次禁止熏香，即使是把香放在衣内或带在身上也不允许。规定如果房内不清洁，可以烧枫树脂和蕙草。可见曹操为了俭朴，考虑得非常周到。

曹操提倡节俭，先从自己和家人做起。有些行为甚至让人感觉太过分、太苛刻了，但也可看出曹操提倡节俭的坚决。他的三个女儿嫁给汉献帝，这在当时是一件大事。但曹操对嫁娶的奢侈之风深为不满，女儿出嫁时，用的帷帐都是黑色的，随从的婢女不过十人。

曹操从不贪财恋物、积聚私产。打了胜仗所缴获的财物，都用来赏赐给有功的将士，以笼络人心；各地贡献的财物，也大都赏赐给有功劳的部下。他甚至还把是否节俭作为选拔官吏的条件，作为衡量一个官吏品质好坏的标准。上行下效，一时间朝野形成了俭朴节约、廉正的好风气。

曹操进而将节俭作为立国之本来加以考虑。他的《度关山》说："舜漆食器，畔者十国。"可见他将奢侈放到了会导致亡国的高度加以批判。正是有了这种居安思危的意识，曹操才对奢靡豪华的浪费行为极力反对，并以身作则，努力营造廉洁奉公的官场氛围。

曹操对家庭内部的约束是非常严格的，以至卞后"每见外戚，不假以颜色，常言'居处当务节俭，不当望赏赐，念自佚也。外舍当怪吾遇之太薄，吾自有常度故也。吾事武帝奢。有犯科禁者,吾且能加罪一等耳,莫望钱米恩贷也'"。家教之严,可见一斑。

作为一个政治家,一个雄霸天下的英雄,一个不是皇帝却比皇帝还牛的人,影响力肯定非常广泛,他能够躬身亲行,提倡节俭,这对国家的财力、物力是一种很好的节约,对社会稳定也有积极意义。尤其在北方初定之际,对整肃朝廷奢华之风起到了很好的带头作用。这无疑是曹操人格魅力的又一可贵之处。

议立太子,为避萧墙立曹丕

建安二十一年(公元216年)五月,汉献帝晋封曹操"魏王"。

当初,中尉崔琰推荐杨训给曹操,曹操以礼相待。等到曹操晋封王爵,杨训上书歌功颂德。朝中部分人极为不满,讥笑杨训只会阿谀世俗,虚伪浮夸,不做实事,还借机挖苦崔琰竟然推荐这种人。崔琰向杨训要了奏章草稿观看,写信给杨训说:"呈递奏章是一件好事,不过要注意影响。"当时,和崔琰有仇的人向曹操检举:"崔琰态度傲慢,怨恨诽谤,悖逆不逊。"曹操听后非常恼怒,不分青红皂白,立即逮捕了崔琰,剃光头发,罚当奴工。

所谓墙倒众人推,有人见检举有利可图,进一步向曹操揭发:"崔琰当奴工,常常手捻胡须,两眼直往前看,好像对谁有怒气。"曹操听信谗言,下《赐死崔琰令》,崔琰最终在狱中自杀。

尚书仆射毛玠对崔琰无辜冤死狱中哀叹不已。又有人到曹操那去告毛玠对崔琰的死似有同情之心,对曹操表示不满。说他看到犯人的妻子被罚没为官家的奴婢,曾说:"天之所以久不下雨,大概是因为有冤屈。"

曹操闻听大怒,立即逮捕毛玠入狱。侍中桓阶、和洽苦苦请求曹操一定要掌握真实情况再做决定，曹操没答应。直到当了魏王之后，才放毛玠回家，不再任用。

至此，曹操已经少有当年闻过即改、媚言不进、明察秋毫的品质。此时，他已是六十几岁的老人，对权力的迷恋也许使他丧失了部分理智——这也是没有办法的事情，因为越有权的人，越害怕因失去它而使自己死无葬身之地，这是曹操内心最纠结的。

建安二十二年（公元217年）四月，汉献帝下诏，魏王曹操可设置天子旌旗，出入戒严，限制行人，清街道。十月，命魏王曹操官帽中佩挂十二个旒穗（即古代君王皇冠上前后垂下的玉石串珠），乘黄金装饰的车辆，驾马六匹（古代天子可驾马六匹），以及五种颜色的五辆副车。曹操封了魏王，妻子卞氏封王后。眼见自己年事已高，立太子的大事被提上日程。

最初，曹操娶丁夫人，没有儿子。妾刘氏生儿子曹昂，卞氏生了四个儿子，即曹丕、曹彰、曹植、曹熊。曹操请丁夫人养育曹昂，而曹昂在南征张绣时战死。丁夫人悲哀哭泣，难以自拔。曹操恼羞成怒，休去丁夫人，把她送出府门，由卞氏继任夫人。小儿子曹熊早死。次子曹彰从小很有力气，勇猛善射，武艺高强。曹操曾对他说："你不读书，不懂圣贤之道，只会骑马射箭，这是一夫之勇，有何可贵？"曹彰说："男子汉就应该驰骋疆场，建功立业，读那么多书有何用？"曹彰长大以后，跟随曹操南征北战，果然骁勇善战，屡建奇功，颇得曹操的欢心。

因为他的胡子是金黄色的，曹操就叫他"黄须儿"。有一次，他立了大功，曹操要召见他，大哥曹丕对他说："你虽然立了功，但不要太过骄傲，应多提携别人，总结自己的不足，这样父亲会更加欣赏你的。"曹彰见了曹操，果真像曹丕说的那样，把功劳都推给手下的将领，反而说自己还要继续努力。曹操听了大喜，捋着胡子说："黄须儿真是天才啊！"但是，曹操对他始终不放心，怕这个黄须儿只是有勇无谋，难成大事。因此，从没有立他为太子的想法。

长子曹丕和三子曹植都是才子，但曹操更喜欢曹植。曹植机敏而多智，学识广博而反应敏捷，十几岁就读遍经书子集，诗词歌赋的成就都超过曹丕很大一截。有一次，曹操看了他写的文章，问他："是不是叫人代写的啊？"曹植立即跪下说："孩儿向来出口成章，下笔成文，如若不信，请父亲当面出题！"曹操当即令他作文，果真挥洒自如，一气呵成。从此对他特别厚爱，要求也更加严格。其实，他是有心让曹植做太子。

建安十九年（公元214年），曹操带领曹丕一起出征，让曹植留守邺城。临出发前，曹操告诫曹植说："我二十三岁的时候任顿丘令，回想自己那一时期的所作所为，真是获益匪浅。现在你也二十三岁了，更应该努力上进。"这也从侧面说明了曹操对他确实寄予了厚望。

曹操虽然很看重曹植，但要立他为太子，必须拿出充足的理由，否则难平众怨。曹植身边的一些文人，如丁仪、杨修等也早已看出曹操对曹植的喜爱之情。他们见太子久久未能确立，便在曹操跟前竭力夸奖曹植，想为以后扶摇直上下赌注。

有一次，丁仪对曹操说："三公子天性仁厚，文章辞赋又名扬天下。当今天下贤才君子，不论老少都愿与之相交。这真是魏王的福分啊！"

"哪里哪里！"曹操听了很受用，脸上笑呵呵地客气道："子建（曹植字）确实文采非凡，机智敏捷，但还没有你说的那么好……"

曹操心中对曹丕、曹植难以定夺，便用不计名方式向外界探听众人对两个儿子的印象。结果发现陈群、贾逵、华歆等人都主张立曹丕，反对曹植。只有崔琰敢公开表态：

"按照《春秋》大义，法定继承人应属于长子。而且五官中郎将曹丕，深有仁爱、孝顺之心，人又聪明，应该继承正统。"

人事管理官（东曹掾）邢颙回答："废长立幼是古代最大的禁忌，请殿下多多考虑。"

曹操见反对立曹植的人不少，只好暂停议论此事。

有一天，曹操令退左右侍从，征求谋士贾诩的意见。贾诩沉默不语。曹操说：

"我跟你说话呢,你怎么不作声啊?"

"我心里正在考虑一件事,所以没有听到,请魏王恕罪。"

"哦?!正在想什么事啊?"

"正在想袁绍父子和刘表父子!"

曹操听完,点头沉默不语,表情复杂,但心中已经对册立曹植为太子有所动摇。

曹丕见父亲喜欢三弟曹植,对自己时常冷淡,因此深感不安,于是派人请求贾诩赐教怎样得以自保。贾诩说:"还望将军培养德性,放宽胸襟,努力学习学业,不违背做儿子的行为规范,这样就够了。"曹丕采纳,从此更加严格要求自己。

朝歌(今河南淇县)县令吴质是曹丕的密友。曹丕经常把吴质藏在装绸缎的竹筐里,用车载到家里,秘密谈论、商议。这件事被曹植的拥趸杨修得知,报告给了曹操。

曹丕得知后非常害怕,马上通知吴质,让他小心。吴质说:"没关系,我来想办法。"第二天,曹丕又命人将装载绸缎的车辆驶入家里。杨修再向曹操报告,立即派人去查,却又没有结果。曹操从此开始怀疑杨修,对杨修称扬曹植的话也有所提防。

有一次,曹操出征,曹丕、曹植都来送行。曹植歌功颂德,出口成章,左右都十分惊讶,曹操也非常高兴。曹丕则怅然若失,高下立现。吴质附到曹丕耳朵边低声说:"大王出发,在人前只要表现出父子之间的亲情就可以了。"等辞别时,曹丕下拜,泣涕满面,曹操左右也都有些伤感。于是,大家都认为曹植虽然文采华美,但不如曹丕忠厚敦义。

才高者难免有纵意任性的脾气,曹植也是如此,并且常常难以克制。而曹丕善用权术,知道树立自己形象,于是王宫中人多在曹操面前对他称道,曹操就逐渐改变了对曹植和曹丕的看法。

建安二十二年(公元217年),一件事终于使曹操完全下定了决心。

曹植由于从小养成了一种放纵不羁的性格,所以向来难免恣意行事。一

第十六章 英雄寂寞，千古功过谁人评说

天，天高气爽，正是游乐的好时节。曹植便约了几位好友，驾了一辆车，向洛阳大街飞驶而去。

车子经过东汉的王宫。他想，当初皇上从这里进进出出，肯定非常威风！现在父王喜欢我，我早晚要从这里经过，何不今天就来试一试。于是，他趾高气扬地对守门人说："快给我打开司马门！"

司马门是王宫的外门。在宫墙内有司马官守卫，除了皇帝使用，平时是绝对不准开启的。献帝虽早已迁往许都，但洛阳的王宫仍然是东汉王朝的象征。所以，平时仍有官员把守，司马官见曹植要私开宫门，便劝阻道："请公子原谅，私开司马门，我们不好交代……""什么担当不起，马上打开城门，快！"

县官不如现管，守门官只好开了门。曹植快马加鞭，得意地驶出了宫门，同时发出一阵不羁的笑声。

擅闯司马门可是重罪，曹操第二天就知道了。他大为震怒，把曹植狠狠地训斥了一顿。他说，私开司马门，有杀头之罪。何况，这不仅仅是违反禁令那么简单，而且主要是因为曹植的这一行为会授人以柄，让其他人认为曹家有篡汉的野心。

他见曹植如此轻率行事，怕他以后再做出什么出格的事来，于是决定尽快册立太子，以免二子继续争斗。

处理完"司马门事件"后不久，他下了一道《立太子令》，正式确立曹丕为太子。

王宫左右女官（御女）齐向卞夫人致贺说："将军被封为太子，天下人都非常高兴，夫人应该大行赏赐啊。"

卞夫人却说曹丕本来就应该被封为太子，只不过自己教导没有出现差错，让他顺利册封而已，实在不值得大肆庆祝。

曹植与杨修友善，一直主动地跟杨修交往，杨修不敢拒绝。因为曹植思虑不周，杨修揣摩曹操的心思，预先写好若干问题的答案，交给曹植，对曹植助手说："大王手令送过来，参考问题性质回答。"于是，曹操要问曹植的问题刚刚下达，答案已送回案头。如此几次，使曹操对曹植敏捷的反应大为惊奇。

经过调查，真相大白。曹操对曹植更加疏远，对杨修则万分厌恶。况且，杨修又是袁术的外甥。到后来，终于找了个借口逮捕并处死了杨修。从此，曹植心灰意冷，天天狂欢无度。

到了建安二十四年（公元219年），又发生了一件事。曹仁在樊城被关羽包围。曹操令曹植急速带兵前往营救。不想，曹植竟被曹丕存心灌醉，躺在床上，爬也爬不起来。

曹操对曹植非常失望，只好改派徐晃前往。曹植更加失意了，再加上曹丕的猜忌、打压，以致终生郁郁不得志。

曹操为了魏国的根基稳固放弃了曹植，对这位才高八斗的文学才子是个极大的打击，使他终生都难以振奋，只能借诗言志，实在可惜。

智余身后，遍布疑冢七十二

关羽水淹七军，包围樊城。曹操设计解围，随后回到洛阳。由于曹操长期过着军旅生活，不免紧张疲劳，落下了头风病的病根。这次刚回洛阳就旧病发作，请医服药，不见好转。

一天晚上，他突然感到全身不适，头痛得特别厉害。想起被自己杀害的华佗，不免有些后悔。第二天仍不见好转。到了第三天，他知道自己来日无多，就召集心腹大臣曹洪、贾诩、华歆、陈群、司马懿等来到榻前，对他们说：

"我依法严厉治军，这是我取得成绩的基础，这一点是正确的。至于我的那些失误和过失，你们都应该尽量避免……"

不等他说完，华歆在一旁轻声说："大王一生以法治军，说不上有什么大过失。望大王静心养病，别的不必忧虑……"

"不，让我说完，要不然恐怕没机会说了。"曹操很吃力地说，"现在四方还没有安定,不能遵照古代丧葬的制度,那样太奢侈。我死后,穿的戴的就像活时一样,不必另作新衣服。文武百官来殿中吊唁的,只要哭几声就算了。安葬以后,众官员就可以正常生活,不必搞得太铺张。驻防各地的将士,不必为了给我奔丧而离开自己的岗位,官吏们也要各守职责。我死后,就埋葬在邺城西面的山冈上,跟西门豹的祠堂离得近,也不要用金玉珍宝陪葬……"

说到这里,卞氏和一群婢妾、歌舞伎人一边抽泣,一边跪在曹操榻前。曹操看了看她们,断断续续地对左右大臣说:"她们都很勤劳,我死后,要把她们安置在铜雀台,好好对待她们。"然后,又对妻妾们说道:"你们要在铜雀台的中央安放一张六尺长的床,挂上灵幔,供上祭物,每月初一、十五你们应向灵帐歌舞。平时,你们要常常登上铜雀台,看望我的陵墓。"接着,又对卞夫人说:"我遗下的熏香可以分给各房夫人,不要用香来祭祀。各房的人没事做,可以让她们学着纺织丝带和做鞋子卖,可以换些钱用……"

说到这里,曹操忽然呼吸急促起来,卞夫人要他别再说话。她知道曹操这一生主张节俭,衣服、蚊帐破了,不准换新的,而要缝补了再用;坐垫的茵褥,只要它温暖,从不镶边和绣花;他的姬妾都不准穿着锦绣。曹植的妻子就因为穿了绣衣,被他知道后勒令把她退回娘家,并逼她自杀。

曹操早就提倡"薄葬"。建安二十三年(公元218年),他颁布了一道《终令》,明文要求死后不要厚葬,要将自己埋葬在瘠薄的土地上,依照地面原有的高度作为圹基,陵上不堆土、不植树。一年后,他甚至还为自己准备了送终的四季衣服,并留下遗嘱说:如果我死了,请按当时季节所穿衣服入殓,一概不要金玉珠、宝铜器等物随葬。

卞夫人虽然知道这些,但仍然问,是不是还要做些衣服。曹操挣扎着说道:"不用了,只要那四只箱子即可,其他一概不要放。我历年做官所得的各种绶带以及一些衣服,都放在府库里。如果留着没用,可以让孩子们分掉……"

说到这里,一生驰骋疆场的曹操就与世长辞了。此时为建安二十五年(公元220年)正月二十三日,时年六十六岁。

曹操一生奸诈多疑，生前无人能敌。他为了防止自己的陵墓被盗，在力主和实践"薄葬"的同时，竟然让人打造了七十二口棺材，采取了"疑冢"的措施。在安葬他的那一天，七十二具棺木从东南西北四个方向，同时从各个城门抬出。可谓智余身后，其奸诈秉性，至死不渝。

曹操死后，曹丕继承父亲的位置，为魏王、丞相，尊父亲为魏武王，母后卞氏为王太后。十月，曹丕便废掉汉献帝，正式称魏文帝，追尊曹操为武皇帝。

谁是正统，千秋功过后人评

曹操之于汉，是篡是续、是奸是忠，说不清楚，反正没有曹操，大概诸葛亮所预测的鼎足三分永远都不能实现。

公元220年，曹操的儿子曹丕代汉自立，是为魏文帝。因是异姓，他的行为便被居于蜀地的刘备及其臣属们视为篡逆之举，予以否认。遵照天下不可一日无君的原则，汉中王刘备于公元221年被扶上了皇帝的宝座，以续汉朝四百年基业的大统。

东吴的孙权见两个对手都称了帝，也不甘称臣，于公元222年也称了帝。于是在风风雨雨中硬撑了三十多年的汉末政权，终于被三个国家给分割了。

以"正统"的观点看，似乎刘备的蜀继承了大统，魏只不过是历史大道上临时拐出的小岔道，用《三国演义》的回目所说，便是"曹丕废帝篡炎刘，汉王正位续大统"。然而，纵观整个历史，蜀汉不过是汉朝这支交响乐曲渐渐衰弱的尾声，而曹魏政权所接续的正是整个历史的大统。它上承汉献帝，下启晋武帝。

历史是向前发展的。蜀汉只给汉朝划了个句号，却没有给晋开篇，而曹魏

第十六章 英雄寂寞，千古功过谁人评说

不仅给汉画了句号，重要的是给晋点了冒号，为晋留下了创造历史、发挥才智的"一张白纸"。而孙吴则与这两国不同，它既非承前，也非启后，似乎游离在历史大道之外，确切一点说，它属于三国内部问题，仅为那段历史才存在而已。

所以说，三国虽曰鼎立，鼎足的承重程度是不相等的。纵观三国历史，基本上是吴、蜀联合以拒曹。每次吴、蜀联合必胜，分裂则必败。如果一对一地单打独斗，吴、蜀是很难占到便宜的。

因此，不论吴、蜀怎样骂曹，曹的实力都是明摆着的，也就是说，在三国中，曹魏的势力是最大的，最具有统一天下的实力。

曹操在世的时候，魏是"奉天子"之名东讨西伐，有着政治上的绝对优势；曹丕代汉自立，又有献帝筑坛禅让的仪式，堵住了天下人的口，让你欲骂不能，欲讨无名。

曹操的去世，带走了曹氏家族所有的灵气与运气、豪气与霸气。从此曹家虽由王侯之家晋升帝王之家，终究改变不了一代不如一代的现实。而且焉知曹丕称帝不是借曹操之余威呢？

从家族表面看，曹操爷爷是宦官，父亲是养子，门户比较孤单。到了曹操，不仅官做得大，儿子也生得多，竟有二十五个儿子！而且其中不乏聪明智慧、才华横溢之人。轮到曹丕，虽做了皇帝，儿子却生得少了，只有九个。及至明帝曹睿，竟一个儿子也没有。仅仅三代，便由人丁兴旺变成了后继无人。

明帝去世后，只好由养子曹芳继位。曹芳因得罪了司马氏，当了十几年的皇帝便又被废回了原来的王位。

曹丕之孙高贵乡公曹髦被立为帝，几年后因不满司马氏专权而被杀。曹奂也只当了五年皇帝，便把曹操一生奋斗不息挣来的基业拱手让给了司马氏，断送了曹魏政权。

曹操是那样的足智多谋、老练沉着，在汉末的乱摊子上建立了魏国，为儿子改朝换代打下了坚实的基础。而他的子孙，却是如此的无能！把一个好端端的国家折腾得面目全非。别说创业，连守成也做不到。曹操花费四十多年创建的基业，让他们以基本相等的时间给挥霍没了！

曹操平定了北方，发展了北方的经济和文化；曹丕等魏君与曹操相比，又纯属无能之辈，不能把曹操的事业发扬光大；司马氏受命辅政屡建大功，终于统一天下。这几个方面综合起来，我们才能比较客观地把曹操作为晋的始祖来对待。

从表面上看，曹操促成了三国鼎立；其实，曹操奠定了晋朝的统一。从曹操去世后，曹氏的势力就名存实亡了。司马氏之于魏，恰如曹氏之于汉献帝，已经取得了实际权力，禅让与否、传玺与否，仅是个形式而已。现在看来，曹操戎马一生，终到头来，却是为他人作嫁衣！

附录　曹操生平大事年表

公元155年 桓帝永寿元年　1岁

曹操出生于谯县，其父曹嵩。

公元159年 延熹二年　5岁

宦官谋诛外戚、大将军梁冀，桓帝封五宦官为列侯。

公元161年 延熹四年　7岁

朝廷财政危机，百官减俸，向王侯借半租，卖关内侯以下官爵。

公元162年 延熹五年　8岁

长沙、零陵、武陵人民起义。

公元163年 延熹六年　9岁

桂阳李研等起义。

公元165年 延熹八年　11岁

荆州兵朱盖与桂阳胡兰起义。

公元166年 延熹九年　12岁

司隶校尉李膺等200余人被宦官诬为党人，皆下狱。第一次"党锢之祸"开始。

公元167年 永康元年　13岁

六月，党人皆归田里，禁锢终身。

十二月，桓帝卒，窦太后临朝，刘宏即皇帝位。

公元168年 灵帝建宁元年　14岁

正月，大将军窦武、太傅陈蕃执政。

九月，陈蕃、窦武谋诛宦官，为宦官曹节、王甫等矫诏所杀。

公元169年 建宁二年　15岁

十月，宦官曹节等考治李膺等，第二次"党锢之祸"开始，党人死者100余人，受诬指者死、徙、废、禁又达六七百人。

公元171年 建宁四年　17岁

正月，大赦天下，唯党人不赦。

公元172年 熹平元年　18岁

七月，宦官使司隶校尉段颎逐捕，及太学生1000多人。

公元174年 熹平三年　20岁

曹操被举为孝廉，授洛阳北部尉，再改任顿丘令，后被征召为议郎。

公元184年 中平元年　30岁

汉灵帝封曹操为骑都尉，在颍川（今河南禹县）一带镇压黄巾起义。因军功升迁济南相，任职三年，惩治贪官污吏、禁绝淫祀。

公元187年 中平四年　33岁

曹操得罪权贵，被降为东郡太守，于是称病辞官。

冀州刺史王芬、南阳许攸、沛国周旌等人谋废灵帝，邀请曹操同反汉帝，曹操拒绝。事败。

公元188年 中平五年　34岁

曹操被任命为拱卫京师洛阳的西园典军校尉。

公元189年 中平六年　35岁

董卓入朝专权，表曹操为骁骑校尉，曹操拒绝董卓拉拢，易名出关，中途被捕，后被释放，至陈留招义兵，准备讨伐董卓。

十二月，曹操起兵于己吾县（今河南睢县东南），兵卒5000人。

公元190年 初平元年　36岁

正月，袁术、韩馥、孔伷、刘岱、王匡、袁绍、张邈、桥瑁、袁遗、鲍信响应号召同时起兵讨伐董卓，推袁绍为盟主，曹操任奋武将军。

二月，董卓火烧洛阳、迁都长安。诸侯联军观望不前，唯曹操孤军奋战，败于董卓部将徐荣，曹操中箭伤，力战得脱。

诸侯联军分崩离析后，曹操拒绝袁绍拉拢，开始独立发展势力。

公元191年 初平二年　37岁

曹操引兵于东郡，大胜黑山军白绕于濮阳（今河南濮阳西南），袁绍表曹操为东郡太守，治东武阳。

公元192年 初平三年　38岁

春，曹操剿灭黑山和匈奴于夫罗部。

鲍信等人至东郡迎曹操领兖州牧，曹操进兵攻打黄巾军于寿张（今山东东平西南）之东。

冬，曹操收黄巾军降卒30余万，号为青州兵。

袁绍、袁术兄弟不和，公孙瓒协助袁术，命刘备屯高唐、单经屯平原、陶谦屯发干，曹操与袁绍合力攻打三路军马，获全胜。

公元193年 初平四年　39岁

春，曹操屡胜袁术，袁术败走淮北。至夏，曹操还军定陶。

秋，曹操军征讨陶谦，连续攻下10多座城池，陶谦守城不敢出战。

公元194年 兴平元年　40岁

春，曹操父亲曹嵩被陶谦杀害，曹操欲报杀父之仇。

夏，曹军进攻徐州，纵军屠杀数万人，攻拔襄贲（今江苏涟水）。

吕布与张邈、陈宫等攻打曹操，曹军调头与吕布大战，不敌吕布骑兵，惨败，曹操被烧伤。

曹军与吕布军团对峙百日有余，吕布军粮尽退兵。

九月，曹操回军鄄城。

十月，曹操军至东阿（今山东平阴东阿镇），当年蝗灾频乱，军粮奇缺。

公元195年 兴平二年　41岁

春，曹军袭取定陶。

夏，曹操用伏兵之计大破吕布军，吕布投靠刘备。

八月，曹操军围雍丘（今河南杞县）。

十月，汉献帝拜曹操为兖州牧。

十二月，攻破雍丘，张超自杀，曹操夷张邈三族。后张邈亦被杀，兖州平定，曹军东略陈地（今河南淮阳）。

公元196年 建安元年　42岁

正月，曹操军攻取武平。

曹操遣曹洪西迎汉献帝，因兵乱未成。

二月，曹操进军讨破汝南、颍川黄巾军何仪、刘辟、黄郡、保曼等，汉献帝拜曹操为建德将军。

六月，汉献帝假曹操节钺，录尚书事。

九月，汉献帝加封曹操为大将军，封武平侯。

曹操迫使汉献帝迁都许（今河南许昌），开始挟天子以令诸侯，总揽朝廷军政大权。

十月，曹操征讨杨奉。

曹操让大将军与袁绍，自任司空，行车骑将军。

开始屯田。

刘备军被吕布打败，曹操收纳刘备。

公元197年 建安二年　43岁

正月，曹操攻打宛城，张绣投降，后又反悔，偷袭曹军。曹军战败，曹操中流矢，长子曹昂、侄子曹安民、典韦战死。

曹操引兵还舞阴（今河南泌阳西北），后击破张绣军，归还许都。

袁术称帝，曹操出兵与袁术军交战大胜；后数遭刘表、张绣军侵袭。

十一月，曹操亲自南征到宛城，胜刘表军，攻取湖阳、舞阴。

公元198年 建安三年　44岁

正月，曹操回军许，初置军师祭酒（中、前、左、右军师等）。

三月，曹操军围张绣于穰（今河南邓县）。

五月，刘表遣兵驹慌绣，曹军前后受敌，于是深夜凿险为地道，过辎重，设奇兵，大破张刘联军。

吕布部将高顺打败刘备，九月，曹操亲征吕布。

十月，曹军屠戮彭城（今江苏徐州），围攻下邳（今江苏徐州东）。

曹操用荀攸、郭嘉计策，决泗、沂之水灌城，一月有余，下邳城破，曹操处死吕布、陈宫等人，收降臧霸等将。

公元199年 建安四年　45岁

四月，曹操进军临河（今内蒙古临河），大破眭固等人。

八月，曹操进军黎阳（今河南浚县）。

九月，曹操返回许都，分兵守官渡。

十一月，张绣投降，被封为列侯。

十二月，曹操兵发官渡。

庐江太守刘勋率众降，被封为列侯。

刘备与董承等人密谋，背反曹操，曹军刘岱、王忠部攻打刘备失利。

公元200年建安五年　46岁

正月，董承等人暗中谋害曹操，失败后被处死。

曹军东征刘备，获胜，刘备投奔袁绍。曹操收降关羽、俘获刘备家眷，返回官渡。

二月，袁绍派遣郭图、淳于琼、颜良等人攻打东郡太守刘延于白马，袁绍引兵亲至黎阳。

四月，曹军北救刘延，从荀攸计策，于白马大胜袁绍军，斩杀颜良，解了白马之围。

袁绍军渡河追击曹军，曹操在延津南用辎重诱敌的计策大破袁绍军，斩杀文丑，还军官渡，袁绍军进保阳武，关羽回归刘备阵营。

八月，袁绍、曹操联营数十里对峙，袁绍军进临官渡，起土山地道，曹操也做土山地道相应。

孙策乘官渡战局动荡，意欲偷袭许都，未出兵即为刺客所杀。

曹操用荀攸计，派徐晃、史涣焚毁袁绍运粮车队。

十月，袁绍遣车运粮，派淳于琼等五将领兵万余人护送，宿袁绍营北四十里。

袁绍谋臣许攸投奔曹操，献计烧粮。曹操自领步骑5000人夜袭淳于琼部，士卒皆殊死战，大破袁绍军，斩杀淳于琼等将。

袁绍派遣张郃、高览攻打曹操大营，张、高二将闻听淳于琼部被击破，投降了曹操，袁绍军大败，袁绍与长子袁谭等人仓皇北逃。

公元201年 建安六年　47岁

五月，袁绍病死。

九月，曹操征讨袁绍二子残部，袁谭、袁尚屡败退，固守不出。

公元203年 建安八年　49岁

三月，曹军大破袁谭、袁尚军。

四月，曹操进军邺（今河北临漳）。

五月，曹军回师许都，留贾信屯黎阳。

八月，曹操征讨刘表。袁绍二子相斗，袁谭失利，投靠曹操。

十月，曹军复北进，袁尚军挫败。

公元204年 建安九年　50岁

二月，曹军攻打邺城。

五月，曹操决漳水灌城，城内大半人饿死。

七月，曹军大破袁尚援军。

八月，邺城告破，曹操斩杀审配，哭祭袁绍，善待袁绍家眷。

九月，曹操免去河北赋税一年，汉献帝封曹操为冀州牧。

十二月，曹操进军南皮，整顿地方局势。

公元205年 建安十年 51岁

正月，曹操军大破袁谭，袁谭战死，曹操平定冀州。

四月，黑山军张燕率兵卒10余万投降曹操，被封为列侯。

八月，曹操征讨乌桓。

公元206年 建安十一年   52岁

正月，曹操军围壶关，征讨袁绍外甥高幹，高幹败走，后被杀。

八月，曹操军东征海贼管承部，获胜。

公元207年 建安十二年   53岁

曹操从郭嘉计，北征三郡乌桓。

曹军受阻渤海滨，于是率军出卢龙塞（今河北喜峰口至冷口一带），进军柳城（今辽宁朝阳西南）。

八月，登白狼山，乌桓之战曹操军大胜，斩杀乌桓王蹋顿，胡、汉降军20多万。

九月，公孙康杀死袁尚、袁熙，曹操统一北方。

公元208年 建安十三年   54岁

正月，曹操回到邺城，造玄武池操练水军。

六月，曹操被封为丞相。

七月，曹操南征刘表。

八月，刘表病亡，幼子刘琮代位，屯居襄阳，刘备屯居樊城。

九月，曹操军到新野，刘琮投降，刘备逃至夏口，曹操进军江陵。

十二月，赤壁大战，曹操军不习水战且瘟疫盛行，被孙权、刘备联军大败于赤壁，被迫退军。

公元209年 建安十四年   55岁

曹操大治水军，巩固自身势力、稳定北方政局，并设扬州郡县长吏，开芍陂屯田。

公元210年 建安十五年   56岁

冬，曹操建铜雀台。

公元211年 建安十六年   57岁

正月，太原商曜等叛乱，曹操派遣夏侯渊、徐晃围破之。

三月，曹操派钟繇讨伐张鲁。

马超、韩遂举大军叛乱。曹操派曹仁讨伐，马超等人屯居潼关，曹操下令严守不出。

七月，曹操西征迎战马超军，派徐晃、朱灵等夜渡蒲孤津，据河西为营。

曹操自潼关北渡，马超截击曹军，曹操被校尉丁斐用饵敌之计救回。

曹操军拒渭口，多设疑兵，暗中用舟载兵入渭，造浮桥，深夜分兵结营于渭南，马超夜里劫营，被曹操伏兵击破。

马超等屯居渭南，向曹操求和，曹操不许。

九月，曹操进军渡渭水，离间了马超和韩遂，大胜关西军，马超败走凉州。

十月，曹操北征杨秋，围攻安定，杨秋投降。

公元212年 建安十七年　58岁

正月，曹操回到邺城。汉献帝命曹操赞拜不名，入朝不趋，剑履上殿，效仿汉初萧何故事。

十月，曹操再次征讨孙权。

公元213年 建安十八年　59岁

正月，曹操进军濡须口，攻破孙权江西大营，俘虏孙权军都督公孙阳。

合并中国的十四州，改为九州。

五月，曹操被封为魏公。

七月，曹操开始建魏社稷宗庙。

九月，曹操建金虎台，凿渠引漳水入白沟疏通河道。

十月，曹操分魏郡为东西部，设置都尉。

十一月，曹操初置尚书、侍中、六卿。

公元214年 建安十九年　60岁

正月，夏侯渊与马超、韩遂大战，曹军获胜。

三月，汉献帝使魏公位在诸侯王上，改授金玺、赤绂、远游冠。

七月，曹操再次征讨孙权。

夏侯渊平定凉州。

十一月，汉皇后伏氏被曹操废黜处死。

公元215年 建安二十年　61岁

正月，曹操之女被汉献帝封为皇后。

三月，曹操西征张鲁。

五月，曹军剿灭氐王窦茂军。

七月，曹军兵至阳平，夜袭阳平关，大胜张卫军，张鲁溃逃巴中。曹操军入南郑，收复巴、汉。

八月，孙权围合肥，张辽、李典击破孙权大军。

十一月，张鲁投降，被封为列侯。

公元216年 建安二十一年　62岁

三月，曹操亲耕籍田。

五月，汉献帝进曹操爵为魏王。

十月，曹操再次击讨孙权。

公元217年 建安二十二年　63岁

二月，曹操进军屯江西郝溪。孙权在濡须口筑城拒守，曹军逼攻，孙权退走。

三月，曹操引军北归。

四月，汉献帝命曹操设天子旌旗，出入称警跸（帝王出行的车驾、道路）。

五月，曹操兴建泮宫。

十月，汉献帝命令魏王官帽上佩缀十二旒，坐金根车，套驾六匹马、配置五色副车，立曹丕为魏太子。

公元218年 建安二十三年　64岁

正月，汉太医令吉本与少府耿纪、司直韦晃等人谋反，兵败被杀。

三月，张飞、马超不敌曹洪军，撤往汉中，蜀汉大将吴兰被杀。

四月，代郡、上谷乌桓无臣氏叛乱，很快被曹军剿平。

七月，曹操治兵，西征刘备。

九月，曹操兵至长安。

十月，宛城守将侯音等人叛乱。

公元219年 建安二十四年　65岁

正月，曹仁部屠戮宛城，斩杀侯音。

夏侯渊与刘备于阳平大战，被刘备军所杀。

三月，曹操军自长安出斜谷，紧逼汉中，刘备拒守不出。

五月，曹操引军撤回长安。

七月，曹操以夫人卞氏为王后。

八月，汉水暴涨，于禁被关羽打败。关羽围攻曹仁，曹操派遣徐晃去解围。

十月，曹操自洛阳南征关羽，大军未到，徐晃已经大破关羽军，曹仁部得以解围。

公元220年 建安二十五年　66岁

正月，曹操回到洛阳，孙权袭杀关羽，献关羽首级给曹操。

正月二十三日，曹操在洛阳去世，寿66岁，谥武帝。

二月二十一日，曹操葬于高陵。